Wayne Jacobsen

Geliebt durchs Jahr

Wayne Jacobsen

Geliebt durchs Jahr

365 Impulse, um geliebt, frei und erfüllt zu leben

GloryWorld-Medien

1. Auflage 2021

Bibelzitate sind, falls nicht anders gekennzeichnet, der Schlachter Übersetzung 2000 entnommen. Weitere Bibelübersetzungen:

ELB: Elberfelder Bibel, Revidierte Fassung von 1985
GNB: Gute Nachricht Bibel, 2002
HFA: Hoffnung für alle, Basel und Gießen, 1983
LUT: Lutherbibel, Revidierte Fassung von 1984
NeÜ: Neue evangelistische Übersetzung © 2013 Karl-Heinz Vanheiden
NGÜ: Neue Genfer Übersetzung, 2009
NLB: „Neues Leben. Die Bibelübersetzung", Holzgerlingen, 2017
MSG: Peterson, Eugene H., The Message: The Bible in Contemporary Language. NavPress 2002 (direkt ins Deutsche übersetzt)

Übersetzung/Satz: Manfred Mayer
Umschlaggestaltung: Nancy Bishop / Markus Amolsch
Druck: CPI books GmbH, Leck

Printed in Germany

ISBN: 978-3-95578-601-4

Bestellnummer: 356601

Erhältlich beim Verlag:

GloryWorld-Medien
Beit-Sahour-Str. 4
D-46509 Xanten
Tel.: 02801-9854003
Fax: 02801-9854004
info@gloryworld.de
www.gloryworld.de

oder in jeder Buchhandlung

Für meine drei entzückenden Enkelkinder
Aimee, Lindsay und Austin,
die jeden Tag mein Herz beglücken.
Ich bete, dass euer Staunen über den Gott,
der euch geschaffen hat, nie aufhört,
und dass ihr im Laufe eures Lebens
viele Abenteuer mit ihm erlebt.

Inhalt

Teil 1: In der Liebe leben

1. Januar

Erste Liebe

Gott wollte nie, dass du von dort weggehst.

Erinnerst du dich noch an den ersten Moment, in dem dir klar wurde, dass Gott dich liebt? Erinnerst du dich daran, wie euphorisch du warst bei dem Gedanken, dass der allmächtige Gott, der ganze Welten ins Dasein gerufen hat, auch dich bemerkte und sich sogar aufrichtig für dich und jedes Ereignis in deinem Leben interessierte?

Wie den meisten wurde dir diese Realität wahrscheinlich erst klar, als du durch großes Leid oder Versagen gegangen bist. Seine Liebe hat dein Herz erobert. Alles in der Welt um dich herum verblasste im Vergleich zu ihm. Jeder Tag war ein Abenteuer. Selbst unter den schwierigsten Umständen wusstest du, dass du in seiner Obhut sicher warst und dass alle deine Kämpfe nur Teil eines größeren Plans waren.

Alles, was er will, ist, dass du in dieser Liebe bleibst oder dorthin zurückkehrst, falls du ihn verlassen hast. Deshalb nennt die Schrift es die *erste Liebe*, und diese sollten wir nie aufgeben. Denn Gott will, dass wir jeden Tag in seiner Freude leben.

Bei der ersten Liebe geht es nicht darum, wie sehr *du ihn* damals geliebt hast, sondern darum, wie sehr *er dich* damals geliebt hat und wie sehr er dich heute noch liebt.

Ich habe euch so geliebt, wie mein Vater mich geliebt hat. Fühlt euch wie zu Hause in meiner Liebe (Joh 15,9-10 MSG).

Gib dich nicht mit einem Ersatz zufrieden

Gibt es in unserem Leben nicht, wie bei den meisten Menschen, längere Zeiten, in denen wir uns von seiner Liebe entfernt und andere Dinge gesucht haben, die unser geistliches Leben erhalten sollten?

Ohne seine Gegenwart werden wir von Angst, Schuldgefühlen und der Illusion verfolgt, wir könnten uns diese Liebe verdienen, wenn wir uns nur mehr anstrengten. Schnell passiert es uns, dass wir mit einem Liebesersatz leben. Wir verdoppeln dann unsere Bemühungen, verantwortungsvoll, engagiert oder diszipliniert zu sein. Aber diese Bemühungen erzeugen keine Liebe; sie können nur eine Folge von ihr sein.

Wenn dir die Liebe des Herrn weit weg erscheint, lass dich von ihm zu sich zurückholen. Suche dir einen ruhigen Ort und warte in der Stille vor ihm. Er wird deine Zuneigung zu ihm neu entfachen. Versuche nicht, ohne sie weiterzuleben. Gott wollte nie, dass du auch nur einen Tag ohne das Wunder seiner Liebe lebst. Und mache auch nicht den Fehler, sie dir verdienen zu wollen.

Bei jemandem, der nicht mehr mitzählt, kannst du keine Punkte sammeln. Jesus hat deine Karte bereits mit der maximalen Punktzahl aufgefüllt. Du musst dir nicht verdienen, was er bereits umsonst gegeben hat; du darfst es einfach empfangen.

Seht doch, wie sehr uns der Vater geliebt hat! Seine Liebe ist so groß, dass er uns seine Kinder nennt – und wir sind es wirklich! (1 Joh 3,1 HFA).

3. Januar

In der Liebe gibt es keine Furcht

Furcht und Liebe können im menschlichen Herzen nicht nebeneinander existieren. Obwohl der Psalmist uns sagt, dass die Furcht des Herrn der Anfang der Weisheit ist, ist sie nur der Anfang.

Johannes erkannte, dass vollkommene Liebe die Furcht vertreibt und dass man wahre Weisheit gewinnt, wenn man Gottes Zuneigung immer mehr vertraut. Wenn du Gott nicht liebst, tust du gut daran, ihn zu fürchten. Sobald du jedoch lernst, was es wirklich bedeutet, ihn zu lieben, wirst du ihn nie wieder fürchten müssen.

Indem du dir seiner Liebe immer gewisser wirst, wird deine Vorstellung von Gott immer klarer werden. Und wenn du ihn kennst, wirst du so sein wollen wie er. Entdecke das, und nie wieder werden irgendwelche Katastrophen dazu führen, dass du Gottes Fürsorge für dich in Frage stellst oder dich fragst, ob du genug getan hast, um seine Zuneigung zu verdienen.

Anstatt zu befürchten, dass er sich von dir abgewandt hat, wirst du in den Zeiten, in denen du ihn am meisten brauchst, in seiner Liebe ruhen können.

Die Liebe kennt keine Angst. Wahre Liebe vertreibt die Angst ... (1 Joh 4,18a GNB).

4. Januar

Ein Vater wie kein anderer

Seit dem ersten Tag der Schöpfung hatte Gott den Wunsch, dass du deine Angst vor ihm überwindest, damit du entdecken kannst, was es heißt, ihn zu lieben. Er bietet dir eine innige Freundschaft an, die dich verändern wird, wenn er zur allumfassenden Leidenschaft deines Lebens wird.

Er wird die Stimme sein, die dich in jeder Situation leitet, der Friede, der dein Herz in Schwierigkeiten zur Ruhe bringt, und die Kraft, die dich im Sturm festhält. Er will dir näher sein als dein liebster Freund und treuer als jeder Mensch.

Ich weiß, das klingt zu schön, um wahr zu sein. Wie können einfache Menschen eine solche Freundschaft mit dem allmächtigen Gott genießen, der alles, was wir sehen, mit einem Wort erschaffen hat? Kann ich mir überhaupt vorstellen, dass er die Details meines Lebens kennt und an ihnen interessiert ist? Ist es nicht vermessen, sich auszudenken, dass dieser Gott an mir Gefallen findet, obwohl ich immer noch mit meinen menschlichen Schwächen kämpfe?

Das wäre es – wenn es deine Idee wäre. Es war aber seine Idee, lange bevor du sie überhaupt in Betracht gezogen hast. Er ist derjenige, der dir angeboten hat, dein liebender Vater zu sein: Er liebt dich und kümmert sich um dich, wie es kein irdischer Vater je könnte.

Er kennt dich besser, als du dich selbst kennst; er liebt dich mehr als irgendjemand sonst; er weiß, dass, wenn du dich auf diese Tatsache einlässt, all deine Ängste, einschließlich deiner Angst vor ihm, zerstört werden.

Wahre Liebe vertreibt die Angst. Wer Angst hat und vor der Strafe zittert, bei dem hat die Liebe ihr Ziel noch nicht erreicht (1 Joh 4,18b GNB).

5. Januar

Wer ist er wirklich?

Die Heilige Schrift vermittelt uns zwei scheinbar widersprüchliche Vorstellungen von Gott. Als heiliger Gott wird er in seiner Reinheit als unnahbar dargestellt, als derjenige, der bereit ist, seinem Sohn unaussprechliche Qualen zuzufügen und die Unbußfertigen zu ewigen Höllenqualen zu verdammen. Er wird aber auch als zärtlicher Vater dargestellt, der so liebevoll ist, dass selbst der starrköpfigste Sünder in absoluter Sicherheit zu ihm laufen und Vergebung und Barmherzigkeit bei ihm finden kann.

Wenn du diese Bilder nicht zu einer stimmigen Sicht von Gott zusammenbringen kannst, wirst du am Ende das „Er-liebt-mich-er-liebt-mich-nicht-Spiel“ spielen. Wie das verstörte Kind eines missbrauchenden Vaters wirst du nie sicher sein, welchem Gott du heute begegnen wirst – dem, der dich lachend in die Arme schließen will, oder dem, der dich aus dir rätselhaften Gründen ignoriert oder bestraft.

Das ist der Grund, warum so wenige Gläubige jemals entdecken, wie tief die Freundschaft geht, die Gott ihnen anbietet. Sie sehen Gottes Heiligkeit als Widerspruch zu seiner Zärtlichkeit. Da sie nicht in der Lage sind, beides miteinander zu vereinbaren, gewinnt die Angst die Oberhand und die Vertrautheit mit ihm ist dahin. Wenn du zwischen der Liebe zu Gott und der Angst vor ihm schwankst, wirst du nie lernen, ihm zu vertrauen.

Du kannst nicht lieben, was du fürchtest, und du wirst nicht fürchten, was du liebst.

> *Denn der Geist, den ihr empfangen habt, macht euch nicht zu Sklaven, sodass ihr von neuem in Angst und Furcht leben müsstet; er hat euch zu Söhnen und Töchtern gemacht* (Röm 8,15 NGÜ).

6. Januar

Warum Gott nachfolgen?

„Würdest du Gott auch nachfolgen, wenn es keine Hölle gäbe?“

Das wurde ich vor ein paar Jahren einmal gefragt, und meine unmittelbare Reaktion war: „Natürlich!“

Wäre ich das gefragt worden, als ich jünger war, hätte ich wohl kaum so gewiss geantwortet. Damals war meine Beziehung zu Gott eher verworren. Es hieß, Gott sei liebevoll, aber nur für diejenigen, die alles tun, was er will. Aber für wen galt das schon?

Seine Heiligkeit war seine beängstigendste Eigenschaft; und der überzeugendste Grund, ihm nachzufolgen, den man mir nannte, war die Angst vor den Konsequenzen, wenn ich es nicht tat. Die Drohung mit der Ewigkeit in den Flammen reichte mir schon als Motivation, um alles zu tun, was ich für nötig hielt, damit ich in seiner Gunst bliebe. Mehr als alles andere wollte ich, dass Gott mich mochte, beschützte und segnete.

Wenn ich jetzt zurückblicke, erkenne ich, dass ich mich in meiner Beziehung zu meinem Schöpfer nicht als geliebter Sohn fühlte. Ich war im Stockholm-Syndrom gefangen: Wie das Opfer einer Entführung versuchte ich, mich bei demjenigen einzuschmeicheln, den ich fürchtete, und verwechselte das mit Liebe.

In den letzten fünfundzwanzig Jahren habe ich jedoch gelernt, mich auf seine Liebe zu verlassen. Das hat alles verändert. Gottes Absicht war nie, dass wir ihm aus Pflichtbewusstsein dienen, sondern er wollte sein Leben mit seinen dankerfüllten Kindern teilen.

> *Denn ihr habt nicht einen Geist der Knechtschaft empfangen, dass ihr euch abermals fürchten müsstet; sondern ihr habt einen Geist der Kindschaft empfangen, durch den wir rufen: Abba, lieber Vater!* (Röm 8,15 LUT).

7. Januar

Angst und Scham helfen nicht weiter

In der ersten Zeit meines Weges mit Gott waren Angst und Scham ständige, wenn auch unwillkommene Begleiter. Ich hatte dauernd Angst, ich würde nicht genug tun, damit Gott mich mochte, und ich schämte mich für meine sündigen Begierden. Meine Unzulänglichkeiten und mein Versagen standen mir immerzu vor Augen, da er uns befohlen hatte, so heilig zu sein wie er.

Das war jedoch nicht die Beziehung, die Gott für mich im Sinn hatte, und eine solche Beziehung half mir auch nicht, ihn kennenzulernen bzw. alles zu erleben, was er mir schenken wollte.

Jesus schien nicht auf diese Weise mit seinem Vater zu leben – und er war doch vollkommen. Er nannte seinen Vater „unseren Vater", damit auch wir an dieser Beziehung teilhaben und durch sie verwandelt werden könnten. Anstatt also seinen Jüngern ihr Versagen vor Augen zu halten, wollte er, dass sie sich auf seine Freude konzentrierten. Er erzählte ihnen alles, „damit meine Freude in euch ist und eure Freude vollkommen wird".

Niemand, den ich in meiner Jugendzeit kannte, lebte so. Für uns war Gott eine fordernde Gottheit, und wir lebten jeden Tag unter Drohungen, Verpflichtungen und der ständigen Forderung nach perfekter Leistung. Jesus wies uns einen anderen Weg; denn wer so lebt, kann seine Fülle nicht erfahren und seine Liebe nicht wirksam in der Welt weitergeben.

Furcht und Scham werden nicht Gottes Werk in uns hervorbringen. Jesus hat uns gezeigt, dass sein Vater keine furchterregende Präsenz in der Welt ist, sondern die liebenswerteste. Liebe ist die Währung seines Reiches, nicht Angst und Scham.

Also gibt es jetzt für die, die zu Christus Jesus gehören, keine Verurteilung mehr … (Röm 8,1 NLB).

8. Januar

Ein überzeugenderer Grund

Zurück zu unserer Frage von vor ein paar Tagen: Würdest du Gott nachfolgen wollen, wenn es keine Hölle gäbe? Als ich jung war, war die Angst vor der Hölle so ziemlich der einzige Grund, warum Menschen gerettet wurden. Niemand wollte eigentlich all diese religiösen Verpflichtungen auf sich nehmen, es sei denn die Folgen, es nicht zu tun, wären noch viel schlimmer.

Wie auch immer die Hölle sich einmal herausstellen wird, sie ist der Ort, an dem die Sünde ihre Beute verschlingt. So tragisch das auch sein mag, sollte doch die Angst davor niemals unsere Motivation sein, Gott zu folgen. Wenn wir beständig unseren Weg mit ihm gehen wollen, brauchen wir einen überzeugenderen Grund als Furcht. Und unsere Freunde und Familienangehörigen müssen eine Einladung hören, die sie dazu anregt, ein besseres Bild von Gott zu bekommen als: „Du bist ein schrecklicher Mensch, und Gott wird dich einmal quälen, wenn du nicht Buße tust."

Letzteres ist es, was das Stockholm-Syndrom auslöst, aber keine wirklich von Liebe und Zuneigung geprägte Beziehung. Außerdem bin ich nicht davon überzeugt, dass die Angst vor der Hölle ausreicht, um einen Menschen zu retten. Sie hält ihn vielleicht für ein paar Monate in Schach, aber wenn die Angst nachlässt, wird er wieder zu seinem alten, selbstzerstörerischen Verhalten zurückkehren.

Gottes Liebe zu dir ist die einzige Quelle der Erlösung und die einzige Motivation, die alle von der Sünde Zerrütteten in dieser und in der kommenden Welt heilen wird. Wenn du das geschmeckt hast, wirst du ihm bis ans Ende der Welt folgen.

Schmeckt und seht, dass der Herr gut ist. Freuen darf sich, wer auf ihn vertraut! (Ps 34,9 NLB).

9. Januar

Gott, der Retter

Viele Menschen missverstehen das Alte Testament. Sie kommen zu dem Schluss, Gott sei in der Heilsgeschichte der Henker. Geschichten, wie die Arche Noah, Sodom und Gomorra oder die Eroberung Kanaans, reichen aus, um die Menschen davon zu überzeugen, Gott sei eine furchterregende

Erscheinung und darauf aus, die Welt, die er geschaffen hat, im Zorn zu vernichten.

Doch das ist völlig falsch. Es gibt Zeiten, in denen Gott auf eine Weise in die menschliche Geschichte eingreift, die für diejenigen, die sich ihm widersetzen, schwerwiegende Folgen hat, aber wenn du dir die ganze Geschichte ansiehst, wirst du sehen, dass er immer der Retter ist. Sein „Gericht" ist wie das Skalpell eines Chirurgen – es bringt die Dinge in einer kaputten Welt in Ordnung.

Der Zerstörer ist die Sünde, nicht Gott. Indem sie sich unsere Selbstbezogenheit zunutze macht und unser begrenztes Wissen ausnutzt, zieht sie uns wie Gefangene in die Dunkelheit hinein. Und weil wir so bereitwillig mitgehen, sehen wir Gottes Handeln gegen die Finsternis als Handeln gegen uns an. Aber Gott will die Knechtschaft (der Sünde) durchbrechen und uns zurück in sein Licht und seine Heilung ziehen.

Das Heil, so Jesus, kommt nicht zu denen, die – mit ihren Opfergaben oder ihrem Bedürfnis zu opfern – versuchen, eine zornige Gottheit zu besänftigen. Das Heil findet sich in einer liebevollen Beziehung zum Schöpfer von allem. Es geht weniger darum, unsere Lebensumstände in Ordnung zu bringen, als dass wir von den Lügen der Finsternis befreit werden.

Leider verwechseln zu viele Menschen Gott mit der Religion, die wir in seinem Namen erschaffen haben. Das macht es ihnen schwer, mit ihm in Kontakt zu kommen. Menschen, denen es einigermaßen gut geht, halten Gott oft auf Distanz. Sie lassen gerade so viel Christsein an sich heran, dass ihr Gewissen beruhigt ist und ihre Ängste vor dem Leben nach dem Tod befriedet sind, aber sie wollen nicht zu viel von ihm, weil er sie in dem stören könnte, was ihnen Spaß macht.

Andere Menschen, die in tragischen Umständen oder tiefem Leid gefangen sind, rufen ihn an und wollen, dass er ihnen hilft, indem sie Gott versprechen, alles zu tun, was er will. Beides wird aber nicht zu einer langen und erfüllenden Beziehung mit ihm führen.

Musst du errettet werden? Frag ihn und lass es ihn tun, wie auch immer er es für richtig hält.

Er liebt mich, darum will ich ihn erretten; er kennt meinen Namen, darum will ich ihn schützen (Ps 91,14 LUT).

10. Januar

Was wäre, wenn?

Ich saß mit einem jungen Mann, der ohne jeglichen geistlichen Einfluss aufgewachsen war, auf einer von Kiefern und Zedern umgebenen Terrasse in den Bergen. Er und seine Verlobte hatten mich gebeten, sie zu trauen, und wir sprachen darüber, welchen Einfluss Gott bei ihrer Hochzeit und in ihrer Ehe haben sollte.

„Ich weiß nichts über ihn“, antwortete der junge Mann.

Ich hielt einen Moment inne und deutete dann auf die Schönheit des Waldes um uns herum. „Was wäre, wenn es einen Gott gibt, der das alles erschaffen hat, der dich mehr liebt als jeder andere, dem du je begegnet bist, und der an deiner Seite sein möchte bei deiner Suche nach deiner Bestimmung auf dieser Welt?"

Er sah mich an und lächelte; seine Augen waren voller Tränen. „Das fände ich genial.“ Wem würde es anders gehen?

Wenn du ihn nicht auf diese Weise kennst, bitte ihn, es dir zu zeigen. Widerstehe jeder Erwartung, wie das aussehen muss, und beobachte, was er tut.

Seht doch, wie sehr uns der Vater geliebt hat! Seine Liebe ist so groß, dass er uns seine Kinder nennt – und wir sind es wirklich! (1 Joh 3,1 HFA).

Gott ohne Furcht nachfolgen

Manche Christen sagen mir, die Menschen würden Gott nicht dienen, wenn wir sie nicht damit erschreckten, dass es die Hölle geben könnte. Ich bin da anderer Meinung. Mir fallen fünf gute Gründe dafür ein, Gott nachzufolgen, die nichts mit Angst zu tun haben. Schauen wir uns heute zwei davon an und morgen drei weitere:

Erstens: Gott ist die attraktivste Person im Universum. Er ist voller Leben, Lachen, Freude und Weisheit – kostbarer als Reichtum. Er ist bei Weitem der beste Freund, den ich habe. Ja, ich verstehe nicht immer, was er vorhat, aber ich weiß, dass er mir mit der Zeit zeigen wird, was ich wissen muss.

Ich spreche lieber mit dem Vater, mit Jesus und dem Heiligen Geist über das, was mich beschäftigt, als mit irgendjemand anderem in meinem Leben. Dabei liebe ich die Gespräche, die ich mit anderen führe. Falls du ihn noch nicht auf diese Weise erlebt hast, bin ich mir sicher, dass du jetzt ein bisschen mit den Augen gerollt hast, aber ehrlich: Besonders die Dinge die von *ihm* kommen, erfüllen mein Leben mit Staunen und Weisheit.

Zweitens: Ohne ihn macht diese Welt keinen Sinn. Es ist nicht alles sichtbar, was real ist. Ich sehe seine Herrlichkeit in der Schöpfung und seine Hand in den scheinbaren Zufällen des Lebens – wenn ich z. B. einen Menschen genau im richtigen Moment treffe oder wenn mir eine Erkenntnis aus einem Gespräch, einem Satz in einem Buch oder einem Liedtext ins Herz fällt.

Sogar wenn wir versagen oder von anderen verraten werden, hat das im größeren Zusammenhang der Dinge, den er so gut versteht, einen Sinn. Eine scheinbar dumme Entscheidung kann mir plötzlich Möglichkeiten eröffnen, die ich nie vorausgeahnt hätte.

Ich habe seine Berufung schon in jungen Jahren gespürt. In ihm finde ich den Mut und die Mittel, die mich durch die schmerzhaftesten Zeiten des Lebens tragen.

Darum wollen wir zu Gott kommen mit aufrichtigem Herzen und im festen Glauben; denn das Blut von Jesus Christus hat uns von unserem schlechten Gewissen befreit, und unser Körper wurde mit reinem Wasser von aller Schuld reingewaschen (Hebr 10,22 HFA).

12. Januar

Drei weitere Gründe

Fahren wir fort mit unserer Erörterung der Gründe, warum jemand Gott vielleicht nachfolgen möchte, die nichts mit einer Angst vor dem Leben nach dem Tod zu tun haben.

Drittens: Meine besten Fähigkeiten und meine eigene Weisheit reichen nicht aus, meinen Weg in einer gefallenen Schöpfung zu finden. Selbstsucht führt zu Korruption und Ungerechtigkeit. Das beeinträchtigt nicht nur mein Leben, sondern auch unsere Welt, und schadet anderen. Wie gehst du mit Umständen um, die du nicht kontrollieren kannst und die dir ungerecht erscheinen? Wie lassen sich Krankheit und Leid mit Gottes Liebe und seinem Endziel, die Welt wieder mit sich zu versöhnen, in Einklang bringen?

Wenn er nicht aktiv in mein Leben eingreift, beschäftige ich mich nur damit, wie sich die Dinge *auf mich* auswirken, aber das ist eine ungute Weise, in diesem Universum zu leben. Er weiß, wie er das Leid dieser Welt für seinen größeren Plan, uns zu verwandeln und zu erlösen, nutzen kann. Ich möchte nicht ohne ihn leben. Er hat mir Klarheit gegeben, um Entscheidungen zu treffen, die ich sonst nicht getroffen hätte, und obwohl er mich oft ermutigt, schwierigere Wege zu gehen, tragen diese mit der Zeit immerzu bessere Früchte.

Viertens: Ich bin machtlos, meinen zerstörerischen Gelüsten und Begierden zu widerstehen, wenn er mir nicht die Weisheit gibt, sie zu durchschauen, die Kraft, sie in die Schranken zu verweisen, und die Fülle, um das hinauszudrängen, wovon sie in meiner verdrehten Seele zehren.

Ohne ihn treibe ich in einer Welt der Maßlosigkeit, aber mit ihm kann ich lernen, Nein zu den Dingen zu sagen, die mir mehr schaden, und Ja zu einem Weg, der mir mehr Gnade zukommen lässt.

Fünftens: Ich will Teil von etwas sein, das größer ist als ich selbst und meine eigene Existenz. Gott hat diesen Planeten nicht nur erschaffen, sondern ist dabei, ihn zu seiner endgültigen Erlösung zu führen. Indem er mir zeigt, was es wirklich bedeutet, geliebt zu sein und zu lieben, kann ich Teil dieses sich immer weiter entfaltenden Plans werden und auch andere auf diesem Weg ermutigen.

Ihnen wollte Gott zu erkennen geben, was der Reichtum der Herrlichkeit dieses Geheimnisses unter den Nationen sei, und das ist: Christus in euch, die Hoffnung der Herrlichkeit (Kol 1,27 ELB).

13. Januar

Die attraktivste Einladung

Gott ist nicht der Spielverderber, für den die Religion ihn hält, oder die Ausrede für unsere Ungerechtigkeit gegenüber anderen, sondern ein willkommener Begleiter auf dieser Reise, die wir Leben nennen. Wenn du weißt, wer dieser erstaunliche Gott ist, ist „Seid heilig, wie ich heilig bin“ nicht das lästigste Gebot in der Bibel, sondern die attraktivste Einladung. Wenn du ihn kennst, wirst du wie er sein wollen.

Und wenn du so sein willst wie er, ist es toll zu wissen, dass er alles dafür bereitgestellt hat, damit du das erreichst. Ich könnte es auf keinen Fall alleine schaffen. Alles, was ich von meiner Seite her tun muss, ist zu lernen, in seiner Liebe zu leben, und er ist derjenige, der uns *auch dabei* hilft.

Ich weiß, dass einige von euch, die das hier lesen, frustriert sind, weil sich eure Beziehung zu Gott nicht so anfühlt. Obwohl ihr betet, in der Bibel lest, in die Kirche geht und versucht, gut zu sein, fühlt sich Gott immer noch wie eine ferne Gottheit an, die nur selten an den realen Umständen des täglichen Lebens beteiligt ist. Auch mir ging es lange Zeit so, und ich kann das gut verstehen. Die fünf Dinge, die ich oben beschrieben habe, sind das Ergebnis eines langen Weges, auf dem ich gelernt habe, in seiner Liebe zu leben. Das geschieht nicht über Nacht, mit einem Fingerschnippen oder einer ekstatischen Jesusbegegnung.

Zu lernen, seine Realität zu ergründen und seine Spuren um uns herum zu erkennen, ist eine lebenslange Aufgabe, vielleicht das größte Abenteuer, das sich uns als Menschen bietet. Unsere Begierden können uns fehlleiten, unser Verstand täuscht uns oft und die Welt mit ihren Vergnügungen und Ängsten lenkt uns sehr leicht ab. Das innere Leben zu kultivieren, um immer sensibler dafür zu werden, wie Jesus sich uns zu erkennen gibt, erfordert von uns eine gewisse Konzentration und ein aktives Mitwirken.

> *Eins aber sage ich: Ich vergesse, was dahinten ist, und strecke mich aus nach dem, was da vorne ist, und jage nach dem vorgesteckten Ziel, dem Siegespreis der himmlischen Berufung Gottes in Christus Jesus* (Phil 3,13-14 LUT).

14. Januar

Wo soll ich anfangen?

Was meinst du? Möchtest du eine Beziehung zu Gott, die auf Angst beruht, oder darauf, dass du von seinem Charakter und seiner Liebe begeistert bist?

Wenn du nicht weißt, wie du das machen sollst, dann finde eine Person, die es weiß, und frag sie, ob sie bereit ist, dir zu helfen. Suche nicht nach einer, die dir genau sagt, was du tun sollst, sondern eine, die dir hilft, Gottes Spuren in deinem eigenen Leben zu entdecken und die Möglichkeiten zu erkennen, die sein Geist dir anbietet, um dich weiterzubringen.

Lass sie erzählen, welchen Weg Gott sie geführt hat, aber versuche nicht, diesen zu kopieren. Lerne stattdessen, auf dein Herz zu hören, auf welche Weise Gott sich dir zu erkennen geben will. Dann beobachte, wie er das tut. Lass die Person an deinem Weg teilhaben und lass dir von ihr dabei helfen, dem nachzugehen, was echt zu sein scheint, aber auch die Dinge zu erkennen, die nach eigener Anstrengung riechen.

Lass dich nicht entmutigen, wenn es nicht so schnell oder so einfach geht, wie du es dir vielleicht erhoffst. Suche andere, die ähnliche Ziele verfolgen. Bitte gib nicht auf! Es dauert meist eine Weile, bis du lernst, auf deinem Weg mit ihm Fuß zu fassen. Dieses Leben ist kein Disneyland, sondern eine echte Kooperation mit dem Schöpfer des Himmels und der Erde.

Ihn zu kennen, fängt im Kleinen an und wird mit der Zeit zum wertvollsten Teil deines Lebens.

Wiederum gleicht das Himmelreich einem Kaufmann, der gute Perlen suchte, und da er eine kostbare Perle fand, ging er hin und verkaufte alles, was er hatte, und kaufte sie (Mt 13,45-46 LUT).

15. Januar

Die Epidemie der Vaterlosigkeit

„Ich glaube, mein Vater hasst mich“, sagte sie, während sie versuchte, ihr Schluchzen zu unterdrücken. Dann erzählte sie von dem Streit, den sie am Abend zuvor mit ihm gehabt hatte. Ihr Vater war darüber verärgert gewesen, dass sie sich oft aufreizend kleidete, und sie war sich sicher, dass er ihre Entscheidungen nicht respektierte.

Ich ging mit ihr das Gespräch noch einmal durch, wie ein Ersatzvater, der ihr zu verstehen gab, dass die Befürchtungen ihres Vaters wohl weniger damit zu tun hatten, sie zu verurteilen, als vielmehr damit, dass er sie vor Männern mit weniger ehrenhaften Absichten schützen wollte.

„Du glaubst also, dass mein Vater mich nicht hasst?“, fragte sie am Ende.

„Nicole, ich habe keine Ahnung. Er ist dein Vater, aber es würde mich wundern, wenn er dich nicht sehr lieben würde. Aber darf ich fragen, wie es dir mit deinem himmlischen Vater geht?“

Ihre verzogene Miene verriet mir, dass meine Frage sie verwirrt hatte. Ein Moment verging. „Meinst du Gott?“

Ich nickte. „Ich bin in der Kirche aufgewachsen“, sagte sie. „Ich hasse ihn!“

Ich lächelte, sah Nicole an und flüsterte ihr zu, als würde ich ihr ein unglaubliches Geheimnis anvertrauen: „Genauso, wie du dich wahrscheinlich in deinem irdischen Vater irrst, irrst du dich auch in deinem himmlischen Vater.“

Ihre Augen leuchteten auf. „Wie meinst du das?“

„Nicole, du hast einen Vater, der dich mehr liebt, als irgendein Mensch es jemals getan hat oder jemals tun wird.“

Die Hoffnung, dass wir alle einen Vater haben, der uns ganz und gar kennt und über alle Maßen liebt, ist in unserer Zeit fast verloren gegangen. Vielleicht ist es an der Zeit, sie wiederzuentdecken.

Hierin ist die Liebe Gottes zu uns offenbart worden, dass Gott seinen einzigen Sohn in die Welt gesandt hat, damit wir durch ihn leben (1 Joh 4,9 ELB).

Ein Mädchen und ihr Papa!

„Majestät, preist seine Majestät ...“ Diese vertrauten Worte kamen mir über die Lippen, als ich inmitten einer Gruppe von Gläubigen saß, die von überallher aus dem Westen der USA kamen und sich versammelt hatten, um ihre Erfahrungen darüber auszutauschen, wie man Gemeinde beziehungsorientiert leben kann. Es war Sonntagmorgen und wir hatten gerade damit begonnen, Gott Lob- und Danklieder zu singen.

Ich war etwas nervös.

An diesem Morgen schmiegte sich neben mir ein dreieinhalbjähriges Mädchen in die Arme ihres Vaters Jim. Nyssa kämpft mit den Komplikationen des Freeman-Sheldon-Syndroms, einer genetisch bedingten Muskelerkrankung, die bei ihr zu einer schweren Skoliose (Verkrümmung der Wirbelsäule) und entstellten Fingern geführt hat. Sie wird über eine Magensonde ernährt und kann aufgrund dieser Erkrankung nicht sprechen, laufen oder spielen wie andere Kinder. Ja, sie kann nur in den Armen ihres Vaters liegen, glucksen und sabbern. Die Verbindung zwischen ihr und ihrem Vater und die tiefe Liebe, die aus seinem Gesicht strahlte, als er ihr Dinge zuflüsterte und sie in seinen Armen hin und her wiegte, faszinierte mich.

Das ist es, was ich will! Diese Worte schwirrten so leise durch meinen Kopf, dass ich sie fast überhört hätte. Ich musste einen Moment innehalten und fragte mich nicht nur, was ich gehört hatte, sondern auch, woher es kam. Dieser Gedanke kam sicher nicht aus mir. Nachdem ich eine Weile darüber nachgedacht hatte, erkannte ich darin jedoch die Stimme des Vaters, und plötzlich wurde mir klar, warum mein Herz an diesem Morgen etwas nervös war.

Wir waren dabei, Gott zu preisen und uns in die große Schar der Engelwesen einzureihen, die seinen Thron mit Lob und Anbetung umgeben. Er dagegen wollte nur, dass wir einen Moment in seinem Schoß genießen, wie dieser Vater und seine Tochter – mit einer Intimität, mit der kein Moment der Anbetung mithalten könnte.

Allen aber, die ihn aufnahmen, denen gab er das Anrecht, Kinder Gottes zu werden, denen, die an seinen Namen glauben; die nicht aus dem Blut, noch aus dem Willen des Fleisches, noch aus dem Willen des Mannes, sondern aus Gott geboren sind (Joh 1,12-13 SLT).

17. Januar

Er hat dich auserwählt

Nyssa war adoptiert worden. Ihre (Adoptiv-)Eltern sahen sie zum ersten Mal, als sie elf Tage alt war, und wussten, wie es um sie stand, bevor sie ihr die Türen sperrangelweit öffneten und sie bei sich zuhause aufnahmen.

Jim erzählte mir, er habe zunächst gezögert, ein Kind, das so viel Hilfe benötigt, zu adoptieren. Aber in dem Moment, als er Nyssa zum ersten Mal gesehen habe, habe sich das alles geändert. „Sobald ich sie in meinen Armen hielt", sagte er, „sah sie mich an und seufzte. Mein Herz schmolz dahin, und ich wusste, dass ich ‚Ja' sagen musste."

Sie wurde auf dieselbe Weise auserwählt, wie der himmlische Vater dich auserwählt hat. Er war sich dessen bewusst, was es ihn kosten würde, dich in deiner ganzen Gebrochenheit zu lieben.

Ihr Vater erinnerte mich daran, dass sie an diesem Morgen nicht einmal in seinen Schoß hatte krabbeln können. Hätte er sich nicht herabgebeugt und sie hochgehoben, wäre sie nie dort gewesen. Ich bin mir sicher, dass wir uns in einer ähnlichen Situation befinden. Wer von uns kann schon von sich behaupten, er könne aus eigener Kraft in Gottes Schoß kriechen? Er ist unsere einzige Quelle, und wir könnten keine innige Beziehung zu ihm genießen, wenn er sie nicht herbeiführen würde.

Vielleicht ist das Einzige, was wir tun können, dass wir voller Hingabe und Verlangen ihm unsere Arme entgegenstrecken. Aber unser Platz auf seinem Schoß ist allein sein Werk.

Nicht ihr habt mich erwählt, sondern ich habe euch erwählt und euch dazu bestimmt, dass ihr hingeht und Frucht bringt und eure Frucht bleibt, damit der Vater euch gibt, was auch immer ihr ihn bitten werdet in meinem Namen (Joh 15,16 SLT).

18. Januar

In seinen Augen sind wir alle schön

Obwohl unser Fleisch durch die Bewunderung anderer verführt werden kann, ist es bei unserem Vater nicht so. Ich kenne viele Menschen, denen ihr Erfolg am Arbeitsplatz wichtiger ist als die Zuneigung ihrer Familie, aber Gott ist nicht so. Ich glaube, jeden Tag der Woche hätte er lieber unsere Zuneigung als unsere Verehrung. Er ist schließlich der Gott der Liebe, falls du es vergessen hast.

Nyssas Gebrochenheit schmälerte die Zuneigung ihres Vaters nicht. Im Gegenteil, ihre Gebrochenheit machte sie noch liebenswerter. Wir dagegen neigen dazu, in der Anbetung nachzulassen, wenn wir uns unseres eigenen Versagens und unserer Schwächen bewusst sind.

Ist es nicht so, dass große Menschenmengen immer die sogenannten „Schönen" und „Mächtigen" nach vorne drängen, um sie zu verehren, während sie die „Geringeren" in den Hintergrund drängen? Aber im Schoß eines Vaters gibt es keine Unterschiede. Gute Eltern freuen sich über alle ihrer Kinder und sehen deren Schwachstellen nur als Risse, in die noch mehr Liebe gegossen werden kann.

Können wir wirklich glauben, dass unser Vater uns genauso sieht, wie Jim seine Tochter Nyssa? Ich kann dir versichern, dass er dich viel mehr liebt als das.

Und er hat zu mir gesagt: Lass dir an meiner Gnade genügen, denn meine Kraft wird in der Schwachheit vollkommen! (2 Kor 12,9 SLT).

19. Januar

Liebst du mich?

Heute verstehe ich besser, warum Jesus Petrus nach der Auferstehung die Frage stellte: „Hast du mich lieb?" Er wollte nicht wissen, ob Petrus ihn verehrte, ihn fürchtete oder bereit war, ihm im Angesicht jeder denkbaren Bedrohung zu dienen.

Er wollte nur wissen, ob Petrus ihn liebte. Denn er wusste: Mit dieser Liebe würde sich alles andere ergeben. Aber ohne diese Liebe, wäre alles andere unwichtig.

Wenn das Kreuz seinen Sinn erfüllte, würde selbst derjenige, der ihn so schmerzhaft verleugnet hatte, seinen Weg zurück in seine Liebe finden. Schließlich hatte Petrus nie aufgehört, ihn zu lieben, sondern sich einfach von seinen Ängsten überwältigen lassen, als er unter Druck war.

Sein Versagen widerlegte seine Liebe nicht. Jesus wusste das, Petrus allerdings momentan noch nicht. Aber das würde sich ändern, und er würde den Rest seiner Tage in wachsender Zuneigung zu seinem auferstandenen Freund leben können.

Glaube nicht, dass deine Fehler ein Beweis für deinen Mangel an Liebe sind. Finde eine Liebe, die größer ist als dein Versagen, und du wirst ein Leben finden, in dem du immer weniger deinen eigenen Weg gehen willst.

[Ich bete,] dass der Christus durch den Glauben in euren Herzen wohne, damit ihr, in Liebe gewurzelt und gegründet, dazu fähig seid, mit allen Heiligen zu begreifen, was die Breite, die Länge, die Tiefe und die Höhe sei, und die Liebe des Christus zu erkennen, die doch alle Erkenntnis übersteigt, damit ihr erfüllt werdet bis zur ganzen Fülle Gottes (Eph 3,17-19 SLT).

20. Januar

Zuneigung oder Verehrung?

Was denkst du? Würde ich lieber mit meinen Kindern auf der Couch sitzen, während sie mir erzählen, was für ein unglaublich toller Vater ich bin, und dabei immer wieder dieselben Worte wiederholen, damit die Botschaft auch wirklich bei mir ankommt? Oder würde ich lieber mit ihnen spazieren gehen und über ihre Freuden und Ängste sprechen?

Letzteres, natürlich. Viel wichtiger als ihr Lob ist mir die Gegenwart meiner Kinder. Ich möchte mit ihnen zusammen sein, wenn sie lachen, und sie trösten, wenn sie weinen. Warum sollte das bei Gott anders sein?

Tatsache ist, dass du jemanden loben kannst, den du nicht liebst, während du ihn auf Distanz hältst und dich ausgeschlossen und allein fühlst. Ich glaube aber nicht, dass du jemand lieben kannst und nicht gleichzeitig völlig davon überwältigt bist, wie sehr er dein Lob verdient hat.

Achte einfach darauf, dass deine Verehrung nie die Zuneigung verdrängt. Schenke Gott all die Anbetung und den Lobpreis, den er verdient. Aber lass dich nicht von dem Gedanken täuschen, dein Lob bedeute ihm mehr als deine Liebe.

Ihr seid meine Freunde, wenn ihr tut, was immer ich euch gebiete. Ich nenne euch nicht mehr Knechte, denn der Knecht weiß nicht, was sein Herr tut; euch aber habe ich Freunde genannt, weil ich euch alles verkündet habe, was ich von meinem Vater gehört habe (Joh 15,14-15).

21. Januar

In den Augen eines Sohnes

„Alles, wozu Gott mich im Moment beruft, scheint in diesem Bild enthalten zu sein“, sagte Glenn zu mir, als er das Schwarz-Weiß-Foto von Vater und Sohn auf den Tisch legte.

Es war das erste Mal, dass ich im Haus von Glenn und Elaine war. Wir hatten uns ein paar Stunden zuvor zum Frühstück hingesetzt und waren immer noch nicht vom Tisch aufgestanden. Wir sprachen über die wunderbare Beziehung, die Gott jedem von uns durch seinen Sohn gewährt.

Das Foto war sorgfältig mit Passepartout gerahmt, ein offensichtlicher Schatz. Ich erkannte sofort, warum: Ich war fasziniert von dem Miteinander von Vater und Sohn, die neben einer jungen Birke standen, die bereits ihre Blätter abgeworfen hatte. Die Kleidung der beiden deutete auf eine frühere Generation hin.

Die Freude des Vaters, der auf seinen Sohn herabblickt, und der offensichtliche Stolz des Zweijährigen, der zurückblickt, waren vom Fotografen perfekt eingefangen worden. Die Verbindung zwischen diesem Vater und seinem Sohn war tief. Als Glenn es in seinen Händen hielt, sagte er mir, er fange gerade erst an, seine Beziehung zu Gott auf dieselbe Weise zu sehen. Das sollten wir alle.

Aber allen, die ihn wollten und die glaubten, dass er der war, für den er sich ausgab, und dass er tun würde, was er sagte, schenkte er es, dass sie zu ihrem wahren Selbst wurden, zu ihrem Gotteskind-Selbst (Joh 1,10-12 MSG).

22. Januar

Ein Vater und sein Sohn

Der Vater und der Sohn auf dem Foto freuen sich offensichtlich übereinander, und das Foto fängt die Freude, das Staunen und die Zuneigung, die Gott seinen Kindern schenken möchte, perfekt ein.

„Davon bin ich noch weit entfernt“, gab Glenn zu, nachdem ich das Bild eine Weile auf mich wirken lassen konnte, „aber ich weiß, dass er mich dazu beruft, genau wie dieser kleine Junge zu sein.“

Ich weiß, was er meinte, denn ich hatte diesen Weg auch schon hinter mir. Es war ein langer Weg für mich, zu lernen, in der Gegenwart des Vaters so entspannt zu sein, so sicher in seiner Fürsorge und so bereit, den Tag mit ihm zu genießen.

„Das bin ich!" sagte Glenn schließlich. „Der kleine Junge dort! Ich war zwei Jahre alt." Das überraschte mich. Ich hatte gar nicht daran gedacht, dass dies ein Familienfoto sein könnte. „Mein Vater starb zwei Monate nach diesem Foto an einem Herzleiden. Ich habe keine Erinnerung an ihn, nur dieses Bild. Jetzt möchte ich meinen himmlischen Vater mit der gleichen Einfachheit und Freude kennenlernen."

Nein, diese Beziehung *verlangt* er nicht von uns, sondern er ist schon längst dabei, sie in uns zu *bewirken*. „Wir kennen die Liebe nur", schrieb Johannes, „weil er uns zuerst geliebt hat."

Gott ist Liebe, und wer in der Liebe bleibt, der bleibt in Gott und Gott in ihm (1 Joh 4,16 SLT).

23. Januar

Falscher Vater!

Manchmal erhalte ich die verrücktesten Geschichten als E-Mails.

„Die beste Freundin meiner Frau hat schon seit ein paar Jahren nicht mehr mit ihrem Vater gesprochen. Es ist schlimm. Er ist ein ganz schrecklicher Typ."

Ich kann mir nichts Schlimmeres vorstellen, als einen Vater zu haben, der zu kaputt ist, um sein Kind zu lieben und es in dessen prägendsten Jahren mit dieser Liebe zu überschütten. Aber die Geschichte wurde erfreulicher.

„Aber vor einem Monat hat sie herausgefunden, dass er gar nicht ihr richtiger Vater ist und dass ihr wirklicher Vater seit zweiundzwanzig Jahren versucht, sie zu finden, seit er herausgefunden hat, dass sie die Folge eines Seitensprungs ist. Er hat ununterbrochen für sie gebetet, seit er Jesus kennengelernt hat.

Als er sie schließlich gefunden hatte, unternahmen er und seine Familie sofort eine weite Reise, um sie kennenzulernen. Jetzt hat sie einen neuen Vater! Einfach so stellte sich alles, was sie über ihren Vater geglaubt hatte, als völlig falsch heraus, und sie hatte einen echten Papa! Und ihr Neugeborenes, ihr erstes Kind, hat jetzt einen Großvater! Wunderbar."

Nicht alle Geschichten gehen so gut aus, aber es stimmt: Egal wie großartig oder verachtenswert dein irdischer Vater war bzw. ist, wir alle haben einen Vater, der uns geschaffen hat und dessen Liebe zu uns weit über das hinausgeht, was selbst die besten Väter ihrem Kind geben könnten. Finde diesen Vater, und du wirst große Freude und Sicherheit finden.

Als er aber noch fern war, sah ihn sein Vater und hatte Erbarmen; und er lief, fiel ihm um den Hals und küsste ihn (Lk 15,20).

24. Januar

Dein wahrer Vater

Vielen von uns wurde beigebracht, der Gott der Religion sei ein zorniges und forderndes Wesen in der Schöpfung. Wenn wir es ihm nicht recht machen, lässt er schreckliche Dinge mit uns geschehen. Aber so sehr wir uns auch bemühen, wir scheinen nie gut genug zu sein und fühlen uns am Ende frustriert, abgelehnt und allein.

Aber das ist nicht dein Vater. Das ist jemand, der sich nur als dein Vater ausgibt, um deine Liebe auszunutzen, deine Freude zu verschlingen und dein Leben zu zerstören.

Der Vater, der dein wahrer Vater ist, hat dein ganzes Leben lang nach dir gesucht. Er war dir stets näher als dein Atem, und doch hast du ihn vielleicht verpasst, aufgrund all der Illusionen, die die Religion geschaffen hat, damit du dich vor ihm fürchtest und hart für ihn arbeitest.

Wenn du deinen wahren Vater entdeckst, wird sich deine Angst angesichts seiner großen Freude über dich in Luft auflösen.

Welcher Mensch unter euch, der hundert Schafe hat und eines von ihnen verliert, lässt nicht die neunundneunzig in der Wildnis und geht dem verlorenen nach, bis er es findet? (Lk 15,4).

25. Januar

Wenn du den Vater falsch verstehst

Als Kind wurde sie aufrichtig von ihrem Vater geliebt. Er hatte große Freude an ihr und war ihr sehr zugeneigt. Aber als sie heranwuchs, begann sie, Dinge von ihm zu verlangen, von denen er wusste, dass sie ihr nur schaden würden. Als er seine Bedenken und sein Bedauern darüber äußerte, dass er ihr nicht nachgeben könne, wurde sie zunehmend frustriert und distanziert. Bald stellte sie sogar in Frage, ob er sie überhaupt noch liebte oder jemals geliebt hatte.

Aufgrund dieser Gedanken fing sie an, jede seiner Zuneigungsbekundungen misstrauisch zu sehen, und kam zu dem Schluss, er tue nur so, als würde er sie lieben, um von ihr zu bekommen, was er wollte. Seine Zuneigungsbekundungen tat sie als Manipulationsversuche ab.

Ihre Enttäuschung wuchs und verwandelte sich schließlich in Wut. Sie hörte auf, ihn um Dinge zu bitten und stellte dagegen Forderungen. Wenn sie nicht bekam, was sie wollte, schmollte sie.

Ihre Wünsche wurden wichtiger als die Beziehung zu ihrem Vater, und sie beschuldigte ihn, ein schlechter Vater zu sein. In ihren Augen waren ihre Wünsche „echte Bedürfnisse“, und seine Weigerung, sie zu erfüllen, bewies ihr nur, was für ein gefühlloser Mensch er sei. Am Ende sagte sie schreckliche

Dinge zu ihm und über ihn zu ihren Freundinnen und Freunden, nur um ihre eigene Verbitterung und Wut zu rechtfertigen.

Aber der Vater wusste, dass das so nicht stimmte. Ihre Worte stachen, aber er wusste, dass sie nicht der Wahrheit entsprachen. Selbst angesichts ihrer Wut und Manipulation reagierte er mit Bedauern, nicht mit Wut. Er wusste, dass sie gerade dabei war, in den dunklen Raum ihres Egoismus abzurutschen, wo Lügen regierten, und dass er gegen ihre falschen Anschuldigungen machtlos war.

Egal, was er tat, sie machte ihn nur herunter und wies seine Versuche, sie zu lieben, zurück. Es gibt keine größere Knechtschaft, als seine eigenen Lügen für die Wahrheit zu halten. Sogar Jesus hat uns gewarnt, dass es keine größere Finsternis gibt, als wenn unser „Licht" in Wirklichkeit Dunkelheit ist!

Deine Augen sind wie Fenster zu deinem Körper. Wenn du sie voller Staunen und Glauben weit öffnest, füllt sich dein Körper mit Licht.
Wenn dein Blick durch Gier und Misstrauen verzerrt ist, ist dein Körper ein feuchter Keller. Welch dunkles Leben wirst du haben, wenn du die Jalousien an deinen Fenstern zuziehst! (Mt 6,22 MSG).

26. Januar

Du kannst immer nach Hause gehen

In Fortsetzung unserer gestrigen Geschichte kam irgendwann ein anderer, der versprach, alle ihre „Bedürfnisse" zu erfüllen und für sie zu tun, was ihr Vater ihr verweigerte. Selbstverständlich tat er das nur, um zu bekommen, was er von ihr wollte, aber sie dachte, sie hätte die wahre Liebe gefunden. Am Anfang bekam sie von ihrem Freund, was sie wollte, obwohl er sie nur ausnutzen wollte, und kehrte ihrem Vater, der sie liebte, den Rücken zu.

Natürlich kamen die Motive ihres Freundes mit der Zeit ans Licht, als er anfing, ihr seinen Willen aufzuzwingen. Er verwöhnte sie weniger und missbrauchte sie mehr. Er nutzte ihre Bedürfnisse aus, um seine Wünsche zu erfüllen, und als sie das merkte, stürzte sie in Verzweiflung. Die Freiheit, die er ihr scheinbar bot, entpuppte sich als ein Gefängnis, das sie selbst herbeigeführt hatte.

Da wusste sie, dass sie die schlechteste aller Entscheidungen getroffen hatte. Sie fragte sich, ob sie so viele Brücken abgebrochen hatte, dass sie nun keine andere Wahl mehr hatte, als ihren Weg fortzusetzen, egal wie schmerzhaft er war. In den Momenten, in denen sie ehrlich zu sich selbst war, sehnte sich ihr Herz jedoch nach Hause, da sie die Liebe ihres Vaters nun etwas besser verstand. Aber leider war es ihr zu peinlich und sie war zu ängstlich, dem Vater gegenüberzutreten, den sie so leichtfertig zurückgewiesen hatte. Sie war sich sicher, dass, nach allem, was sie getan hatte, ihr Vater sie hasste, und merkte nicht, dass sie nur ihre eigenen Gefühle auf ihn projizierte.

Das wäre eigentlich der Moment, in dem sie entdecken könnte – wenn sie das Risiko einginge –, wie erstaunlich wahre Liebe wirklich ist.

Egal wie ungläubig die Israeliten waren, Gott war stets bereit, sie in seine Liebe hineinzuziehen, wann immer sie auch nur ein bisschen zu ihm zurückkehrten, und selbst dann, wenn sie es nicht taten!

Er wird auch immer für dich da sein, egal wie tief du im Schlamassel steckst.

„Kommt, lasst uns zum HERRN zurückkehren … (damit) er uns heilt“ (Hosea 6,1 MSG).

27. Januar

Nach Hause kommen

Sein Vater schaute jeden Tag sehnsüchtig die Straße entlang und hoffte inständig, dass dies der Tag sein würde, an dem er nach Hause käme. Die Abtrünnigkeit seines Sohnes und der Preis, den er dafür bezahlt hatte, hatten ihm das Herz gebrochen, aber es ließ ihn weder wütend noch beschämt werden. Er wollte nur, dass sein Sohn nach Hause kam.

Dann sah er ihn eines Tages in der Ferne mit gesenktem Kopf heimwärts trotten. Der Vater stürmte mit großer Freude zur Tür hinaus und eilte zu ihm hin, um ihn mit seiner ganzen Zuneigung, die während seiner Abwesenheit nur gewachsen war, wieder willkommen zu heißen.

Du kannst immer zu dem Ort zurückkehren, an dem du wirklich geliebt wurdest, und wirst dich mitten in der Zuneigung wiederfinden, die du vielleicht vorher verschmäht hast. Die Liebe siegt immer über das Versagen.

> *„Schnell. Bring saubere Kleidung mit und zieh ihn an. Steck ihm den Familienring an den Finger und zieh ihm Sandalen an die Füße. Dann hole ein gemästetes Kalb und brate es. Wir werden ein Festmahl veranstalten und eine wunderbare Zeit haben! Mein Sohn ist hier – tot geglaubt und jetzt lebendig! Verloren geglaubt und doch gefunden!" Und sie hatten eine herrliche Zeit miteinander* (Lk 15,22-24 MSG).

28. Januar

Gott unter der Dusche

Nach einem Treffen in Ohio wandte sich ein Professor, der im Rahmen eines Austauschprogramms aus Indien in die Vereinigten Staaten gekommen war, mit einer Frage an mich. Ihm gefiel die Ungezwungenheit unseres Treffens, aber er störte sich an der legeren Kleidung. „Wenn ich heute den Präsidenten der

Vereinigten Staaten treffen würde, würde ich mich in Anzug und Krawatte kleiden. Sollten wir Gott weniger Ehre erweisen?"

„Das würde ich auch so machen", antwortete ich. „Aber es gibt Menschen, die es überhaupt nicht nötig hätten, sich schick zu machen, wenn sie heute den Präsidenten treffen würden." Er schaute mich verwundert an. „Seine Kinder. Der Präsident würde nicht wollen, dass diese sich herausputzen, weil er ihr Vater ist und deshalb keine Förmlichkeit nötig ist."

Söhne und Töchter brauchen sich in der Gegenwart des Vaters nicht zu verstellen. Er lädt uns ein, uns an ihm zu erfreuen, nicht, ihn zu beeindrucken.

Aber diese Frage beunruhigt mich noch auf eine andere Weise. Sie geht nämlich davon aus, dass Gott bei einer Versammlung von Gläubigen irgendwie präsenter ist, als wenn wir morgens duschen oder wenn wir nach einem harten Arbeitstag heiß und verschwitzt sind. Aber so ist es nicht, verstehst du?

Gibt es einen Ort, an den ich gehen kann, um deinem Geist aus dem Weg zu gehen? Um aus deinem Blickfeld zu verschwinden? Wenn ich in den Himmel steige, bist du da! Wenn ich unter die Erde gehe, bist du da! Wenn ich auf den Flügeln der Morgenröte bis zum fernen westlichen Horizont flöge, würdest du mich sofort finden – du bist schon da und wartest! (Ps 139,10-12 MSG).

29. Januar

Einfache Liebe

Auf meinen Reisen traf ich einmal ein Ehepaar, das sechzehn Jahre zuvor nach Amerika gezogen war. Aber nachdem sie Jesus kennengelernt hatten, hatten sie das Gefühl, sie sollten nach Japan zurückkehren, um dort Zeugnis zu geben. Sie drückten es so aus: „Unsere alte Ideologie war, wir müssten etwas Bedeutendes tun bzw. uns bei einer Sache für Gott engagieren", und sie fühlten sich schuldig, dass es nicht so war.

Kurz nach meiner Reise erhielt ich eine E-Mail von ihnen über das Werk, das Gott in der Zwischenzeit in ihrem Herzen getan hatte.

„Er hat uns gezeigt, dass meine Familie und ich nicht mehr die enge Beziehung zu Gott haben, die wir einmal hatten. Wir hatten alle das Gefühl, wir müssten Gott zurückzahlen, was er getan hatte, und haben dabei das Wichtigste übersehen: Gott liebt uns einfach.

Ich bin wichtig, du bist wichtig, jeder Mensch ist wichtig für Gott. Als wir das entdeckten, konnten wir unsere Tränen nicht zurückhalten."

Wenn du das Gefühl hast, es Gott zurückzahlen zu müssen, lass diesen Druck los! Du musst Gott keine große Gegenleistung erbringen. Lass dich von der Liebe leiten und du wirst feststellen, dass er dich vielleicht bis ans Ende der Welt führt, aber nicht, weil du ihm etwas schuldest, sondern einfach, weil er dich eingeladen hat, mit ihm zu gehen.

Gott aber, der reich ist an Erbarmen, hat um seiner großen Liebe willen, mit der er uns geliebt hat, auch uns, die wir tot waren durch die Übertretungen, mit dem Christus lebendig gemacht – aus Gnade seid ihr errettet! (Eph 2,4-5).

30. Januar

Nur ein Telefonanruf

Jahrelang hingen Schuldgefühle über ihr wie dichter Nebel. Sie war in die Vereinigten Staaten gekommen, um eine Ausbildung zu machen. Als sie ihre Heimat verließ, hatte ihr Großvater angeboten, ihr bei den Studiengebühren zu helfen, aber sie sollte zurückkehren und einen Job finden, um es ihm zurückzuzahlen.

Ihr Leben nahm eine andere Wendung. Sie heiratete, blieb in den Vereinigten Staaten und konnte aufgrund von Problemen mit ihrer Einwanderung lange Zeit nicht arbeiten. Sie hatte ihr

Versprechen nicht gehalten, und wann immer ihre Mutter sie ärgern wollte, machte sie ihre Tochter darauf aufmerksam.

Nachdem sie sich jahrelang deswegen geschämt und ihren Großvater gemieden hatte, rief sie schließlich an, um sich dafür zu entschuldigen, dass sie ihr Versprechen nicht gehalten hatte. Er antwortete nur: „Das ist schon in Ordnung, Schatz." Er hatte es schon lange vergessen und war mehr daran interessiert, dass sie ihn besuchte, als dass sie ihm das Geld zurückzahlte. Er bot ihr sogar an, ihre Reise zu bezahlen.

„Die Versöhnung war wunderschön", schrieb sie mir.

Kannst du dir vorstellen, dass, nur wegen eines fehlenden Telefonanrufs, all die Jahre eine Beziehung verloren gegangen war? Manchmal genügt ein Anruf, um das Licht von Gottes Heilung in die schwierigsten Umstände zu bringen und die Versuche des Feindes zu entschärfen, Menschen weiter auseinander zu treiben und tiefer in ihre eigene Dunkelheit zu stürzen.

Das kann nicht nur die Versöhnung mit denjenigen voranbringen, die wir aus unserem Leben ausgeschlossen haben, sondern wird uns auch wunderbare Erkenntnisse über die Liebe unseres Vaters schenken. Ich hoffe, dass die Geschichte dieser Frau dich dazu ermutigt, dir vorzustellen, was Gott mit einigen deiner zerbrochenen Beziehungen tun könnte.

Soweit es irgend möglich ist und von euch abhängt, lebt mit allen Menschen in Frieden (Röm 12,18).

31. Januar

Geliebt leben

Die Freude auf diesem Weg besteht nicht darin, dass wir uns davon überzeugen, dass Gott uns liebt, sondern darin, dass wir tatsächlich lernen, als eines seiner geliebten Kinder zu leben!

Und wenn du ihn besser kennenlernst, wirst du feststellen, dass er kein „warmer, kuscheliger Opa" im Himmel ist. Er ist der transzendente, heilige, allmächtige Gott des Universums, der mir angeboten hat, mein „Abba“ zu sein – die liebevollste Bezeichnung, die ein Kleinkind im ersten Jahrhundert für seinen Papa verwendet hätte. Ja, seine Zuneigung ist überwältigend.

Aber diese Zuneigung zielt auch darauf ab, mich in immer mehr Bereiche des Lichts zu bringen, damit ich durch die Wahrheit verwandelt werden kann und nicht nur in meinen Täuschungen, Lügen und untauglichen Bewältigungsstrategien verhätschelt werde. Deshalb verwende ich selten den Begriff „bedingungslose Liebe“ – nicht, weil ich denke, Gottes Liebe sei an Bedingungen geknüpft, sondern weil dieser Begriff so unflexibel klingt. Gottes Zuneigung verwandelt mich, lässt mich ihn kennenlernen und verändert gleichzeitig den Kern meines Wesens.

Die Einladung, geliebt zu leben, besteht nicht darin, eine neue Lehre zu übernehmen, sondern eine neue Lebensweise anzunehmen. Ich kann immer mehr in der Zuneigung des Vaters leben, statt in den Ängsten, Sorgen und Ambitionen meines Fleisches. Und das kannst du auch! Das ist Freude und Freiheit auf höchstem Niveau.

Es ist nicht etwas, das du in einem Moment ein- oder ausschalten kannst, sondern es ist ein lebenslanger Prozess, bei dem der du jeden Tag ein bisschen mehr dadurch geprägt wirst, dass du lernst, in seiner Liebe zu Hause zu sein. Glaube nicht nur an seine Liebe, lebe geliebt! Bitte ihn, dir dabei zu helfen, denn es übersteigt bei Weitem das, was wir aus eigener Kraft schaffen können.

Und wir haben die Liebe erkannt und geglaubt, die Gott zu uns hat (1 Joh 4,16).

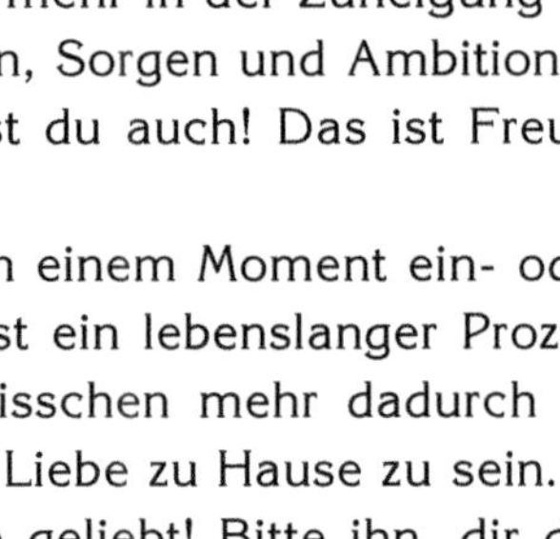

1. Februar

Wer mich am besten kennt, liebt mich am meisten

Die meisten Menschen leben mit der Angst, sie hätten keine Freunde, wenn die Leute wirklich wüssten, was in ihnen vorgeht. Ein alter Refrain, den ich als Kind gesungen habe, endete mit einem anderen Gefühl: Der, der uns am besten kennt, liebt uns am meisten.

Er, der jeden Zweifel, den ich habe, jeden Fehler, den ich gemacht habe, jede Versuchung, mit der ich kämpfe, und jeden Irrweg, in den ich geraten bin, kennt, liebt mich mehr als jeder andere. Er definiert mich nicht über meine Schwächen, sondern sieht mich als die Person, die zu sein er mich geschaffen hat, wenn ich in der Freiheit seiner Liebe lebe.

Das ist bei anderen Menschen nicht immer der Fall, und deshalb verbergen wir unseren Schmerz oft und geben uns große Mühe, so zu tun, als wären wir besser, als wir sind. Aber bei Gott ist das wirklich nicht nötig. Er kennt dich am besten, und er liebt dich am meisten.

HERR, du durchschaust mich, du kennst mich durch und durch. Ob ich sitze oder stehe – du weißt es, aus der Ferne erkennst du, was ich denke (Ps 139,1-2 HFA).

2. Februar

Das authentische Leben

Die Welt sagt uns, wir müssten so tun, als seien wir jemand, der wir nicht sind, um gemocht zu werden. Wir müssten uns den Erwartungen der Menschen anpassen oder riskieren, dass sie uns ablehnen. Deshalb bereuen wir nach vielen Gesprächen die Dinge, die wir gesagt oder nicht gesagt haben, weil wir nicht wissen, was die anderen von uns denken könnten. Wir sind davon überzeugt, dass uns die Leute nur mögen, wenn sie uns nicht wirklich kennen.

Wenn wir wirklich wüssten, dass derjenige, der uns am besten kennt, uns am meisten liebt, wären wir frei, anderen gegenüber wir selbst zu sein. Wie bei unserem himmlischen Vater beginnt wahre Gemeinschaft erst dann, wenn Menschen die Freiheit haben, authentisch zu sein, und nicht, wenn sie vorgeben, so zu sein, wie sie denken, dass andere sie haben wollen. Wir müssen nicht länger ein Bild projizieren und können anderen an unseren Schwächen und Kämpfen Anteil geben.

Natürlich birgt das bei Menschen immer ein Risiko. Manche mögen uns vielleicht nicht, aber echte Freunde werden uns mögen. Wir werden feststellen, dass sich unsere Beziehungen zu ihnen vertiefen, weil wir uns nicht mehr verstellen müssen.

Unsere Sicherheit in der Liebe des Vaters öffnet uns die Tür, um einfach und ehrlich vor anderen zu leben, und das wird mehr dazu beitragen, als du dir vorstellen kannst, dass du solche Freundschaften findest, die Gott uns allen wünscht.

Eine ehrliche Antwort ist wie eine herzliche Umarmung (Spr 24,26 MSG).

3. Februar

Ein falsches Verständnis von Liebe

„Simon, liebst du mich?" Der Verratene wendet sich seinem Verräter zu.

„Ja, Herr; du weißt, dass ich dich liebe." Petrus' Antwort ist nicht leichtfertig, sondern überlegt. Er antwortet nicht mit *agape,* dem Wort für göttliche Liebe, das Jesus benutzt hatte, sondern mit *phileo,* einem weniger bedeutsamen Wort, das für den Umgang mit Freunden verwendet wird. Dann sagt Jesus ihm, er solle seine Lämmer hüten.

Jesus fragt erneut und Petrus antwortet wieder auf die gleiche Weise. Schließlich fragt Jesus noch einmal, endet aber mit dem Wort, das Petrus verwendet hatte: „Petrus, magst du mich als Freund?" – *phileo*.

Und nun antwortet Petrus, gequält und betrübt über die dritte Frage: „Herr, du weißt alle Dinge. Du weißt, dass ich dich mag."

Das muss ein schwieriges Gespräch gewesen sein! Petrus war noch nicht so weit, sagen zu können, dass er seinen Freund zutiefst liebte, auch wenn es so war. Er dachte fälschlicherweise, sein Versagen ein paar Tage zuvor habe das Gegenteil bewiesen, und ich vermute, dass er versuchte, in dieser Hinsicht ehrlich zu sein.

Zum Glück stellte er bald fest, dass das nicht der Fall war.

Darin besteht die Liebe — nicht dass wir Gott geliebt haben, sondern dass er uns geliebt hat und seinen Sohn gesandt hat als Sühnopfer für unsere Sünden (1 Joh 4,10).

4. Februar

Trotz des Versagens

Petrus war in jener Nacht so zuversichtlich gewesen, seine Liebe würde die Oberhand behalten, dass er damit geprahlt hatte, für seinen Freund sterben zu wollen. Aber Jesus hatte es besser gewusst, nämlich dass Petrus' Angst seinen Glauben überwältigen und er bei der nächsten Morgendämmerung aufgrund seines größten Versagens am Boden zerstört sein würde.

Aber wenn das Kreuz einen Sinn haben sollte, dann müsste es Gottes Liebe so vollständig demonstrieren, dass es einen Menschen aus seinem schlimmsten Versagen in die Fülle der Liebe des Vaters führen könnte.

Jesus wollte ihn wissen lassen, dass sein Versagen kein Maßstab für seine Liebe war. Möglicherweise hat Petrus das nicht ganz verstanden. Vielleicht war das nur ein Same, vielleicht konnte er es erst begreifen, als an Pfingsten die Fülle des Geistes sein Herz in Beschlag nahm, aber wir wissen, dass er es schließlich kapiert hat.

Wann immer er in seinen Briefen von der Liebe Gottes spricht, ist *phileo* nicht mehr in seinem Munde. Es ist *agape* und nur *agape.* Petrus lernte nicht nur die Tiefe der Liebe Gottes zu ihm kennen, sondern auch seine Liebe zu Gott.

Obwohl du ihn nicht gesehen hast, liebst du ihn; und obwohl du ihn jetzt nicht siehst, glaubst du an ihn und bist von einer unaussprechlichen und herrlichen Freude erfüllt (1 Petr 1,8 MSG).

5. Februar

Auf der Suche nach Liebe

Unser Vater ist ein Gott der Liebe. Es war die Liebe, die die Menschen aus den Fischerbooten und Zöllnerhäuschen zu einer wunderbaren Freundschaft eingeladen hat. Es war die Liebe, die einen Plan für unsere Erlösung entwarf, für den er das Opfer sein sollte. Und es war die Liebe, die ihm während der brutalen Qualen des Kreuzes Halt gab, bis unsere Erlösung errungen war.

Seine Liebe behielt in all dem den Sieg. War dies die endgültige Prüfung des Kreuzes: nicht nur, dass Gott uns liebte, sondern auch, dass sein Opfer in unseren Herzen Liebe für ihn erzeugen würde?

Ich glaube, ja, denn das war es, was Gott von Anfang an mit uns vorhatte, und er hat so viel getan, um uns für diese Realität zu gewinnen.

Dankt dem HERRN, denn er ist gut – seine Gnade hört niemals auf! (Ps 136,1 HFA).

Lebe die Liebe

Die Liebe ist das eigentliche Wesen Gottes, und sie ist das Mittel, mit dem alles in seinem Reich durchgeführt wird. Er wusste, dass wir nicht in der Lage sind, das zu verstehen. Das Leben in einer gefallenen Welt dreht sich um Macht, nicht um Liebe. Wir leben, indem wir versuchen, die Macht bzw. die Mittel zu erlangen, die notwendig sind, um unser eigenes Überleben, unser Glück und unsere Sicherheit zu garantieren. Wir verstehen Liebe in erster Linie unter dem Gesichtspunkt, was wir von ihr haben – ein gutes Gefühl, eine Freundschaft oder die Befriedigung eines anderen Bedürfnisses.

Gottes Liebe ist selbstlos. Sie strebt nicht nach eigenem Ruhm oder Aufstieg und macht uns in einer feindlichen Welt tatsächlich sensibler. Aber diese Liebe ist die mächtigste Kraft auf der ganzen Welt. Sie ist in der Lage, die kaputtesten Menschen zu verwandeln und uns durch unvorstellbaren Schmerz zu tragen.

Jesus lebte jede Sekunde seines Lebens in dieser Liebe und wollte sie auch an seine Jünger weitergeben. Alles, worum er sie bat, war, in der Liebe zu bleiben, die er ihnen gegeben hatte. Wenn sie das täten, würde alles in ihrem Leben Früchte tragen; aber er gab ihnen auch zu verstehen, dass sie verdorren und sterben würden, wenn sie sich von ihm entfernten.

Sein Aufruf zur Liebe gilt nicht nur ihnen, sondern allen, die ihm nachfolgen. Das ist die einzige Grundlage für das Leben in diesem Reich.

Gleichwie mich der Vater liebt, so liebe ich euch; bleibt in meiner Liebe! (Joh 15,9).

Anderen helfen, seine Liebe zu sehen

Seine Zuneigung gilt dir bereits! Die große Lüge im Universum ist, der Schöpfer würde dich nicht lieben.

Wenn du nicht erkennst, wie sehr du geliebt wirst, dann ist dies der Ausgangspunkt für deinen Weg. Er möchte dir alles aufdecken, was deine Wahrnehmung seiner Liebe verzerrt oder verblendet hat, und es mit der Zeit entwirren.

Ich treffe auf diesem Weg immer mehr Menschen, die lernen, geliebt zu leben, und denen es ein Herzensanliegen ist, anderen zu helfen, ebenfalls geliebt zu leben. Wie kann man anderen helfen, wenn man keine Position innehat, kein Buch schreibt und nicht auf Konferenzen spricht?

Der beste Weg, Menschen zuzurüsten, ist sicherlich, ihnen ein Vorbild zu sein, allerdings ohne sich bewusst darum zu bemühen. Dein Leben kann in ihnen einen Hunger nach der gleichen Erfahrung wecken. Wenn sie deine Hilfe wollen, teile ihnen einfach mit, was du von Gott gelernt hast. Hilf ihnen, Gottes Fußspuren in ihrer eigenen Geschichte zu erkennen, und bete mit ihnen, dass die Augen ihres Herzens geöffnet werden, damit sie die Liebe des Vaters erkennen.

Du kannst Menschen anleiten, ohne eine Vorlesung daraus zu machen oder es auf eine Reihe von Prinzipien zu reduzieren. Es geht um ein Abenteuer, bei dem Gott die Hauptrolle spielt und du nur aufzeigst, wie er wirkt. Die wichtigste Art der Lehre, wichtiger als sie je von einer Kanzel kommen könnte, findet in einem Gespräch am Tisch statt.

Deshalb sagte Jesus, er brauche noch viel mehr Mitarbeiter(innen), um den Menschen zu helfen, sich auf die Realität, geliebt zu leben, einzulassen. Die Menschen müssen es nicht nur hören, sondern auch sehen.

Da sprach er zu seinen Jüngern: Die Ernte ist groß, aber es sind wenige Arbeiter. Darum bittet den Herrn der Ernte, dass er Arbeiter in seine Ernte aussende! (Mt 9,37-38).

Ich hatte keine Ahnung!

Es ist erstaunlich, wie lange wir inmitten all der harten Arbeit, die wir für ihn tun, an Gottes Realität vorbeileben können. Kürzlich erhielt ich diese E-Mail von jemandem, dem dies gerade klar geworden war.

> Ich war heute Abend mit ein paar Freunden essen. Sie sprachen über eine Predigt, die sie kürzlich gehört hatten, über Jesus am Kreuz zwischen den beiden Dieben, und dass wir unser Leben durch Sünde zerstören. Der eine bereut, der andere nicht.
>
> Aber ... heute Abend, als wir uns über diese Geschichte miteinander austauschten, sah ich zum ersten Mal etwas unglaublich Eindrucksvolles: Ich sah zwei Männer neben Jesus hängen, die er von ganzem Herzen liebte – einer von ihnen wusste es, der andere nicht! Ich sage dir, meine Augen sehen immer klarer!
>
> Ich hatte keine Ahnung. Nach zweiunddreißig Jahren, in denen ich versucht habe, Jesus mit allem in mir zu lieben, bekomme ich langsam eine Sicht für das, was vor mir liegt! Er liebt uns bereits. Es gibt keine Worte, um das zu beschreiben!!!

Nein, die gibt es nicht.

Man sollte meinen, dass zweiunddreißig Jahre eines hingegebenen Lebens für Jesus die Gewissheit hervorbringen sollten, dass er uns zugeneigt ist. Das kann es aber nicht. Religiöses Leistungsdenken lässt uns eifrig versuchen, seine Liebe zu verdienen. Doch bleiben wir immer wieder hinter den Erwartungen zurück und müssen uns deshalb noch mehr anstrengen, sodass wir am Ende völlig erschöpft sind. Uns entgeht, wer er wirklich ist.

Wenn du erkennst, dass du seine Zuneigung bereits hast, kannst du jeden Tag in seiner Ruhe aufwachen. Dann bist du bereit, ihm zu folgen, nicht weil du es musst, sondern weil du es darfst.

Und als sie an den Ort kamen, den man Schädelstätte nennt, kreuzigten sie dort ihn und die Übeltäter, den einen zur Rechten, den anderen zur Linken. Jesus aber sprach: Vater, vergib ihnen, denn sie wissen nicht, was sie tun! (Lk 23,33-34a).

9. Februar

Die Fruchtbarkeit, die aus dem Vertrauen hervorgeht

Religion vermittelt uns irgendwie die falsche Vorstellung, es gäbe einige Menschen – diejenigen, die hart arbeiten, um ihm zu gefallen –, die Gott wirklich liebe. Diejenigen, die das nicht täten, hasse er.

Aber das ist nicht wahr. Er liebt uns alle! Die Frage ist nur, ob wir diese Realität annehmen oder sie zu unserem eigenen Verderben leugnen.

Und versuche nicht, mir zu erzählen, diejenigen, die durch die Ängste der Religion motiviert seien, würden mehr für Gott tun als diejenigen, die sicher in seiner Liebe ruhen. Ich weiß, dass es nicht so ist. Diejenigen, die sich von religiösen Ängsten beeinflussen lassen, verfallen möglicherweise in einen Aktivismus, und glauben dabei, sie täten es für ihn, aber auf lange Sicht tun sie es nur für sich selbst und erhoffen sich, das zu verdienen, was er ihnen bereits geschenkt hat. Dabei werde ich immer anerkennen, dass er in seiner Gnade selbst unsere fehlgeleiteten Bemühungen zu seiner Ehre nutzen kann, aber man kann damit auch eine Menge Zeit und Ressourcen verschwenden und dabei andere verletzen.

Die Menschen, die meiner Erfahrung nach am meisten für sein Reich tun, sind diejenigen, die jeden Tag in der Sicherheit seiner Zuneigung leben. Sie tun *mit* ihm, was er ihnen aufs

Herz legt, anstatt dass sie versuchen, eine Menge Dinge *für* ihn zu tun.

Egal, ob es zwei Tage, zehn Jahre oder gar zweiunddreißig Jahre dauert, ich bete dafür, dass du erkennst, wie sehr du geliebt wirst, und dass du erlebst, wie fruchtbar du wirst, wenn du seiner Liebe immer mehr vertraust.

Ich verwerfe die Gnade Gottes nicht; denn wenn durch das Gesetz Gerechtigkeit [kommt], so ist Christus vergeblich gestorben (Gal 2,21).

10. Februar

Wo die Verwandlung beginnt

„Geliebt zu leben" legt den Fokus auf den richtigen Punkt, nämlich auf das, was unser Leben prägt.

Sich von Gott zeigen zu lassen, wie wir in seiner Zuneigung leben können, ist für jeden von uns die wohl schwierigste Lektion, da unser Fleisch sich diese Zuneigung verdienen will. Die Religion stellt die Realität seiner Liebe immer wieder in Frage, indem sie uns in eine Leistungstretmühle bringt, sodass wir denken, wir könnten Gottes Liebe nur dann vertrauen, wenn wir genug getan haben, um sie zu verdienen.

Deshalb ist es für viele von uns einfacher zu glauben, Gott sei von uns enttäuscht oder schäme sich sogar für uns, weil wir versagt und falsche Prioritäten gesetzt haben. Wir denken, je gerechter wir seien, desto mehr könnten wir von seiner Liebe haben.

Wer hat jemals genug getan, um sich seine Gunst zu verdienen? Rechtschaffen zu leben, wird dir nicht mehr von seiner Liebe einbringen. Die Realität ist, dass er dich bereits liebt. Daran ändert sich nichts – entscheidend ist, ob du das glaubst oder nicht. Je mehr du in seiner Liebe lebst, desto mehr Rechtschaffenheit wirst du erleben.

Geliebt zu leben ist nicht die Belohnung dafür, dass wir alles richtig gemacht haben, sondern der Ausgangspunkt, an dem die Verwandlung beginnt!

So zieht nun an als die Auserwählten Gottes, als die Heiligen und Geliebten, herzliches Erbarmen, Freundlichkeit, Demut, Sanftmut, Geduld (Kol 3,12 LUT).

11. Februar

L hoch 3

Ich höre gerne, wie Gott Menschen und ihre Erfahrungen miteinander verbindet, um sie in seine Liebe einzuladen. Folgendes schrieb mir eines Morgens eine Frau aus Arkansas:

> Meine Abgötterei war die Bibel, die Kirche, bestimmte Leiter und mein tiefster Wunsch, in irgendeiner Funktion von Gott für sein Reich „gebraucht" zu werden. Dabei glaubte ich die ganze Zeit, ich würde mich in eine gute Ausgangsposition für seinen Plan bringen, wenn ich das Prinzip „weniger von mir und mehr von ihm" befolgte. Warum hat es dann dennoch nicht geklappt?
>
> Leider lebte ich in einem zweifelhaften Glaubenssystem. Auf der einen Seite lebte ich im „Glauben", dass Gott in allen Bereichen für mich sorgen würde. Auf der anderen Seite konzentrierte ich mich auf das, was ich tun musste, um in seiner Gnade, seiner Barmherzigkeit und seinen Verheißungen zu bleiben.
>
> Und in etwas, was man nur als einen erstaunlichen Wirbelsturm des Lebens bezeichnen kann, wurden meine einst unsichtbaren Fesseln an Religion, Religiosität und alles, was mit Götzen zu tun hat, abgeworfen. Ich musste nicht stunden-, tage- oder wochenlang fasten oder Buße tun, um diese Offenbarung zu bekommen. Ich musste nicht den Zehnten geben oder schlagartig meinen Lebensstil ändern. Ich musste nicht unglücklich oder obdachlos sein. Ich wurde

einfach offen für ein „geliebt gelebtes Leben".[1]
Daher habe ich deinen Ausdruck „L hoch 3" in fast jedem Gespräch verwendet, das ich seitdem geführt habe. Es ist ein wunderbarer Moment, wenn der Vater mit einem so einfachen Ausdruck direkt vor deinen Augen Berge versetzt.

Das ist es! Ich hoffe, seine Erfahrung ermutigt dich. L hoch 3, geliebt gelebtes Leben! Jesus ist gestorben, damit du genau das weißt und dich in dieser Realität entspannen kannst.

Doch indem Christus Mensch wurde und am Kreuz starb, hat Gott euch mit sich selbst versöhnt. Jetzt gehören wir zu Gott und stehen befreit von aller Sünde und Schuld vor ihm da. Wichtig ist aber, dass ihr auch weiterhin fest und unerschütterlich in eurem Glauben bleibt (Kol 1,22-23 HFA).

12. Februar

Geliebt!

Ich habe diesen Mann und seine Frau letzten Monat getroffen. Er ist erst seit Kurzem gläubig, aber unglaublich leidenschaftlich für das Leben, das Gott uns schenkt. Hier ein kleiner Ausschnitt aus seiner Geschichte:

Warum wundern wir uns immer noch, wenn die einfachsten Botschaften die bedeutsamsten werden? Es sind keine tiefen philosophischen oder theologischen Debatten nötig, kein ewiges Gerede darüber, warum und wie Gott seinen Sohn g eschickt hat, um sich um mein sündiges Ich zu kümmern. Stattdessen gibt es lediglich die Liebe, den Frieden und die Kraft, die nur der Vater im Himmel in seinen Kindern und durch sie manifestieren kann.
Ich habe verstanden, dass ich mich völlig von den Maßstäben lösen kann, auf die sich sowohl Christen als auch die

[1] Engl.: *Life Lived Loved.*

Verlorenen so sehr verlassen, und mich, solange ich in diesem Körper bin, einfach auf einen Weg konzentrieren kann, der weder ein bestimmtes Ergebnis verlangt, noch eine Ziellinie hat.

Das löscht jedes Bedürfnis aus, Recht zu haben oder die Kontrolle zu behalten, besonders gegenüber meiner Frau. Kürzlich teilte ich einer Gruppe von Männern mit, das Beste, was ein Mann über seine Frau sagen kann, sei Folgendes: „Meine Frau wächst in und mit ihrem himmlischen Vater – voller Freude!“ Was in mir vorhanden ist, damit dies geschehen kann, weist auf eine Freiheit in Christus hin.

Ich liebe die Art und Weise, wie Gott uns die Augen öffnet und uns einlädt, ihn noch tiefer kennenzulernen.

Nun aber bleiben Glaube, Hoffnung, Liebe, diese drei; die größte aber von diesen ist die Liebe (1 Kor 13,13).

13. Februar

Die Standards der Liebe

Vor Kurzem tauschte ich mich im Internet mit jemandem aus, der mich fragte: „Erfüllen wir Gottes Maßstäbe der Liebe? Wenn nicht, was können wir tun, um darin besser zu werden?“

Diese Frage macht für mich überhaupt keinen Sinn mehr. Früher, als ich Liebe als ein Gebot betrachtete, dessen Erwartungen ich erfüllen musste, machte sie Sinn. Damals musste ich überlegen, ob ich genug tue, um andere zu lieben. Der Versuch, das zu tun, war jedoch anstrengend und funktionierte nicht.

Letztendlich liebte ich die Menschen nicht wirklich, sondern tat nur so. Heute sehe ich die Liebe als eine Realität, in die Gott mich einlädt. Er möchte, dass ich mit ihm in dieser Realität lebe. Er ist die Liebe, und wenn wir auf seine Liebe eingehen, werden auch wir (ganz natürlich) andere so lieben wie er.

Ansonsten sind wir lediglich Schauspieler, die versuchen, einem Drehbuch zu folgen. Gott lädt uns in eine von Liebe geprägte Beziehung ein, die uns von innen heraus verändert. Je besser ich ihn kenne, desto mehr Liebe werde ich in meinem Herzen für andere empfinden.

Ich muss sie nicht herbeizaubern. Ich muss nicht so tun, als hätte ich sie. Wenn sie da ist, kann ich aus dieser Liebe heraus leben. Ist sie nicht da, gehe ich zu ihm, setze mich ihm zu Füßen und bitte ihn darum, mir seine Liebe klarer zu machen.

„Vater, lass mein Herz noch mehr von deiner Liebe erfüllt sein, damit ich andere so lieben kann, wie du mich liebst."

Wenn ich in Sprachen der Menschen und der Engel redete, aber keine Liebe hätte, so wäre ich ein tönendes Erz oder eine klingende Schelle (1 Kor 13,1).

14. Februar

Liebe als Weg

Wenn ich mich in die Realität seiner Liebe hineinversetze und mich darin entspanne, entdecke ich in meinem Herzen Liebe für andere, selbst wenn diese mir gegenüber gehässig sind.

Inzwischen sehe ich Liebe als Weg. Sie beginnt im Rahmen meiner Beziehung zu ihm, und er lädt mich ein, an ihr teilzuhaben. Nach und nach, einen Tag nach dem anderen, erlebe ich, dass meine Realität immer mehr von seiner Realität geprägt wird. Wenn ich darauf vertraue, dass er fähig ist, durch mich zu lieben, ist mein Herz voller Frieden. Es ist erstaunlich, wie anders ich dann die Beziehungen um mich herum wahrnehme.

Mache ich mir diese Realität nicht zu eigen, werde ich erschöpft, selbstbezogen und ängstlich. Wenn ich heute hier sitze, sehe ich das Meer der Liebe Gottes als den erholsamsten Ort der Welt; es gibt keinen besseren Ort zu leben. Das verlangt überhaupt nichts von mir, außer dass ich in meinem

Bewusstsein für seine Liebe wachse. Dies wird alles in mir verändern, was er sich wünscht.

Ich will nun nichts anderes mehr. Keine andere Sache, kein erstrebenswertes Ziel auf dieser Welt ist vergleichbar mit der Freude, geliebt zu leben. Aber sei darauf vorbereitet, dass die Lernkurve für diejenigen von uns, welche die meiste Zeit ihres Lebens so gelebt haben, als würden sie nicht geliebt werden, ziemlich steil sein kann.

Die Frucht des Geistes aber ist Liebe, Freude, Friede, Langmut, Freundlichkeit, Güte, Treue, Sanftmut, Selbstbeherrschung ... Wenn wir im Geist leben, so lasst uns auch im Geist wandeln (Gal 5,22.25).

15. Februar

Du bist in sicheren und zuverlässigen Händen

Sie war erst ein paar Monate alt, als Aimee, meine neue Enkelin, an einem Sonntag mit ihren Eltern zu Besuch kam. Ich durfte sie mit der Flasche füttern und dann schlief sie zweieinhalb Stunden lang auf meiner Schulter, während ich mir ein Football-Spiel ansah. Was für eine besondere Zeit! Mein Herz war so voller Freude, einfach in Aimees Nähe zu sein und ihr beim Atmen, Lächeln und Ausruhen zuzusehen. Sie hatte eine Hand auf meiner Brust und die andere an meiner Seite.

Sie war ziemlich hilflos, nicht wahr? Sie konnte wirklich nichts für sich selbst tun und war darauf angewiesen, dass die Menschen um sie herum für sie sorgten.

Jesus ermutigt uns, die gleiche Art von Beziehung zu seinem Vater zu pflegen. „Wenn ihr nicht werdet wie ein kleines Kind ..."

Du brauchst dir um nichts Sorgen zu machen, da er sich um dich kümmern wird. Wäre es nicht toll, darauf zu vertrauen?

Mir geht es darum, dass ihr euch entspannt und nicht so sehr damit beschäftigt seid, etwas zu bekommen. Dann könnt ihr auf das eingehen, was Gott euch schenken will (Mt 6,31 MSG).

16. Februar

Du bist seine Freude

Vor ein paar Wochen las ich das Hohelied der Liebe. Dabei fragte ich mich, ob die Freude des Bräutigams über seine Geliebte der Freude Jesu über seine Gemeinde gleicht. Ich weiß, wie ich mich fühle, wenn ich ein paar Tage von Sara getrennt bin – ich sehne mich danach, ihr wieder nahe zu sein und sie in meinen Armen zu halten. Könnte es sein, dass Gott solche Gefühle mir gegenüber hat?

Ich glaube, seine Freude zu sein, bedeutet, dass Gott ähnliche Gefühle für mich hegt, wie ich sie für Sara hege. Seine sind jedoch eine Milliarde Mal tiefer als meine. Er ist Gott und hat schließlich mehr Liebe in seinem Herzen, als ich mir vorstellen kann.

Und wenn mir wirklich klar ist, dass er sich so an mir erfreut, ist es dann nicht viel einfacher, in seinen sicheren Armen zu ruhen, selbst dann, wenn ich mich am Boden fühle und am hilflosesten bin?

Es geht mir am besten, wenn ich in seiner Liebe ruhe, und weniger gut, wenn ich mir Sorgen darüber mache, ob er mich mag. Wenn du nur wüsstest, mit wie viel Wohlwollen er dich ansieht, wie anders würdest du durch deinen Tag gehen!

Du hast mein Herz erobert, liebe Freundin. Du hast mich angesehen, und ich habe mich verliebt. Ein Blick in meine Richtung und ich war hoffnungslos verliebt! (Hld 4,9 MSG).

Wenn Gnade von Hoffnung abgelöst wird

Vor einigen Jahren war ich in San Francisco, um meinem damals dreiundachtzigjährigen Vater während einer wichtigen Operation zu helfen. Es war eine zweiwöchige Tortur, um eine zuvor verpfuschte Operation in Ordnung zu bringen.

Die zweite Operation war ein schwieriger und langwieriger Eingriff, der einen erstklassigen Spezialisten erforderte, weshalb er nach San Francisco verlegt wurde. Er überstand die Operation so gut, wie die Ärzte gehofft hatten, aber die beiden großen Operationen innerhalb von zwei Wochen setzten seinem Körper sichtlich zu.

Ich liebe die Art und Weise, wie Gott, selbst in Zeiten wie diesen, kleine Dinge einfließen lässt, um die Menschen wissen zu lassen, dass er da ist. Eines Abends kam die Krankenschwester herein und stellte sich vor. „Ich bin Grace", sagte sie, „und ich werde die ganze Nacht bei Ihnen sein." Das war ziemlich cool. Vielleicht sollten alle Krankenschwestern Grace (Gnade) heißen, vor allem die, die einen nach einer große Operation betreuen.

Am nächsten Morgen übernahm eine neue Krankenschwester den Dienst. „Mein Name ist Hope (Hoffnung) und ich werde heute Grace ablösen." Da musste ich lächeln und erinnerte mich an die Gnade und Hoffnung, die Gott jeden Tag in mein Leben strömen lässt.

Er selbst aber, unser Herr Jesus Christus, und unser Gott und Vater, der uns geliebt hat und uns einen ewigen Trost und eine gute Hoffnung gegeben hat durch Gnade, er tröste eure Herzen und stärke euch in jedem guten Wort und Werk! (2 Thess 2,16-17).

18. Februar

Und die Hoffnung macht Platz für noch mehr Gnade

Am nächsten Nachmittag kam Hope herein und teilte meinem Vater mit: „Grace wird heute Abend wieder übernehmen."

Trotz der Schmerzen, die seine Genesung mit sich brachte, lächelte er.

Unglaublich! Umgeben von Gnade und Hoffnung, rund um die Uhr!

Das gilt für uns alle, nicht wahr? Es ist nur meist nicht so offensichtlich. Aber ich bete für dich, dass du in den Herausforderungen, denen du heute gegenüberstehst, auch irgendwie Gottes Hoffnung und Gnade entdeckst.

Er ist da, so sicher wie die Sonne aufgeht!

Und wer weiß? Vielleicht kommt am Morgen ja die Freude (vgl. Ps 30,6).

Er hat uns mitauferweckt und mitversetzt in die himmlischen [Regionen] in Christus Jesus, damit er in den kommenden Weltzeiten den überschwänglichen Reichtum seiner Gnade in Güte an uns erweise in Christus Jesus (Eph 2,6-7).

19. Februar

Und wir sahen seine Herrlichkeit!

Gott wurde als Mensch Teil seiner eigenen Schöpfung, um uns genau zu zeigen, wer er ist und was er für uns empfindet. Er nahm die Hilflosigkeit, Verletzlichkeit und Begrenztheit der Menschen an, um das Leben genauso zu erleben wie wir – von der Kindheit über das Erwachsenenalter bis zu seinem tragischen, aber glorreichen Tod am Kreuz.

Ist das nicht das gewaltigste Wunder?

Er war hier! In Fleisch und Blut erlebte er die gleichen Sorgen, Belastungen, Freuden und Zuneigungen! Durch die Augen derer, die ihn am besten kannten, können wir in den Evangelien alles über ihn lesen. Er war mit jeder Versuchung konfrontiert, der wir ausgesetzt sind, und ertrug die Anfeindungen derer, die gegen ihn waren. Er zeigte uns, dass er zusammen mit dem Vater, der an seiner Seite war, alles überwinden konnte.

Das Wunder endete hier nicht. Durch seinen Tod und seine Auferstehung öffnete er eine Tür, durch die er nun zu uns kommen und in uns leben kann, sodass wir in jeder Situation, in der wir uns befinden, seinen Trost und seine Hilfe erfahren können.

Und das Wort wurde Fleisch und wohnte unter uns; und wir sahen seine Herrlichkeit, eine Herrlichkeit als des Eingeborenen vom Vater, voller Gnade und Wahrheit (Joh 1,14).

20. Februar

Das fleischgewordene Wort

Das Wort Gottes kam, so wie wir alle, als Baby in die Schöpfung. Als Jesus größer wurde, wuchs auch seine Weisheit, durch die er seinen Vater und seinen Auftrag in der Welt verstand.

Obwohl Jesus nach seiner Auferstehung zum Vater aufgefahren ist, lebt das Wort Gottes immer noch in der Welt – durch uns. Er ist heute nicht weniger bei uns oder in uns gegenwärtig, als er es am Feuer am Ufer des Sees Genezareth oder im Haus des Lazarus in Bethanien war. In dir erlebt er weiterhin alle Freuden und Schmerzen der Menschheit in einer zerbrochenen Welt. Und durch dich kann er in jeder Situation, in der du dich befindest, die Liebe und das Leben des Vaters zum Ausdruck bringen. Bitte ihn, dir zu zeigen, wie du heute seine Herrlichkeit widerspiegeln kannst.

Was für ein Wunder! Heute will das Wort in dir wieder Fleisch werden. Beim Christsein geht es nicht in erster Linie um eine Theologie, ein Ritual oder eine Ethik. Es ist eine Lebensweise – wir in ihm, er in uns!

An jenem Tag werdet ihr erkennen, dass ich in meinem Vater bin und ihr in mir und ich in euch (Joh 14,20).

21. Februar

Verwandlung kommt aus der Liebe

Viel zu lange haben religiöse Traditionen die Angst vor Gottes Strafe benutzt, um die Menschen dazu zu bringen, nach den Regeln zu leben, die sie für Gottes Regeln halten. Deshalb muss die Religion Gott als zornigen Herrscher darstellen, der Konformität fordert oder die Ungehorsamen bestraft. Doch die jahrtausendealte Geschichte beweist, dass Angst keine dauerhafte Veränderung bewirkt.

Obwohl wir davon sprechen, dass Gott uns liebt, wachsen die meisten Gläubigen als ungeliebte Kinder auf, die sich bemühen, so zu sein, wie sie glauben, dass Gott sie haben will. Was mich an den Evangelien so erstaunt, ist, dass Jesus über einen Vater spricht, der uns liebt und der uns in sein Haus einlädt, damit er uns verwandeln kann.

Diese Verwandlung geschieht nur, wenn die Menschen sich der Zuneigung ihres Vaters sicher sind. Das ist meiner Meinung nach die größte Schlacht, die in unseren Herzen gewonnen werden muss, damit wir das Leben Jesu erfahren. Wir müssen damit aufhören, dass wir leben, um ihn zu besänftigen, und als die geliebten Kinder leben, die wir sind. Nichts wird uns schneller oder tiefer verwandeln.

Mit der Menschwerdung setzte Gott alles auf eine Karte: Er wollte uns durch Liebe und Zuneigung gewinnen, was Angst niemals vermag.

Ein neues Gebot gebe ich euch, dass ihr einander lieben sollt, damit, wie ich euch geliebt habe, auch ihr einander liebt. Daran wird jedermann erkennen, dass ihr meine Jünger seid, wenn ihr Liebe untereinander habt (Joh 13,34-35).

22. Februar

Sicher in der Zuneigung des Vaters

Weil wir nicht wissen, wie wir als seine geliebten Kinder leben sollen, haben wir auch keine Ahnung, wie wir mit unseren Brüdern und Schwestern umgehen sollen. Oft verhalten wir uns wie Konkurrenten – wir machen uns gegenseitig nieder, um uns selbst besser zu fühlen, oder wir versuchen, an die Spitze der Machtpyramide zu gelangen, damit wir über andere herrschen können. Geliebte Kinder leben nicht auf diese Weise. Das haben sie auch nicht nötig.

Wenn wir geliebt leben, lieben auch wir – sozusagen in Resonanz zu seiner Liebe – und erleben die Fülle der neutestamentlichen Gemeinschaft, ohne dass wir Regeln und Rituale brauchen. Deshalb bin ich davon überzeugt, dass die richtige Beziehung zu Gott viel wichtiger ist als die richtige Art, das Gemeindeleben zu gestalten.

Denn die Liebe des Christus drängt uns, da wir von diesem überzeugt sind: Wenn einer für alle gestorben ist, so sind sie alle gestorben; und er ist deshalb für alle gestorben, damit die, welche leben, nicht mehr für sich selbst leben, sondern für den, der für sie gestorben und auferstanden ist (2 Kor 5,14-15).

Teil 2: Sich auf seine Freiheit einlassen

23. Februar

Zornig, traurig oder überglücklich!

„Ich habe gehört, dass es zwei Arten von Christen auf der Welt gibt", sagte die junge Frau, die auf dem Sofa einer Familie saß, die ich kürzlich besuchte. „Christen, die Gott entweder als zornig oder als traurig ansehen." An einem normalen Tag hätte ich das nicht in Frage gestellt. Entweder ist er wütend über unsere Sünde und will die Welt in die Luft jagen, oder er ist traurig über unsere Sünde und hofft, uns zu retten. Ich hätte mich für Letzteres entschieden.

Aber wie Gott es wollte, hatte ich früher am Tag mit einer Gruppe von Männern gefrühstückt. Einer von ihnen sagte, seine geistliche Reise habe begonnen, als er jemanden habe sagen hören, Gott sei das fröhlichste Wesen im Universum.

Als die junge Frau also behauptete, Gott sei entweder traurig oder wütend, war ich bereits auf eine dritte Alternative eingestimmt: Er könnte mit Freude erfüllt sein.

Wütend oder traurig konzentriert sich immer noch auf uns und unsere Sünde. Ist es nicht interessant, dass uns beigebracht wird, Gott durch unsere Sünde zu sehen, anstatt jenseits unserer Sünde? Anstatt zu feiern, dass Gott von ganzem Herzen in einer zerbrochenen Welt am Werk ist, um uns zu retten, bleibt uns dann nichts, als über die Zerbrochenheit und das Versagen dieser vergänglichen Zeit zu jammern.

Euch aber habe ich Freunde genannt; denn alles, was ich von meinem Vater gehört habe, habe ich euch kundgetan (Joh 15,15 LUT).

Damit unsere Freude vollkommen ist

In der Nacht vor seinem Tod sagte Jesus seinen Jüngern, alles, was er ihnen zuvor gesagt habe, habe dazu gedient, ihre Freude vollkommen zu machen. Das ist seine Leidenschaft: Er will, dass wir die gleiche Freude im Vater finden, die er kennt.

Als Jesus das sagte, war er nur noch wenige Stunden von seinem Prozess und seiner Kreuzigung entfernt. Er sagte es trotz der Tatsache, dass seine Landsleute von den Römern unterdrückt wurden. Er sagte es im Angesicht einer Welt, die noch immer von Sünde, Krankheit, Krieg und großem Schmerz verwüstet war. Er sagte es, obwohl er wusste, dass seine engsten Freunde ihn in dieser Nacht verlassen würden.

Und doch hat er uns gezeigt, dass Gottes vorherrschende Gedanken über die Schöpfung nicht Zorn oder Trauer sind. Er ist das fröhlichste Wesen über ihr und in ihr. Alles, was er tut, dient nur einem Zweck: seiner Schöpfung diese Freude zurückzugeben.

Das ist die Freude, die er dir schenken will – eine Freude, die jeden Schmerz, jede Prüfung, jedes Versagen und jeden Kampf, in dem wir uns gerade befinden, überwindet. Diese Freude beruht zutiefst auf dem Wohlgefallen Gottes, seinem Verlangen nach uns und auf seinem sich entfaltenden Plan in der Welt. Er lädt uns in diese Realität ein, damit diese Freude den zeitlichen Schmerz und die Trauer der Welt, in der wir leben, überwinden kann.

Paulus nannte sie „zeitliche und leichte Bedrängnis", die in uns eine „ewige und über alle Maßen gewichtige Herrlichkeit" hervorbringen (vgl. 2 Kor 4,17). Das war der Apostel, der mehrmals gesteinigt wurde, dreimal Schiffbruch erlitt, auf seinen Reisen ausgeraubt und von engen Freunden verleumdet wurde. Offensichtlich hatte er etwas viel Größeres vor Augen als seine unmittelbaren Lebensumstände.

Die Freude, von der Jesus sprach, ist nicht zeitlich begrenzt und schwankt nicht mit den unbeständigen Gezeiten der Umstände. Diese Freude ist eng mit seinem eigenen Charakter sowie mit seinem Plan verbunden, der sich in dieser zerbrochenen Welt entfaltet. Darin möchte ich leben – jeden Tag, in jeder Situation.

Ich habe euch das alles aus einem bestimmten Grund gesagt: Damit meine Freude eure Freude ist und eure Freude völlig reif (Joh 15,12 MSG).

25. Februar

An jedem Tag, in jedem Moment

In den letzten sieben Tagen deines Lebens gab es keinen Moment, in dem Jesus nicht bei dir war – er wusste genau, was du gerade tust.

Denke einen Moment darüber nach und frage dich, ob du das als gute oder als schlechte Nachricht siehst?

Die meiste Zeit meines geistlichen Lebens war diese Art des Denkens für mich etwas beunruhigend. Allein der Gedanke, dass er alles sieht, erfüllte mich mit Schuldgefühlen bei jedem kleinen Fehler. Der Gedanke, dass er alle meine Fehler und Schwächen sieht, war nicht gerade beruhigend.

Und wenn ich daran dachte, dass er bei mir war, fühlte ich mich schlecht, weil ich ihn so wenig wahrnahm. Selbst die guten Dinge, die ich versuchte, entsprangen meiner eigenen Weisheit und nicht unbedingt seiner Führung. Irgendwann brachen diese Dinge zusammen, weil sie nur auf menschlicher Weisheit aufgebaut waren, und ich fühlte mich wie ein Dummkopf.

Die Tatsache, dass er immer bei uns ist, ist nichts, was wir fürchten müssen – wir müssen es feiern! Er ist bei uns, nicht um uns zu verurteilen, sondern um uns aus all dem zu retten, wohin wir uns verirren.

Denn Gott hat seinen Sohn nicht in die Welt gesandt, damit er die Welt richte, sondern damit die Welt durch ihn gerettet werde (Joh 3,17).

26. Februar

Der größte Schatz

Die Worte jenes ständig gesungenen Sonntagsschulliedes gingen mir immer wieder durch den Kopf: „Pass auf, kleines Auge, was du siehst ..., denn der Vater im Himmel schaut in Liebe herab."

Ich weiß, dass dies für Kinder ein lustiges Lied ist, weil sie dabei auf verschiedene Körperteile zeigen können, aber es stellt eine schreckliche Verbindung zwischen Gottes Liebe und einem Bild von ihm als göttlichem Polizisten her, der mit dem Finger auf uns zeigt, wenn wir straucheln oder versagen. Das ist ganz sicher nicht das Bild des Vaters, das Jesus seinen Nachfolgern vermittelt hat.

Jesu Gegenwart bei uns ist nicht dazu da, um uns zu kontrollieren, zu verurteilen oder zu schikanieren. Sie ist vielmehr dazu da, um uns in Lebensfülle des Vaters zu führen. Der kostbarste Schatz des christlichen Lebens ist, dass wir uns dessen immer mehr bewusst werden und uns auch immer mehr darauf verlassen, dass er unsere größte Freude ist.

Wenn ich gehe oder wenn ich ausruhe, du siehst es und bist mit allem, was ich tue, vertraut. Und du, Herr, weißt, was ich sagen möchte, noch bevor ich es ausspreche. Du bist vor mir und hinter mir und legst deine schützende Hand auf mich. Dieses Wissen ist zu wunderbar für mich, zu groß, als dass ich es begreifen könnte! (Ps 139,3-6 NLB).

27. Februar

Er lebt!

Man kann leicht die Tatsache der Auferstehung feiern, aber dabei die wichtigste Auswirkung dieser Tatsache übersehen, nämlich, dass Jesus lebt. Er ist heute hier bei dir, egal wo du diese Zeilen liest.

Seine ganze Freundschaft, Weisheit, Kraft und Liebe stehen dir in dieser Beziehung zur Verfügung. Wenn dir seine Gegenwart bewusst wird und du Erfahrung darin sammelst, wie er sich dir zu erkennen gibt, wirst du feststellen, dass du in keiner Situation allein bist. Egal, was um dich herum passiert, er hat einen Weg, dich hindurchzunavigieren, und wenn du herausgekommen bist, wirst du ihm noch ähnlicher sein.

Er ist nicht gekommen, um eine neue Religion zu gründen, sondern um uns einzuladen, an der Beziehung teilzuhaben, die Vater, Sohn und Geist schon seit Ewigkeiten teilen.

Es ist eines der unglaublichsten Angebote, die je gemacht wurden, und, ja, es braucht einige Zeit, um zu lernen, wie man in ihm lebt. Es ist nicht natürlich für uns, aber es ist so unglaublich herrlich!

Noch eine kleine Weile, und die Welt sieht mich nicht mehr; ihr aber seht mich; weil ich lebe, sollt auch ihr leben! (Joh 14,19).

28. Februar

Es geht um Beziehung!

Wenn wir Gottes Volk auf der Erde sein wollen, ist es wichtig, dass wir uns nicht nur die theologische Tatsache der Auferstehung zu eigen machen, sondern uns auch darauf einlassen, welche Auswirkung sie auf unsere Beziehung zu Gott hat. Er ist lebendig – nicht mehr nur *bei* seinen Nachfolgern, sondern *in* ihnen.

Viele verhalten sich so, als stimme das nicht, und reden darüber höchstens in abstrakten Begriffen. Sie tun ihr Bestes, um die Grundsätze, die sie aus der Heiligen Schrift ableiten, zu lesen, auszulegen und zu befolgen. Aber das bringt uns nur bedingt weiter. So mächtig die Heilige Schrift auch ist, um unser Herz mit dem seinen in Einklang zu bringen, ist sie doch kein Ersatz für Jesus, der in uns lebt. Er will eine Stimme sein, die uns leitet, die Kraft, die uns ermutigt, ihm zu folgen, und die Weisheit, die uns hilft, alle Umstände zu meistern, denen wir begegnen.

Der auferstandene Christus will in dir Gestalt annehmen. Stell dir das vor! Was könnte unser Leben in ihm besser beschreiben? Es ist nicht nur eine frohmachende Hoffnung, sondern erinnert uns auch daran, dass wir nicht in der Lage sind, das aus eigener Kraft oder Genialität zu schaffen.

... bis das Leben Christi in eurem Leben sichtbar wird ... (Gal 4,19 MSG).

1. März

Er ist immer noch bei uns

Eine der letzten Anweisungen, die Jesus seinen Anhängern gab, war, in ihm zu bleiben und einander zu lieben. Er wollte nicht, dass sie seine Lehre als eine Ethik oder eine Reihe von Traditionen, die zu befolgen seien, auffassen würden.

Sie waren mindestens drei Jahre lang mit ihm zusammen gewesen und hatten ihn dabei in allen möglichen Situationen erlebt, von Menschenmengen, die ihn bedrängten, bis dahin, dass er mit seinem Vater Zeit in der Stille verbrachte. Sie hatten gesehen, wie er Kranke heilte, die Anfeindungen der religiösen Führer ertrug und sich für die Ausgestoßenen der Welt einsetzte.

Sie hatten den schelmischen Blick in seinen Augen gesehen, aber auch die Last seiner Trauer gespürt. Sie waren

Insider, und er wollte, dass das auch so bliebe, selbst wenn sie ihn mit ihren physischen Augen nicht mehr sehen könnten.

Er wusste, dass es nicht einfach sein würde. Wie können wir in einer Welt, die uns jeden Tag ablenken will, uns dessen bewusst bleiben, was wir nicht sehen? Wir alle wissen, wie leicht wir weite Strecken unseres Lebens verbringen können, ohne daran zu denken, dass Jesus bei uns ist, geschweige denn, dass wir hören, was er uns sagen will, oder erleben, dass seine Kraft uns befähigt.

Und doch ist das Angebot immer noch da. Nimm dir täglich etwas Zeit, um deine physischen Augen zu schließen und deinen Körper zur Ruhe kommen zu lassen. Schaue Jesus mit den Augen deines Herzens an. Er wird dir dabei helfen, wenn du ihn bittest und geduldig genug bist, es zu lernen.

Meine Schafe hören meine Stimme, und ich kenne sie, und sie folgen mir nach (Joh 10,27).

2. März

Ethik ist nicht genug

Wie können wir eine Beziehung zu jemandem aufbauen, den wir nicht sehen können?

Wir haben heute oft eine zu klare Vorstellung davon, was es bedeutet, ein guter Christ zu sein. Es bedeutet, in die Kirche zu gehen, die Bibel zu lesen, zu versuchen, ein tugendhaftes Leben zu führen und anderen das Evangelium weiterzusagen. Wir wissen, was wir in jeder Situation tun, denken oder sagen sollten, und doch können wir uns nicht immer dazu überwinden, es zu tun.

Es ist einfacher, Erwartungen nachzujagen, als eine tiefe Beziehung zu ihm zu pflegen. Die traurige Wahrheit ist, dass die meisten von uns viel mehr in Sachen Religion ausgebildet wurden als darin, eine Beziehung zu ihm und anderen zu pflegen.

Es ist an der Zeit, das zu ändern, meinst du nicht auch? Wir können nicht seine Wege gehen, ohne mit ihm zu leben.

Um das zu tun, müssen wir über unsere Prinzipien und Regeln hinausschauen und lernen, wie wir ihn sehen und ihn sein Leben durch uns leben lassen können.

Bleibt in mir, und ich [bleibe] in euch! Gleichwie die Rebe nicht von sich selbst aus Frucht bringen kann, wenn sie nicht am Weinstock bleibt, so auch ihr nicht, wenn ihr nicht in mir bleibt (Joh 15,4).

3. März

„Bleibe in mir"

Wie kann ich in der Sicherheit der Liebe meines Vaters ruhen, auch wenn ich immer noch hinter meinen eigenen Erwartungen zurückbleibe?

Wie kann ich ein Bewusstsein dafür entwickeln, dass er immer bei mir ist, und nicht nur, wenn ich Angst habe oder in Not bin?

Wie erkenne ich Jesu Stimme, wenn er spricht, und wie kann ich herausfinden, was er in meinem Leben durch die Umstände, in denen ich mich befinde, tut?

Wie kann ich wirklich aus seiner Kraft leben und nicht nur mein Bestes versuchen?

Das alles sind Beziehungsfragen, mit denen sich jeder Neubekehrte in den ersten fünf Jahren als Nachfolger Christi befassen sollte.

Wir sollten sie nicht dazu drängen, so schnell wie möglich christlicher auszusehen und zu handeln. Wir tun ihnen dagegen einen großen Gefallen, wenn wir sie dazu ermutigen zu lernen, jeden Tag ihres Lebens eine echte Freundschaft mit Jesus zu praktizieren. Wenn wir das tun, wird alles andere, was in ihrem Leben passieren sollte, auch passieren – sie werden immer freier von Sünde, bringen Gottes Frucht vor den

Augen der Welt, lieben andere und erleben, dass Gott ihre Gebete erhört.

Ohne diese Beziehung, so ermahnte uns Jesus, seien wir nicht in der Lage, irgendetwas zu tun, das für sein Werk in uns oder in unserer Umgebung fruchtbringend ist.

> *Wenn ihr in mir bleibt und meine Worte in euch bleiben, so werdet ihr bitten, was ihr wollt, und es wird euch zuteilwerden. Dadurch wird mein Vater verherrlicht, dass ihr viel Frucht bringt und meine Jünger werdet* (Joh 15,7-8).

4. März

Wie mache ich das?

Der Aufbau einer Beziehung zu Jesus – in der du dein Herz zur Ruhe bringst und dir von ihm zeigen lässt, wie du seine Gegenwart wahrnimmst und wie er sich dir zu erkennen gibt – braucht Zeit. Für mich funktioniert das am besten, wenn mein Herz offen und bereit ist für alles, was sein Wille oder sein Plan ist, vor allem, wenn ich es nicht sehen kann.

Lies so viele Bücher, wie du willst – du wirst das in keinem einzigen finden. Du kannst es auch nicht in Seminaren lernen, sondern nur, wenn du dich auf ihn ausrichtest.

Er hat den Jüngern vorgelebt, wie das aussehen kann. Es ist eine Freundschaft. Die Jünger waren jeden Tag mit ihm unterwegs. Sie kannten sein Lachen und seine Zurechtweisungen, stritten mit ihm und hörten auf seine Weisheit, riefen ihn in ihren Ängsten an und schüttelten den Kopf, wenn seine Worte sie verwirrten.

Sie lernten Gott als Freund kennen. Was für ein Freund (!) – der transzendente Gott des Universums!

Jesus will nicht weniger für dich. Er kann dich genau da abholen, wo du bist, und dich in eine Freundschaft hineinführen, durch die jeder Tag mit seiner Gegenwart erfüllt ist.

Dieses Mal schreibe ich den Plan in sie hinein und präge ihn in ihre Herzen ein. Ich werde ihr Gott sein, sie werden mein Volk sein (Hebr 8,10 MSG).

5. März

Sei ehrlich zu ihm

Eine der besten Möglichkeiten, die Beziehung zu Jesus zu vertiefen, ist es, ehrlich mit ihm über dein Ringen, ihn als Freund kennenzulernen, zu reden. Dass der transzendente Schöpfer des Universums sich mit der Menschheit verbindet, ist eine erstaunliche Tatsache, und wir sollten nicht erwarten, dass es für uns einfach ist, diese Verbindung herzustellen.

Er tut von seiner Seite aus alles, was er kann, aber die Ablenkungen des Fleisches und die Illusionen, in denen wir leben, erschweren es uns, ihn zu sehen. Ja, in den ersten Tagen, dies zu lernen, kann es frustrierend sein, wenn du willst, dass es schnell geht.

Erzähle ihm, wonach sich dein Herz sehnt und worüber du enttäuscht bist, was frühere Versuche angeht. Bitte ihn, dir zu zeigen, wie du ihn besser kennenlernen und im normalen Alltag wahrnehmen kannst.

Seine Gegenwart erleben wir nicht nur in Bibelstunden und Gottesdiensten. Er will auch an all den anderen Orten, an denen wir uns den Rest der Woche aufhalten – in Büros, Häusern, Schulen, Autos, Flugzeugen und auf Feldern – nicht weniger real sein.

Wer zu ihm kommen möchte, muss glauben, dass Gott existiert und dass er die, die ihn aufrichtig suchen, belohnt (Hebr 11,6 NLB).

6. März

Darin ist er wirklich gut

Wenn du im Laufe deines Tages auch nur ein paar Sekunden innehältst und erkennst, dass Jesus die ganze Zeit zu dir spricht, wirst du feststellen, dass du mit ihm ein Gespräch führst, das sich durch dein ganzes Leben ziehen wird. Er wird dir Dinge zeigen, die du leicht übersehen könntest, und dich lehren, wie du die Menschen um dich herum so lieben kannst, wie er dich liebt.

Er kann dir besser als jeder andere beibringen, wie man das macht. Schon seit es die Welt gibt, versucht er, Freundschaften mit Menschen aufzubauen, und er kann das wirklich gut. Vielleicht ist es manchmal ein Kampf, aber diese Beziehung zu pflegen, ist ein „Geschenk, das uns immer wieder beschenkt“.

Heute ist mir klar, dass es keinen einzigen Moment in meinem Leben gibt, in dem Jesus nicht da ist. Er weiß über alles Bescheid, was um mich herum geschieht, und arbeitet daran, mich in die Lebensfülle seines Vaters zu führen. Selbst dort, wo ich stolpere, muss ich mich nicht schämen, denn nur er kann mich verändern, und er ist mehr als fähig, das zu tun!

Ich bin ein offenes Buch für dich; selbst aus der Ferne weißt du, was ich denke. Du weißt, wann ich gehe und wann ich zurückkomme; du lässt mich nie aus den Augen … (Ps 139,2-3 MSG).

7. März

Er genießt den Prozess

Nachdem ich einmal darüber gelehrt hatte, wie der Vater uns seine Gnade zukommen lässt, während er unser Leben umgestaltet, erzählte ein Freund etwas, das er gerade entdeckt hatte: „Ich glaube, ich habe heute endlich etwas verstanden. Ich hatte immer gedacht, Gott sei nur mit meiner Vollkommenheit zufrieden. Da ich dem nie gerecht wurde, hatte ich immer damit zu kämpfen. Aber langsam wird mir klar, dass er nicht nur will, dass ich heil bin, sondern dass ihm der Prozess, mich dorthin zu bringen, sogar Spaß macht."

Wie sonst ist es zu erklären, dass der Vater nicht einfach mit seinen Armen über uns wedelt und uns über Nacht perfekt macht? Er möchte, dass wir seine Herrlichkeit von innen heraus widerspiegeln. Er formt unser Leben geduldig, bis Christus in uns vollendet ist. Wie ein Töpfer, der einen neuen Topf dreht, ist er nicht nur begeistert, wenn er fertig ist, sondern er genießt wirklich den ganzen Prozess – er weicht den Ton auf, knetet ihn mit seinen Händen und formt ihn mit großer Sorgfalt.

Wenn wir denken, er sei erst zufrieden, wenn wir alles im Griff haben, fürchte ich, dass unser Leben voller Frustration über andere und über uns selbst sein wird! Aber wenn er den Prozess genießt, sollten wir das nicht auch tun? Er formt dich, damit Jesus in dir Gestalt annehmen kann. Kannst du erkennen, wie er das gerade macht? Wenn wir den Prozess genießen können, durch den er bewirkt, dass Jesus in uns Gestalt annimmt, können wir geduldiger sein mit unseren immer noch eklatanten Unzulänglichkeiten.

Nun aber bist du, HERR, unser Vater; wir sind der Ton, und du bist unser Töpfer; wir alle sind das Werk deiner Hände (Jes 64,8).

8. März

Wir können es nur erahnen …

Ich kann mir nicht ausmalen, wie es wäre, morgen früh aufzuwachen und frei von allem zu sein, was mich am Leben in Jesus hindert oder ablenkt.

Kannst du dir vorstellen, dass dein Egoismus dir nicht mehr die Sicht auf Gottes Gegenwart vernebelt?

Kannst du dir vorstellen, auch nur für einen kurzen Moment nicht mehr an seiner Liebe zu dir zu zweifeln oder an seiner Fähigkeit, dich in die Fülle seines Lebens zu bringen?

Und kannst du dir vorstellen, dass du nicht mehr von fleischlichen Begierden geplagt wirst, die dich gefangen nehmen wollen, sodass deine eigenen Vergnügungen dir zum Verhängnis werden?

Du hättest nichts zu verbergen, nichts zu beweisen und nichts zu gewinnen, weil du von Gott selbst vollkommen zufriedengestellt wärst und in allem, was er dir gibt, vollkommenen Frieden hättest. Wie wäre es, wenn du keine Bedürfnisse hättest, die dich bedrängen, keinen Konflikt, der dich quält, keinen Schmerz und keine Krankheit, die dich einschränken, und kein Leid, das dich verletzt?

Du würdest Gottes Gesicht so deutlich sehen, wie er deines sieht.

Das ist der Weg, auf dem ich mich befinde. All das wird mit jedem Tag in diesem Leben realer und wird eines Tages, im kommenden Zeitalter, die einzige Realität sein.

So lasst uns nun mit Freimütigkeit hinzutreten zum Thron der Gnade (Hebr 4,16).

9. März

Eine Welt ohne Beschränkungen

Was für ein Tag wird das sein, wenn jedes Verlangen nach Sünde plötzlich verstummt und ich nur noch das will, was Gott für mich will! Wie wäre es, ohne einen Hauch von Angst, Selbstmitleid oder Neid zu leben, weil die Ansprüche meines fleischlichen Selbst von der Größe Gottes verschluckt werden?

Dann würde ich die Schönheit von Gottes Natur und das Wunder seiner Person uneingeschränkt erkennen und genießen können. Ich könnte endlich herausfinden, wie hoch und breit und tief seine Liebe zu mir ist, und mich für immer an seiner unendlichen Kreativität und seiner grenzenlosen Weisheit erfreuen. Was für ein Leben wäre das!

Natürlich hat niemand, der diese Zeilen liest, eine Vorstellung davon, wie das wäre. Aber jeden Tag können wir ein bisschen mehr von dieser Realität schmecken. Der Tag ihrer Erfüllung rückt für uns alle schnell näher, und er ist jetzt schon wieder näher als zu dem Zeitpunkt, als du diese Worte zu lesen begonnen hast.

Dafür hat Gott dich geschaffen, und er zieht dich mit unverminderter Gnade dorthin.

Jetzt, wo wir diese wunderbare Freundschaft mit Gott tatsächlich erhalten haben, geben wir uns nicht mehr damit zufrieden, es nur in plumper Prosa zu sagen. Wir singen und rufen unseren Lobpreis zu Gott durch Jesus, den Messias! (Röm 5,10-11 MSG).

10. März

Jenseits der Tür des Todes

Diese Welt scheut keine Kosten und Mühen, um uns davon zu überzeugen, dass das Sichtbare alles ist, was es gibt. Sie lockt uns, die Erfüllung in diesem Zeitalter zu suchen, als wäre sie dazu in der Lage. Tatsache ist jedoch, dass die Welt uns nie geben wird, wonach sich unser Herz am meisten sehnt. Wenn wir denken, sie könne es, werden wir ständig frustriert sein und an Gottes Absichten für uns zweifeln, wenn es mit den Dingen, die wir uns am meisten wünschen, nicht so klappt, wie wir es gerne hätten.

Das Leben in diesem Zeitalter ist mal so, mal so. Manchmal sehen wir die Pracht von Gottes Herrlichkeit in der Schöpfung und erleben wunderbare und erfrischende Momente seines Segens. Und manchmal werden wir mit dem Leid und dem Chaos einer Welt konfrontiert, die nicht im Einklang mit ihrem Schöpfer ist.

Obwohl die Welt ursprünglich Gottes Herrlichkeit zum Ausdruck brachte, wurde sie durch die Sünde verunstaltet und ist nun in die Grenzen des Todes gezwängt. Deshalb trieb Gott Adam und Eva aus dem Garten, nachdem sie gesündigt hatten. Hätten sie in ihrem sündigen Zustand vom Baum des Lebens gegessen, wären sie bis in alle Ewigkeit Opfer einer zerrütteten Welt gewesen.

Er hat alles vortrefflich gemacht zu seiner Zeit, auch die Ewigkeit hat er ihnen ins Herz gelegt — nur dass der Mensch das Werk, das Gott getan hat, nicht von Anfang bis zu Ende ergründen kann (Pred 3,11).

11. März

Der Tod als Durchgang

Wie könntest du jemanden aus einer kaputten Welt retten, wenn dieser Zustand ewig andauern würde? Das ginge nicht. Wenn ich auf ewig Schiffbruch erleide, wie kannst du mich dann retten?

Gott hat uns gerettet, indem er die Sünde und ihre Verwüstung auf dieses endliche Zeitalter eingedämmt hat. Die Seele, die sündigt, soll sterben – das war keine Strafe, sondern der erste Akt der Erlösung. Auf diese Weise bewahrte er die Ewigkeit als rein und unbefleckt – ein sicherer Hafen, in den er uns retten konnte, um uns an der Fülle seiner Herrlichkeit teilhaben zu lassen.

Obwohl der Tod das Werkzeug ist, das Gott benutzt, um die Ewigkeit von der Sünde unbefleckt zu halten, ist er nicht sein Freund. Paulus bezeichnet ihn als Gottes Feind (vgl. 1 Kor 15,26) und als den letzten, der vernichtet wird. Es war nie seine Absicht, dass wir dem Tod ins Auge sehen, weder dem physischen Tod, der unseren Körper in diesem Zeitalter heimsucht, noch dem geistlichen Tod, der unsere selbstsüchtigen Ambitionen in den Mittelpunkt stellt und uns den Zugang zur

Liebe des Vaters verwehrt. Wir sehen es deutlich an den Verwüstungen, die Krieg, Terrorismus, Verbrechen, tragische Unfälle und Krankheiten anrichten. Mit jedem Tod eines geliebten Menschen und mit den zunehmenden Schmerzen und Einschränkungen des Alters werden wir daran erinnert, dass alles in diesem Zeitalter dazu bestimmt ist, zu vergehen.

Aber für diejenigen, die sich danach sehnen, Gott in seiner ganzen Fülle zu kennen, hat der Tod keinen Stachel. Er ist nur ein Tor, durch das wir unsere endgültige Freiheit erlangen werden. Er ist nicht das gefürchtete Ende unseres irdischen Lebens, sondern ein Durchgang zum letzten, großen Abenteuer: der Freiheit, mit Gott ohne Einschränkung und Ablenkung verbunden zu sein. Für uns bedeutet der Tod, dass wir eines Morgens aufwachen und endlich frei von dieser kaputten Welt und unseren von Sünde gezeichneten Körpern sind.

> *Ich bin aber voller Zuversicht und würde am liebsten sogleich von meinem Körper getrennt und beim Herrn zu Hause sein* (2 Kor 5,8 GNB).

12. März

Dieses Leben ist nur der Prolog

Auf der letzten Seite des letzten Buches seiner Narnia-Geschichten, gerade wenn der Leser denkt, die Geschichte sei zu Ende, weil die Welt untergegangen ist, zieht C. S. Lewis den Vorhang noch weiter zurück und schreibt über die vier Kinder:

> Für sie war es erst der Anfang der wahren Geschichte. Ihr ganzes Leben in dieser Welt … war nur das Titelblatt gewesen: Jetzt endlich begannen sie das erste Kapitel der großen Geschichte, die niemand auf der Welt gelesen hat, die ewig weitergeht und in der jedes Kapitel besser ist als das vorherige.

Lewis hat völlig recht. Die Zeit zwischen unserer Geburt und unserem Tod ist nur ein kleiner Ausschnitt aus unserer Geschichte.

Wenn wir in der Ewigkeit zurückblicken, werden wir wissen, dass unser ganzes Leben in diesem Zeitalter, das uns jetzt wie alles erscheint, nur der Anfang war. Ich vermute, wir werden uns in etwa so daran erinnern, wie wir uns an den Kindergarten erinnern, nämlich nicht besonders gut.

So sieht Gott unser Leben in dieser Zeit, und die Bibel ermutigt uns, es ebenso zu sehen. Sie sagt immer wieder, dass diese Welt und unser Leben in ihr so kurz sind wie der Tau auf dem Morgengras oder ein Rauchschwaden, der kurz in der Luft hängt.

Wäre uns das klar, wären wir nicht so niedergeschlagen aufgrund unserer Kämpfe oder unserer Verzweiflung über die Enttäuschungen des Lebens. Und wir würden den Tod nicht fürchten, weil wir ihn nicht als das tragische Ende des Lebens, sondern als den Beginn des Lebens sehen würden, wie Gott es tatsächlich für uns vorgesehen hat.

> *Deshalb lassen wir uns von dem, was uns zurzeit so sichtbar bedrängt, nicht ablenken, sondern wir richten unseren Blick auf das, was jetzt noch unsichtbar ist. Denn das Sichtbare vergeht, doch das Unsichtbare bleibt ewig* (2 Kor 4,18).

13. März

Zwischen zwei Welten gefangen

Wenn du Gottes fortschreitendes Wirken in dir verstehen willst, musst du über den Prolog hinausschauen und den Rest der Geschichte mit einbeziehen. Andernfalls verpasst du, was Gott tut, und treibst umher, weil du Erfüllung von einem Leben suchst, das dir diese nicht geben kann.

Diese Welt befindet sich in der Zerrissenheit und dem Chaos der Sünde, und nur weil du an Gott glaubst, bist du nicht immun dagegen. Deine Lebensumstände werden sich nie perfekt entwickeln. Du wirst nie alles haben, was du willst, und du wirst regelmäßig mit Konflikten, Kämpfen und Schmerzen konfrontiert sein. Selbst die besten Zeiten werden dich nicht dauerhaft zufriedenstellen, da du hier nie ganz zu Hause sein wirst, auch wenn du es versuchst.

Dein Zuhause ist im Herzen des Vaters. Auch wenn du das erst am Ende des Zeitalters in vollem Umfang erleben wirst, darfst du jetzt schon in deinem Alltag die ersten Früchte davon genießen.

Die ersten Apostel dachten beim ewigen Leben nicht nur an ein Leben, das ewig währt, sondern an eine Qualität des Lebens, die in ihm gelebt wird. Ewiges Leben ist in Jesus jetzt schon verfügbar. Kein Wunder, dass wir uns zwischen zwei Welten gefangen fühlen – wir leben in der einen, beziehen unser Leben aber aus der anderen.

Kämpfe den guten Kampf des Glaubens; ergreife das ewige Leben, zu dem du auch berufen bist und worüber du das gute Bekenntnis vor vielen Zeugen abgelegt hast (1 Tim 6,12).

14. März

Meister der Illusionen

Als Jesus in Johannes 17 für seine Jünger betete, sagte er ausdrücklich, er bete nicht, dass Gott sie aus der Welt herausnehmen würde, sondern dass Gott sie mitten in der Welt bewahren würde. Sie würden in der Welt sein, aber nicht mehr zu ihr gehören. Wenn wir aus Gottes Realität leben, ersetzt das alles, was mit dieser Zeit zu tun hat, und lässt uns erkennen, wie wir frei in ihr leben können.

Aber wir alle wissen, dass das nicht einfach ist. Wie weit entfernt sich das Ewige oft anfühlt, wenn wir uns in unseren

Pflichten bei der Arbeit oder zu Hause oder in den unzähligen Vergnügungen, die unsere Welt bietet, verlieren. Wir glauben, wir würden mehr Freude in einem besseren Job, einem schöneren Haus oder einem größeren Bankkonto finden. Durch Nachrichten, Fernsehsendungen, Werbung und Filme werden wir ständig damit bombardiert, das Leben in diesem Zeitalter könne unsere tiefsten Träume erfüllen. Das erzeugt in uns allen die Illusion, dass wir endlich die Erfüllung finden würden, nach der wir verzweifelt suchen, wenn wir nur gute Geschäfte machten, Glück im Lotto hätten oder den richtigen Partner fänden, einen Bestseller schrieben oder unserer Kreativität einen entsprechenden Durchbruch verschaffen könnten.

Wir vergessen so leicht, dass die Medien Illusionen verkaufen und nicht die Realität – wie die endlosen Geräte, die uns versprechen, uns mit minimalem Aufwand schlanker zu machen. Diese Illusionisten gibt es nicht nur in der Welt, sondern auch unter Gottes Volk. Sie fügen der Realität von Gottes Leben ihre Programmen, Gebetsformeln oder andere Konzepte hinzu und versprechen uns, Gott werde dadurch unsere kühnsten Träume wahr werden lassen.

Natürlich verkaufen sich ihre Waren gut, wie Lügen das immer tun. Aber was passiert, wenn sie nicht funktionieren? Die Verkäufer der Träume fliegen in ihren Learjets davon, während die Menschen, die sie bezahlt haben, sich fragen, was mit ihnen oder mit Gott los ist, dass er ihnen kein einfaches und wohlhabendes Leben beschert hat. Diese Frustration über Gott und die Eifersucht auf die Güter der Welt haben viele Gläubige Schiffbruch erleiden lassen.

> *Seht zu, dass euch niemand einfange durch die Philosophie und leeren Trug, die der Überlieferung der Menschen und den Elementen der Welt folgen und nicht Christus* (Kol 2,8 LUT).

15. März

Der Mythos vom schmerzfreien Leben

Gott schenkt uns oft Momente der Freude und Erfrischung, selbst im Chaos einer von Sünde befleckten Welt. Das sind großartige Tage. Genieße sie, solange sie andauern.

Aber Gottes Leben in uns ist keine Garantie dafür, dass wir nicht auch Zeiten großer Entbehrungen, Sorgen und Schmerzen erleben werden. Jeder, der etwas anderes behauptet, versucht, dir eine Illusion zu verkaufen, die wie der Tau inmitten des echten Lebens vergehen wird.

Deshalb hat Paulus die Irrlehrer verurteilt, die behaupteten, ein gottgefälliges Leben könne zu finanziellem Gewinn führen (vgl. 1 Tim 6). Er sagte weiter, der Nachfolger Jesu begnüge sich mit Nahrung und Kleidung.

Diejenigen, welche die Erfüllung im Reichtum suchen, haben nie den Schatz kennengelernt, den kein Geld kaufen kann. Finde dein Leben in ihm, und kein Umstand kann dir das jemals rauben.

> *Mein Gott, ich bitte dich nur um zwei Dinge; gib sie mir, solange ich lebe: Bewahre mich davor, zu lügen, und lass mich weder arm noch reich sein! Gib mir nur, was ich zum Leben brauche! Habe ich zu viel, so sage ich vielleicht: „Wozu brauche ich den Herrn?" Habe ich zu wenig, so fange ich vielleicht an zu stehlen und bringe deinen Namen in Verruf* (Spr 30,7-9).

16. März

Leben in Fülle

Jesus bot denen, die ihm nachfolgen, ein Leben in Fülle an, aber er definierte es nie in materiellen Begriffen. Ich habe Menschen gesehen, die in der Fülle dieses Lebens lebten, obwohl sie bittere Armut durchmachten, mit kräftezehrenden

Krankheiten zu tun hatten oder wegen ihres Glaubens verfolgt wurden. Sie lebten nicht aus den sie bedrängenden Umständen heraus, sondern aus der Gegenwart Gottes, die sie erfüllte.

Unser Zuhause kann niemals in der Stadt, in der wir leben, oder einem anderen irdischen Ort sein. Unser Zuhause ist im Herzen des lebendigen Gottes. Das echte Leben kommt allein von ihm; bequeme oder einfache Umstände sind nicht der Maßstab dafür. Er kann dich durch die schwierigsten Umstände führen und dir einen Frieden schenken, der unser Denken übersteigt.

Das ist es, was er mit „überfließendem Leben" meinte – das überwältigende Empfinden des Erfülltseins und das Heimatgefühl, das sich einstellt, wenn wir zu ihm gehören und jeden Moment unseres Tages seine Gegenwart wahrnehmen. So können wir uns von seiner Stimme leiten, uns von ihm trösten und uns von seiner Kraft verwandeln lassen, während wir ihm jeden Tag ein bisschen ähnlicher werden.

Die Welt würde euch als ihre Kinder lieben, wenn ihr zu ihr gehören würdet. Aber ich habe euch aus der Welt herausgerufen und ihr gehört nicht zu ihr (Joh 15,19 GNB).

17. März

Eine Oase der Ewigkeit

Durch das Leben seiner Nachfolger(innen) greift Gott in diese von Sünde befleckte Welt immer wieder ein. Auch wenn er nicht alle Umstände so führt, wie es mir bequem ist, hat er mir angeboten, sein ganzes Leben mit mir zu teilen.

Er wird mich in Zeiten des Leids festhalten und in Zeiten der Freude mit mir lachen. Er wird meinem Leben einen Sinn geben, nicht durch das, was ich in dieser Welt erlange, sondern indem er mich an seinem sich entfaltenden Plan teilhaben lässt, nämlich die Welt durch seine überwältigende Liebe zurückzugewinnen.

Seine Realität in dir und deine Zusammenarbeit mit ihm ist die einzige Quelle, die dein Streben nach Erfüllung stillen kann. Das ist das ewige Leben, das für dich an dem Tag, an dem du ihn aufgenommen hast, begann. Wenn du ihn in dir leben lässt, kann er realer werden als die Welt, die du jeden Tag berührst, siehst und hörst.

Er wird in dir – inmitten des kargen Ödlands unserer Kultur – eine Oase der Ewigkeit schaffen.

Darum verlieren wir nicht den Mut. Wenn auch unsere körperlichen Kräfte aufgezehrt werden, wird doch das Leben, das Gott uns schenkt, von Tag zu Tag erneuert (2 Kor 4,16-17 HFA).

18. März

Größer als alles andere

Die einzige Möglichkeit, in dieser Welt zu leben, ohne Teil von ihr zu werden, ist, ständig in das Antlitz unseres gütigen Vaters zu schauen. Auf diese Weise richten wir unser Herz auf das, was „oben" ist, anstatt uns von den Illusionen dieser Zeit verführen zu lassen oder zu denken, die Antworten, die wir brauchen, seien in ihren Systemen zu finden.

Ihn zu sehen, wie auch immer er sich an einem bestimmten Tag zu erkennen gibt, gibt uns die Freiheit, an dem, was er in unserem eigenen Leben und im Leben anderer in unserem Umfeld tut, mitzuwirken.

Deshalb konnte Paulus aus gefährlichen Umständen siegreich hervorgehen. Er war ein Mann, der regelmäßig mit Schiffbrüchen, Steinigungen, Schlägen und Gefahren zu tun hatte.

Seine Gegenwart in dir ist größer als alles, was man dir entgegenschleudern kann. Wenn wir unseren Blick auf ihn gerichtet haben, müssen wir uns der Welt nicht ergeben oder uns aus ihr zurückziehen. Wir können uns voll und ganz auf das einlassen, was auch immer geschieht, weil wir wissen, dass Gottes größeres Ziel in unserem Leben voranschreiten wird.

Das ist Leben in der Ewigkeit: jeden Tag seine reiche Gegenwart zu schmecken, seine herrliche Gegenwart, die uns nicht nur leiten, sondern uns auch überfluten und sich in eine durstige Welt ergießen wird.

Da ihr mit Christus zu neuem Leben auferweckt wurdet, sucht Christus, der zur Rechten Gottes im Himmel sitzt. Denkt nicht an weltliche Angelegenheiten, sondern konzentriert eure Gedanken auf ihn! Denn ihr seid gestorben, als Christus starb, und euer wahres Leben ist mit Christus in Gott verborgen (Kol 3,1-3 NLB).

19. März

Die Pause, die verwandelt

Schaue früh und während deines Tages oft auf ihn.

Halte inne, während du dein Auto startest, bevor du einen Anruf annimmst oder wenn du das Abendessen vorbereitest. Konzentriere dich auf ihn und schaue, ob er dir etwas zeigen will.

So wird er immer realer werden und du wirst anfangen, Dinge zu sehen, die man leicht übersehen kann, wenn man nur auf die nächste Aufgabe fokussiert ist. Lass dir von ihm zeigen, wie du seiner Stimme folgen und erkennen kannst, wo er in deinem Leben gerade am Wirken ist.

Glaube nicht, dies sei nur bei besonderen Andachtszeiten möglich, die du zwischen die anderen Aufgaben des Tages hineinzwängen willst. Gott will in deine Welt eindringen und dich durch sie begleiten, nicht dich mit religiösen Forderungen ermüden.

Du wirst feststellen, dass sich deine Werte von den zeitlichen, vergänglichen Dingen zu den Dingen verlagern, die ewig bleiben. Besitztümer, Vergnügungen und Erfolge werden am Ende dieses Zeitalters nichts mehr wert sein.

Du kannst genießen, was Gott dir gibt, ohne davon in Beschlag genommen zu sein. Du kannst dich an einer Freizeitaktivität erfreuen, die Gott dir schenkt, ohne von ihr vereinnahmt zu werden. Und du kannst tun, was er dir in dieser Welt aufgetragen hat, ohne eine Wertung vorzunehmen, die dich über andere erhebt.

Das ist aber das ewige Leben, dass sie dich, den allein wahren Gott, und den du gesandt hast, Jesus Christus, erkennen (Joh 17,3).

20. März

Leben in der Ewigkeit

Den Blick auf das Ewige zu richten, wird dir helfen, dich nicht von den Ablenkungen dieser Welt bestimmen zu lassen.

Als ich als Teenager Flugstunden nahm, lehrte mich mein Fluglehrer, den Instrumenten im Cockpit zu vertrauen und nicht meinem Gefühl. Um das zu verdeutlichen, sagte er mir, ich solle die Augen schließen und das Flugzeug gerade und waagerecht halten. Nach ein paar Sekunden fragte er mich, wie es mir gehe.

„Gut“, antwortete ich.

„Fliegst du gerade und waagerecht?“

Nachdem ich das bejaht hatte, sagte er mir, ich solle die Augen öffnen. Das Flugzeug befand sich in einer steilen Schräglage und stürzte in Richtung Boden.

Er hatte recht. Meine Gefühle konnten mich leicht täuschen. Richtete ich dagegen meine Augen auf die Instrumente, konnte ich das Flugzeug gerade halten, auch ohne den Horizont zu sehen.

Deshalb will Gott, dass wir unsere Augen auf ihn richten und nur flüchtig auf die Welt schauen, nicht umgekehrt. Die zeitliche Welt wird uns vorgaukeln, wir würden in die richtige Richtung gehen, obwohl wir auf die sichere Zerstörung zusteuern.

Wenn wir unseren Blick auf ihn richten, haben wir die Orientierung, die wir brauchen, um ungestört durch die Herausforderungen des Lebens zu kommen.

Wir halten die Augen offen für die Stadt, die kommen wird. Lasst uns unseren Platz draußen bei Jesus einnehmen, indem wir nicht mehr das Opferblut von Tieren vergießen, sondern Gott in Jesu Namen Dankopfer darbringen (Hebr 13,13-15 MSG).

21. März

Versöhnung statt Bestrafung

Die Version der Kreuzigungsgeschichte, die am häufigsten erzählt wird, stellt Gott als zornige, blutdürstige Gottheit dar, deren Rachegelüste nur durch den Tod eines Unschuldigen gestillt werden konnten – des barmherzigsten und gnädigsten Menschen, der je gelebt hat.

Bin ich der Einzige, der damit hadert? Man könnte argumentieren, dass Gott sich nicht viel von Moloch, Baal oder anderen Götzen unterscheidet, die Menschenopfer brauchten, um ihre unkontrollierte Wut zu stillen.

Viele der alttestamentlichen Autoren erwarteten, dass das Kreuz ein Opfer sein würde, das Gott zufriedenstellte, und sie benutzten die Sprache der Bestrafung, um es zu erklären. Das war alles, was sie kannten. Aber die Autoren des Neuen Testaments hatten eine andere, von der Erlösung durch das Kreuz geprägte Sicht, wenn sie auf die Kreuzigung zurückblickten. Sie sahen nicht den Akt eines zornigen Gottes, der Wiedergutmachung für unser Versagen verlangt, sondern die Selbsthingabe eines liebenden Vaters, der seine Kinder wieder mit sich versöhnen wollte.

Es ist gut zu wissen, dass diese falschen Götter, die wir selbst erschaffen haben, nichts mit dem Vater unseres Herrn Jesus Christus zu tun haben.

Er hat unsere Sünden selbst an seinem Leib getragen auf dem Holz, damit wir, den Sünden gestorben, der Gerechtigkeit leben mögen; durch seine Wunden seid ihr heil geworden (1 Petr 2,24).

22. März

Eine größere Dosis, als wir ertragen können

Das Neue Testament stellt Gott in Bezug auf das Kreuz nicht als brutalen Tyrannen dar, der seinen Zorn an einem unschuldigen Opfer auslässt. Stattdessen zeichnet es das Bild eines liebevollen Vaters, der die verheerenden Folgen unseres Versagens nimmt und sie in die alles umfassende Macht seiner Liebe hineinbringt. Dort konnte die Sünde vernichtet und eine Tür für uns geöffnet werden, durch die wir wieder eine vertrauensvolle Beziehung zu dem Gott aufbauen können, der uns geschaffen hat.

Das Kreuz war kein Opfer, das Gott brauchte, um uns lieben zu können, sondern eines, das wir brauchten, um mit ihm versöhnt zu werden.

Einer meiner besten Freunde starb vor fast zwei Jahren an Hautkrebs. Die Ärzte versuchten, den Krebs mit der aggressivsten Chemotherapie zu zerstören, die sie ihm verabreichen konnten. Am Ende reichte es nicht. Die Dosis, die nötig gewesen wäre, um sein Melanom zu töten, hätte zuerst ihn selbst umgebracht.

Das war das Dilemma, in dem Gott steckte, als er uns von der Sünde befreien wollte. Die Leidenschaft, mit der er unsere Sünde heilen wollte, hätte uns überwältigt, bevor die Heilbehandlung abgeschlossen gewesen wäre. Nur Gott selbst konnte die Heilungstherapie ertragen, die unsere Gebrochenheit erforderte.

Deshalb war er die einzige Hoffnung für unsere Erlösung.

Gott aber, der reich ist an Erbarmen, hat um seiner großen Liebe willen, mit der er uns geliebt hat, auch uns, die wir tot waren durch die Übertretungen, mit dem Christus lebendig gemacht (Eph 2,4-5a).

23. März

Es ist nicht so, wie du denkst

Er nahm unseren Platz ein. Er nahm unsere Krankheit auf sich, indem er selbst zur Sünde wurde, und dann trank er das Gegenmittel, das die Sünde in seinem eigenen Körper verzehrte. Das ist stellvertretende Sühne. Er nahm unseren Platz ein, weil er der Einzige war, der das Heilmittel für unsere Sünde ertragen konnte.

Mit dem Kreuz wollte Gott nicht seine Heiligkeit verteidigen, indem er Jesus statt uns bestrafte, sondern die Sünde in dem einzigen „Gefäß“ zerstören, das sie halten konnte, bis sie in ihm zerstört war.

Vielleicht müssen wir die Kreuzigung in Übereinstimmung mit den ersten Gläubigen neu überdenken. Gott hat seinen Sohn nicht brutal gekreuzigt, um ihn für unser Versagen zu bestrafen, sondern er hat uns durch den Sohn auf die einzige Weise geliebt, die uns dazu befreit, ihn zu erkennen und dann zu entdecken, auf welche Weise wir wie er werden können.

Das ist ein Gott, der es wert ist, dass man ihn kennt.

Denn er hat den, der von keiner Sünde wusste, für uns zur Sünde gemacht, damit wir in ihm [zur] Gerechtigkeit Gottes würden (2 Kor 5,21).

24. März

Die Macht des Kreuzes

Die meiste Zeit meines Glaubenslebens habe ich das Kreuz nur als stellvertretendes Opfer gesehen, mit dem Jesus den Preis für meine Sünden bezahlt hat. Doch in den letzten zwei Jahrzehnten habe ich entdeckt, dass es sehr viel mehr ist. Das Kreuz verschaffte uns nicht nur die Berechtigung, dass wir erlöst werden konnten, sondern schuf auch die Grundlage für unser Vertrauen in seine Liebe. Was dort zwischen einem Vater und seinem einzigen Sohn geschah, hat uns für immer seine Zuneigung gesichert.

Er war kein Stellvertreter für unsere Strafe, sondern ein Stellvertreter für das Heilmittel, das wir brauchten, um von der Macht der Sünde frei zu werden. Indem er die Sünde in sich selbst aufnahm und sie dort zerstörte, heilte er alle, die zu ihm kommen.

Es gibt nur einen Ort, an dem du eine so mächtige Liebe finden kannst – das Kreuz auf Golgatha. Sein Tod öffnete dir die Tür zu einer ewigen Liebesbeziehung mit dem Herrn, der dich geschaffen hat.

Das ist die Liebe, in die uns Gott jeden Tag einlädt. Furcht lähmt, aber Liebe macht dich frei, zu ihm zu kommen, selbst inmitten deines schlimmsten Versagens. Die Furcht lässt dich härter arbeiten, um ihm deinen Wert zu beweisen; die Liebe lehrt dich, seinem Wirken in dir zu vertrauen.

Darin besteht die Liebe — nicht dass wir Gott geliebt haben, sondern dass er uns geliebt hat und seinen Sohn gesandt hat als Sühnopfer für unsere Sünden (1 Joh 4,10).

Unsicherheit führt nicht zum Leben

Viel zu lange hat die organisierte Religion versucht, uns beizubringen, dass Angst und Scham uns zu besseren Christen machen werden. Aber das stimmt nicht.

Wenn du in Bezug auf deine Stellung ihm gegenüber unsicher bist, wird dich das eher von deinem liebenden Vater trennen, als dich jemals zu ihm hinzuziehen. Jesus wusste das. Er hat den Menschen gezeigt, wie sie in jedem Augenblick des Tages sicher in Gottes Liebe leben können, damit er sie auf eine Art und Weise verändern kann, wie sie es aus eigener Kraft niemals könnten.

Wer denkt, Gnade biete uns den Luxus, Gott eine symbolische Anerkennung zukommen lassen zu können, während wir weiterhin nach unseren eigenen Wünschen leben, der missversteht sie gewaltig. Die Gnade befreit uns, in einer Beziehung zu Gott zu leben, in der er uns zeigt, wie wir entsprechend dem leben können, wie er uns geschaffen hat. Wenn du lernst, in der Liebe des Vaters zu leben, wirst du entdecken, wie du ihn von ganzem Herzen lieben kannst. Und ich bin mir sicher, dass du das nicht tun kannst, ohne dabei in ein authentisches Abbild seiner Herrlichkeit verwandelt zu werden.

Trinke jeden Tag seine Liebe tief in dich hinein. Bitte ihn, dass er dir sowohl sich selbst als auch seine Liebe offenbart, und du wirst erleben, dass er das an den unwahrscheinlichsten Orten tut.

Er möchte, dass du jeden Tag und für den Rest deines Lebens auf diese Weise mit ihm lebst – und dich nie wieder vor ihm fürchtest.

Wenn du meine Gebote hältst, wirst du in meiner Liebe zu Hause sein. Genau das habe ich getan – ich habe die Gebote meines Vaters gehalten und seine Liebe zu meinem Zuhause gemacht (Joh 15,9-10 MSG).

26. März

Wie stellst du dir Gott vor?

Im Laufe der Kirchengeschichte wurde Gott in der Kunst meist als ferner und erhabener älterer Mann dargestellt, oft mit einem zornigen Blick in seinen Augen. Interessanterweise zeigen die meisten Darstellungen von Jesus (außer bei der Tempelreinigung) ihn eher sanftmütig und mitfühlend. Wenn aber Jesus das genaue Abbild des Wesens des Vaters war, warum sehen so viele Menschen die beiden so unterschiedlich?

Das Bild, das ich von Gott hatte, als ich aufwuchs, war eher beängstigend. Es war nicht ansprechend oder einladend. Jesus war der gute Kerl. Er hat die Dinge mit dem Vater in Ordnung gebracht, wurde mir gesagt, aber das machte den Vater nicht weniger beängstigend. Ich stellte mir immer vor, ich würde mich hinter Jesu Gewändern verstecken, falls ich mal in der Nähe von Gott sein würde.

Paulus hatte jedoch kein solches Bild von Gott. Er verstand, dass das Kreuz unsere Sicht auf Gott grundlegend verändert hat: Er ist nicht mehr der schrecklicher Richter, sondern der, der er wirklich ist, unser Abba-Vater.

Abba ist die liebevolle, sichere Verbindung, die ein kleines Kind zu seinem Vater hat, der es innig liebt. Hast du diese Erkenntnis verinnerlicht, dann wundere dich nicht! Das Leben wird sich ändern.

Von diesem Geist erfüllt rufen wir zu Gott: „Abba! Vater!“ (Röm 8,15b GNB).

Was auch immer kommen mag

„… wenn du aber alt geworden bist, wirst du deine Hände ausstrecken, und ein anderer wird dich gürten und hinbringen, wohin du nicht willst (Joh 21,18).

Die Worte, die Jesus hier benutzte, waren präzise und überdeutlich. Niemand in der am Ufer von Galiläa versammelten Gruppe verstand an diesem Morgen falsch, was er Petrus gerade gesagt hatte. Eines Tages würde er wegen seiner Freundschaft zu Jesus gefangen genommen und hingerichtet werden.

Das Überraschungsfrühstück am Strand mit dem auferstandenen Herrn wurde plötzlich ominös. Petrus starrte vor Schreck wohl einfach nur mit offenem Mund vor sich hin. Die anderen Jünger sahen sich vielleicht mit diesem „Armer-Petrus-Ausdruck" im Gesicht an, ohne sich dessen bewusst zu sein, dass die meisten von ihnen auf die gleiche Weise sterben würden.

Jesus wusste, dass er soeben eine Bombe hatte platzen lassen, und er kannte sicherlich die Verzweiflung, die Petrus' Herz erfüllt hatte. Es war nur wenige Tage nach seiner eigenen Leidenszeit, die ihn am Vorabend seiner Kreuzigung zum Beten in den Garten getrieben hatte.

Was auch immer Petrus in diesem Moment fühlte, Jesus brachte sein Leben wieder ins Lot. „Folge mir nach!" Er brauchte sich keine Sorgen über das zu machen, was kommen würde. Das Leben wird nicht in Angst gelebt. Folge Jesus stattdessen einfach weiter nach, einen Tag und einen Schritt nach dem anderen.

Haben sie mich verfolgt, so werden sie auch euch verfolgen; haben sie mein Wort gehalten, so werden sie eures auch halten (Joh 15,20 LUT).

28. März

Was ist mit ihm?

„Folge mir nach“, sagte Jesus, nachdem er vorausgesagt hatte, wie Petrus sterben würde.

Dasselbe hatte Jesus vor einigen Jahren an ebendiesem See zu Petrus gesagt. Es hatte in dessen Leben alles verändert. Wie viel hatte er in den wenigen Jahren seitdem durchgemacht und wie viel hatte er gelernt!

Vielleicht war das nun die bisher beste Lektion. Die Einladung Jesu an ihn war immer noch dieselbe. Er musste nicht mutig oder stark oder sehr intelligent sein. Er musste einfach nur nachfolgen, seine Augen auf den richten, der ihn so sehr liebte, und in seiner Nähe bleiben, wohin auch immer das führen würde.

Nichts drückt einfacher aus, was es bedeutet, ein Nachfolger Christi zu sein. Nachfolger folgen. Wir verkomplizieren das Leben, wenn wir uns auf etwas anderes konzentrieren. Das Geheimnis, um gut durch die Höhen und Tiefen des Lebens zu kommen, liegt darin, sich eng an Jesus zu halten und das zu tun, was er tut, und dorthin zu gehen, wo er hingeht.

In den letzten Tagen vor seiner Himmelfahrt wollte Jesus Petrus wissen lassen, dass das, was ihn in den letzten Jahren gehalten hatte, ihn auch für den Rest seines Lebens halten würde. Jesus würde noch immer bei ihm sein, egal was passierte, und alles, was er tun musste, war, ihm einfach zu folgen.

Wie ihr nun angenommen habt den Herrn Christus Jesus, so lebt auch in ihm, verwurzelt und gegründet in ihm und fest im Glauben, wie ihr gelehrt worden seid, und voller Dankbarkeit (Kol 2,6-7 LUT).

Konkurrenzdenken ist Unsinn

Ist es nicht interessant, dass unsere Vorstellung von Fairness immer damit zu tun hat, dass wir uns mit anderen vergleichen? Jede menschliche Beziehung, die wir kennen, ist von Konkurrenzdenken geprägt. Scheinbar kann unsere Gesellschaft Wert, Erfolg und sogar Schönheit nur in relativen Begriffen messen.

Wie stehst du im Vergleich zu deinen Mitmenschen da?

Geschwisterrivalität wetteifert entweder um die Zuneigung oder die Aufmerksamkeit der Eltern, während wir heranwachsen und in die Welt hinausgehen und versuchen, erfolgreich zu sein. Von dem Tag an, an dem du in die Schule kamst, befandest du dich im Wettbewerb mit allen anderen Schülern. Wir müssen nicht alles wissen, nur ein bisschen mehr als die meisten anderen in der Klasse.

In der Arbeitswelt konkurriert deine Bewerbung mit der von allen anderen, die sich um dieselbe Stelle bewerben. Im Job wird deine Leistung danach beurteilt, wie du im Vergleich zu anderen vor dir oder zu denjenigen, die ähnliche Aufgaben im Unternehmen haben, abschneidest.

Selbst in der Kirche geht der Wettbewerb weiter. Pfarrerinnen und Pfarrer zählen die Köpfe als Maßstab für den Erfolg. Wir vergleichen unseren Segen (oder unsere Schwierigkeiten) mit anderen, weil wir Angst haben, dass sie etwas darüber sagen könnten, wie es geistlich um uns steht. Wir nutzen Wettbewerb sogar als eines der wichtigsten Mittel, um Kinder zu guten Christen zu erziehen. Wir kleben goldene Sterne auf die Anwesenheitslisten, damit Kinder, die ihre Reihe voll machen, sich gut fühlen, und diejenigen, die nicht kommen, sich schuldig genug fühlen, um öfter zu kommen.

Aber im Reich Gottes? Das ist eine andere Geschichte. Jedes Bedürfnis nach Wettbewerb ist in der Zuneigung Jesu für uns alle verschwunden.

Anstatt mit allen um uns herum zu konkurrieren, können wir unsere und ihre Einzigartigkeit feiern.

Wir würden es natürlich niemals wagen, uns mit denen zu vergleichen, die sich überall selbst empfehlen (2 Kor 10,12a HFA).

30. März

Unser Bedürfnis zu konkurrieren loslassen!

Als ich jünger war, hatte ich eine ungesunde Einstellung in Bezug auf das Konkurrenzdenken. Ich erinnere mich noch an einen Wettbewerb zum Auswendiglernen von Bibelversen, den meine Kirche veranstaltete, als ich noch in der Grundschule war. Wer in einem Quartal die meisten Verse auswendig lernen konnte, gewann eine neue Bibel. Ich brauchte die neue Bibel gar nicht, da ich schon eine hatte. Aber ich lernte in drei Monaten 153 Verse auswendig. Wie gut war das denn! Der Zweitbeste schaffte nur 37.

Gewiss habe ich den Wettbewerb gewonnen, aber rückblickend denke ich, dass ich etwas viel Wertvolleres verloren habe, nämlich die Freiheit, mein geistliches Leben nicht mit anderen zu vergleichen. Die meiste Zeit meines Lebens habe ich meine geistliche Temperatur gemessen, indem ich mein Leben mit anderen verglichen habe. Solange ich mehr lernte, mehr betete oder öfter in die Kirche ging, konnte ich mich gut fühlen, unabhängig davon, ob diese Dinge tatsächlich dazu geführt hatten, dass ich Jesus besser kennenlernte.

Will ich damit sagen, dass Wettbewerb ein großes Übel ist? Keineswegs. Wettbewerb ist eines der „Grundprinzipien dieses Zeitalters", über das Paulus im Kolosserbrief schreibt. Ohne ihn würde unsere Welt im Chaos versinken, denn er ist eine der stärksten Triebfedern der unerlösten Menschheit.

Jesus lädt uns jedoch ein, uns allein von der Liebe motivieren zu lassen, und das befreit uns davon, uns auf unsere eigene

Leistung zu verlassen. Jetzt können wir ihm einfach folgen, ohne uns mit irgendeinem anderen Menschen auf der Welt vergleichen zu müssen.

In der Welt mögen wir uns noch im Wettbewerb befinden, aber in Christus sind wir frei von den elementaren Prinzipien dieses Zeitalters.

„Wer sich aber rühmen will, der rühme sich des Herrn!" Denn nicht der ist bewährt, der sich selbst empfiehlt, sondern der, den der Herr empfiehlt (2 Kor 10,18).

31. März

Vergleiche nicht mehr!

Ich finde es sehr schwierig, Jesus nachzufolgen, solange mein Fokus auf anderen liegt.

Dabei spielt es keine Rolle, ob ich mit einem Minderwertigkeitskomplex kämpfe, der darauf beruht, dass ich mein eigenes Versagen und die Stärken anderer Menschen bewerte, oder ob ich mit einem Überlegenheitskomplex kämpfe, der darin besteht, dass ich Gottes Gnade in meinem Leben hervorhebe, während ich mich auf die Schwächen anderer konzentriere. Beides verzerrt meine Sicht auf ihn und das, was er für mich hat.

Die Tatsache, dass ich es überhaupt für klug halte, mich mit anderen zu vergleichen, ist das tiefere Problem. Meine Wahrnehmung dessen, was mir und anderen zu passieren scheint, wird mich irreleiten – entweder dahingehend, dass ich außergewöhnlich gesegnet sei (weil ich es natürlich verdient habe), oder dass Gott ungerecht sei, weil er für mich nicht tut, was er für andere tut.

Man lernt nichts Wertvolles, wenn man sich mit anderen vergleicht. Es kann nur das Vertrauen, das du in ihn hast, durch falsche Schlussfolgerungen zerstören. Lass dich stattdessen weiterhin von seiner Güte leiten und davon, wie sie in dir Gestalt annimmt.

Wie unverständig sie doch sind! Sie richten ihre eigenen Maßstäbe auf, um sich dann selbst daran zu messen (2 Kor 10,12 HFA).

1. April

Vergleichen hilft nicht!

Ist es gerecht, dass der begabte junge Evangelist Stephanus während einer seiner ersten Predigten gesteinigt wurde, während der junge Mann Saulus, der später als Apostel Paulus bekannt wurde, die Mäntel der Steinewerfer in der Hand hielt und schließlich Jesus in der ganzen Mittelmeerwelt bekannt machte?

Das glaubst du doch sicherlich nicht, oder?

So begrenzt kann unsere menschliche Perspektive sein. Dieser Schlussfolgerung entgeht die wunderbare Absicht Gottes, die sich um uns herum entfaltet. Sowohl Stephanus als auch Saulus spielten in dieser Zeit eine entscheidende Rolle. Es war nur nicht die gleiche Rolle.

Jesus beobachtete mit Sorge, wie seine Jünger darum wetteiferten, wer der Erste im Reich Gottes sein würde, wer ihm am nächsten sein durfte oder wer den anderen nicht die Füße waschen musste.

Er wusste, dass zu lernen, ihm zu folgen, das genaue Gegenteil von allem ist, was wir in dieser Welt gelernt haben. Er weiß, dass unsere Neigung zu vergleichen und dem nachzujagen, was wir für das Beste für uns halten, unser Vertrauen in ihn zerstört.

Vergleiche führen immer zu Verwirrung. Verliere das Bedürfnis zu vergleichen, und du wirst feststellen, dass du mehr Klarheit über sein Werk in dir hast.

Petrus fragte nun: „Herr, was wird denn aus ihm?“ Jesus erwiderte: „Wenn ich will, dass er so lange lebt, bis ich wiederkomme, was geht es dich an? Folge du mir nach!“ (Joh 21,22 HFA).

2. April

Das Kreuz macht uns gleich

Das Kreuz war Gottes Werk für uns, als wir unfähig waren, etwas für ihn zu tun. Nichts an uns machte uns für ihn annehmbar, außer seiner Liebe zu uns, die größer ist als unsere Fehler und Schwächen.

Am Fuß des Kreuzes wird uns klar, dass wir nichts hätten tun können, damit Gott uns noch mehr liebte, als er es ohnehin schon getan hat. Jedes Prahlen, das wir uns erlauben, wird lächerlich, genauso wie jede Schuld, die wir anderen zuschieben.

Am Kreuz wird das Gerangel darum, wer der Größte ist, als Farce entlarvt. So sehr sich die Jünger vor Jesu Kreuzigung darüber zu streiten schienen, so wenig taten sie es danach.

Das Kreuz macht uns in den Augen des Vaters alle gleich.

Wenn du das verstehst, wirst du nie mehr das Bedürfnis haben, dich über andere zu erheben oder sie niederzumachen, indem du dich auf ihre Schwächen konzentrierst.

Alle haben denselben Herrn, der reich ist für alle, die ihn anrufen, denn: „Jeder, der den Namen des Herrn anruft, wird gerettet werden“ (Röm 10,12-13).

3. April

Eine neue Art zu leben

Am Kreuz wurde die Liebe des Vaters so vollständig offenbart, dass kein Unglück in unserem Leben die Tatsache, dass er jeden einzelnen von uns liebt, auslöschen kann. Da er uns um den höchsten Preis geliebt hat, wäre es absolut albern, wenn wir an dieser Liebe zweifeln würden, nur weil etwas nicht so ausgeht, wie wir es uns wünschen.

Außerdem wurde am Kreuz die ganze Gerechtigkeit des Gesetzes für uns erfüllt. Wir müssen nicht mehr nach Gesetzen, Regeln, Richtlinien und Erwartungen leben. Wir sind jetzt frei, im neuen Wesen des Geistes zu dienen (vgl. (Röm 7,6), in dem die Beziehung zu ihm unser ganzes inneres Wesen von innen her umgestaltet.

Die einzige Regel lautet jetzt: „Folge mir!"

Selbst das ist weniger ein Gebot als eine Einladung zum Besten, was das Leben zu bieten hat. Denn derjenige, der uns einlädt, ihm zu folgen, ist derjenige, der uns mehr liebt als jeder andere auf der Welt.

So seid ihr nun nicht mehr Fremdlinge ohne Bürgerrecht und Gäste, sondern Mitbürger der Heiligen und Gottes Hausgenossen, auferbaut auf der Grundlage der Apostel und Propheten, während Jesus Christus selbst der Eckstein ist (Eph 2,19-20).

4. April

Seit wann wissen wir, was das Beste ist?

Als Adam und Eva im Garten ihre Entscheidung trafen, waren sie sich sicher, in ihrem eigenen Interesse zu handeln. *Wir werden wie Götter werden,* dachten sie. Leider erkannten sie die Folgen ihrer Entscheidung erst, als es schon zu spät war.

Ich habe mich oft gefragt, warum Gott die Bäume, die er im Garten gepflanzt hatte, nicht etwas genauer beschrieben hat. Er warnte sie zwar, dass sie sterben würden, wenn sie von dem verbotenen Baum essen würden. Aber warum hat er ihnen nicht alles gesagt? Warum hat er ihnen nicht gesagt, dass sie, wenn sie davon essen würden, sich selbst und Tausende von Generationen den schrecklichen Grausamkeiten von Sünde, Krankheit, Depression, zerbrochenen Beziehungen, Missbrauch und Tod aussetzen würden?

Hätte er das getan und ihnen erklärt, sie müssten nur zum Baum des Lebens hingehen und von ihm essen, um das alles zu vermeiden, denkst du nicht, dass sie es dann auch getan hätten?

Natürlich. Aber warum? Weil sie ihn liebten und ihm vertrauten? Nein.

Sie hätten es nur getan, weil es in ihrem besten Interesse gewesen wäre. Sie hätten sich noch immer für die Kontrolle über ihr eigenes Leben entschieden und damit die Beziehung verpasst, die ihnen die Möglichkeit gegeben hätte, vollständig zu werden.

So lernten sie Gut und Böse kennen – ohne das Vertrauen auf ihn, das sie befähigt hätte, das Gute zu wählen.

Zu lernen, ihm zu vertrauen und ihn nicht für unsere eigenen Wünsche zu benutzen, ist der einzige Weg zur Fülle.

Er aber wandte sich um und sprach zu Petrus: Weiche von mir, Satan! Du bist mir ein Ärgernis; denn du denkst nicht göttlich, sondern menschlich! (Mt 16,23).

5. April

Warum das Gesetz nie funktionieren konnte

Gott wusste von Anfang an, welche Wahl Adam und Eva treffen würden, und er hatte sich bereits darauf vorbereitet, ihr Versagen als Sprungbrett für ihre Erlösung zu nutzen.

Unmittelbar nach ihrem Fall schrieb er Bedingungen vor, unter denen ihre Neigung, sich eigennützig zu entscheiden, dafür genutzt werden konnte, ihre Sünde in Schach zu halten, bis der Erlöser kommen würde. Deshalb hat Gott Belohnungen und Strafen eingesetzt, um seine Wege für unseren Egoismus attraktiv zu machen.

Das Gleiche tun wir, wenn wir unsere Kinder erziehen. Ihr Fleisch wird immer die eigenen Interessen über das stellen, was wirklich das Beste für sie ist. Wenn wir sie erziehen, versuchen wir, den Ungehorsam weniger attraktiv zu machen. Auf diese Weise sorgt unsere Welt dafür, dass wir unser Verhalten anpassen. Deine Lehrerinnen und Lehrer haben es so gemacht; dein Chef tut es auch.

Jeder, der schon einmal Eigennutz als Motivationsmittel eingesetzt hat, weiß, dass es letztlich nicht funktioniert. Gott hat nie erwartet, dass sein eigenes Gesetz funktionierte, einfach deshalb, weil unser Fleisch zu schwach ist.

Das Gesetz kann zwar kurzfristig äußere Verhaltensweisen anpassen, wenn die Strafen hart genug sind, aber es kann uns letztlich nicht verändern. Sobald die Angst nachlässt, kehren wir sofort zu unserem Eigeninteresse zurück, auch wenn es uns schadet.

Gottes Liebe ist jedoch stark genug, um uns in die Freiheit zu führen, die das Gesetz nie erreichen konnte.

> *So wähle das Leben, damit du lebst, du und deine Nachkommen, indem du den HERRN, deinen Gott, liebst und seiner Stimme gehorchst und ihm anhängst!* (5 Mose 30,19 LUT).

6. April

Abkehr von der Konformität

Wir halten uns an die Verkehrsregeln, weil wir Angst haben, einen Strafzettel zu bekommen. Das Militär sorgt durch gewisse Belohnungen und Bestrafungen dafür, dass die Leute sich an seine Vorgaben anpassen. Noten in der Schule und Anreize in der Wirtschaft appellieren an Gier und Angst, damit wir tun, was sie wollen.

Alle Entwürfe, das Eigeninteresse als Motivation zu nutzen, zwingen uns, besser zu werden.

Es ist also kein Wunder, dass religiöse Führer die Androhung der Hölle und das Versprechen des ewigen Lebens nutzen, um unser Verhalten in Gottes Reich anzupassen. Deshalb werden so viele Ängste und Schuldgefühle – oder dass einem Gottes Segen oder eine Leitungsposition versprochen wird – eingesetzt, um Gläubige dazu zu bringen, das Richtige zu tun.

Das ist eine Falle, und das umso mehr, weil die Absicht dahintersteckt, uns dazu zu bringen, besser zu leben. Aber Rechtschaffenheit entsteht nicht durch Angst oder Bestechung. In diesem Reich ist das Leben in seiner Liebe die einzige Hoffnung, uns dauerhaft von unseren fehlgeleiteten Tendenzen zum Eigennutz zu befreien und das Leben, das Gott uns schenken will, wirklich zu entdecken.

Wenn du seine Freiheit erleben willst, solltest du dich von Angst und Schuldgefühlen lösen und immer mehr darauf vertrauen, dass du geliebt bist und dass Jesus weiß, was das Beste für dich ist.

Gott hat sich nicht die ganze Mühe gemacht, seinen Sohn zu schicken, nur um mit dem Finger auf die Welt zu zeigen und ihr zu sagen, wie schlecht sie ist (Joh 3,16 MSG).

7. April

Das Gesetz zu befolgen, machte ihn zum Sünder

Kinder, die ständig nur durch Angst motiviert werden, enden als rebellische Teenager. Angst kann uns niemals von innen heraus verändern.

Wenn Kindern ihr ganzes Leben lang beigebracht wurde, sie sollten ihrem Eigeninteresse folgen, was werden sie dann tun, wenn es ihren Interessen besser dient, sich Gleichaltrigen anzupassen als die Erwartungen ihrer Eltern zu erfüllen?

Selbst Paulus gab genau diesem Prozess, der ihn zu einem Pharisäer und zu einem tadellosen Gesetzestreuen gemacht hatte, die Schuld, er habe ihn auch zum größten aller Sünder gemacht.

Äußerlich entsprach sein Leben dem Gesetz Gottes. Innerlich war er stolz darauf, wie gut er war, und wütete voller Hass gegen alle, von denen er glaubte, sie stellten eine Bedrohung für seine religiösen Interessen dar. Deshalb schlachtete er in Gottes Namen Gottes Volk ab und wurde dadurch zum Mörder und Gotteslästerer.

Rechtschaffenheit allein kann niemals das Ziel sein. Das Ziel ist nur *die* Rechtschaffenheit, die aus einem wachsenden Vertrauen auf Gott und einer zunehmenden Erkenntnis darüber entsteht, wie er in uns wirkt. Wie bei Paulus beginnt es immer damit, dass wir seine Barmherzigkeit erkennen.

Da wir nun aus Glauben gerechtfertigt sind, so haben wir Frieden mit Gott durch unseren Herrn Jesus Christus, durch den wir im Glauben auch Zugang erlangt haben zu der Gnade, in der wir stehen ... (Röm 5,1-2).

8. April

Die Gefahr religiöser Arroganz

Vieles von dem, wie wir das christliche Leben verstehen, gleich stark dem Denken der Pharisäer. Wir sprechen vielleicht von „neutestamentlichen Prinzipien" statt vom „Gesetz", aber es handelt sich immer noch um eine Reihe von Geboten und Verboten, die wir versuchen, so zu verpacken, dass sie an das Eigeninteresse der Menschen appellieren. Leider sind die Ergebnisse die gleichen.

Äußerlich tun wir vielleicht eine Menge guter Dinge, während uns die abscheulichsten Sünden von innen heraus auffressen. Die Bibel und die Geschichte zeigen uns, dass selbst die Religiösesten unter uns ihre Traditionen und Grundsätze am Ende nur dazu benutzen, um ihre Eigeninteressen zu maximieren, so wie Steueranwälte, die Gesetzeslücken suchen.

Noch schlimmer ist, dass der Stolz auf unsere Leistung zu einer religiösen Arroganz führt, die für echte Gemeinschaft schädlich und für die Menschen um uns herum, die den Gott kennenlernen möchten, den wir kennen, zerstörerisch ist.

Wie siehst du Menschen in deinem Umfeld, die nicht so engagiert und hingebungsvoll sind wie du selbst? Wenn du sie mit Verachtung betrachtest, bist du in diese Falle getappt.

Zum Glück haben wir immer die Möglichkeit, einen anderen Weg einzuschlagen, auf dem die Liebe uns mitfühlender für Menschen macht, welche die Freiheit, die Gott ihnen schenken will, erst noch entdecken müssen.

Ich werde ihnen meine Gesetze nicht auf Steintafeln, sondern in Herz und Gewissen schreiben. Ich werde ihr Gott sein und sie werden mein Volk sein (Hebr 8,10 GNB).

9. April

Die Demonstration einer mächtigen Liebe

Gottes ultimativer Plan, um mit dem Egoismus umzugehen, beinhaltete keine Gesetze oder Verpflichtungen. Er wusste, dass unser Fleisch dafür zu schwach ist. Der einzige Weg, das Leben zu finden, bestand darin, dass unser Selbst von der unermesslichen Liebe des Vaters verschlungen würde.

Jesus kam also, um zu sterben – nicht, weil Gott ein unschuldiges Opfer brauchte, an dem er seinen Zorn auslassen konnte, sondern weil die Sünde einen Wirt brauchte, um von der reinigenden Liebe eines siegreichen Gottes verzehrt zu werden. Sein Gehorsam, stellvertretend für uns solche Qualen zu ertragen, offenbarte eine so starke Liebe, dass wir nie wieder an ihm zweifeln wollen.

Jetzt müssen wir nicht mehr jeden Tag das tun, was wir für das Beste halten – wir müssen nur noch seine Gegenwart in uns und seinen Wunsch nach der Erlösung der Welt annehmen.

Jeder Umstand ist eine Gelegenheit zu erleben, wohin uns das Vertrauen auf ihn führen kann.

Was hörst du ihn heute in dein Herz flüstern? Derjenige, der dich am meisten liebt, kann dich durch alles hindurchführen, womit du konfrontiert bist, und es in seinen Plan mit der gesamten Schöpfung einbinden.

Weil wir auf seine Liebe und Fürsorge für uns vertrauen können, müssen wir nicht mehr auf uns selbst aufpassen. Stattdessen können wir ihm den ganzen Tag über frei folgen.

Und er ist deshalb für alle gestorben, damit die, welche leben, nicht mehr für sich selbst leben, sondern für den, der für sie gestorben und auferstanden ist (2 Kor 5,15).

10. April

Du bist mein

Als ich achtzehn war, raste ich mit fünf Beifahrern mit etwa 150 km/h eine dunkle Landstraße hinunter. Plötzlich überkam mich der Drang, auf die Bremse zu treten, und ich tat es, ohne es bewusst zu wollen. Als das Auto schleudernd zum Stehen kam, wurde ein rautenförmiges, reflektierendes Schild[1] sichtbar. Die Straße führte in eine Sackgasse, die in einen betonierten Graben abfiel. Meine Reifen kamen nur einen Meter von dem Schild entfernt zum Stehen.

Ich hatte lange Zeit nicht mehr darüber nachgedacht, bis ich mich eines Tages bei Gott über all die schwierigen Umstände beschwerte, die mich zu umgeben schienen. „Warum kann ich nicht einfach das tun, was bei allen anderen zu funktionieren scheint?"

In diesem Moment kam mir mein Beinahe-Unfall in den Sinn und damit einher dieser Gedanke: „Seit dieser Nacht habe ich dich als mein Eigentum betrachtet. Du hättest es

[1] Das in den USA gebräuchliche Schild für eine Sackgasse ist rautenförmig.

verdient gehabt, in einer Tragödie zu sterben, die auch fünf anderen das Leben gekostet hätte, aber ich habe dich gerettet. Du gehörst mir."

Dieser letzte Satz kam mit einem Lächeln und einem Augenzwinkern zu mir. Was mein Herz in diesem Moment gefangen nahm, war die überwältigende Liebe Gottes, der mich als sein Eigentum betrachtete.

Ihm zu gehören ist keine Knechtschaft. Er hat die besten Ideen, die ich je gehört habe, auch wenn sie meinen eigenen oft zuwiderlaufen. Er wollte mich nicht zu seinem Vorteil ausnutzen, sondern mich ermutigen, ihm zu vertrauen, dass er den besten Weg für mich findet. Ihm zu gehören, war keine Verpflichtung, sondern eine Einladung zu einem großen Abenteuer, bei dem seine Weisheit zu meinem Wohl meine eigene Weisheit verdrängen konnte.

Gott war für mich, nicht gegen mich; ihm seinen Willen zu lassen, habe ich nie bereut.

Und er ist deshalb für alle gestorben, damit die, welche leben, nicht mehr für sich selbst leben, sondern für den, der für sie gestorben und auferstanden ist (2 Kor 5,15).

11. April

In Liebe statt in Angst leben

„Die vollkommene Liebe aber vertreibt die Furcht", schrieb Johannes, „denn Furcht hat mit Strafe zu tun. Wer sich fürchtet, ist nicht vollkommen in der Liebe" (vgl. 1 Joh 4,18).

Viele Menschen haben mir gesagt, unsere Heiligkeit rühre von der Angst her. Wir müssten so viel Angst vor Gott haben, dass wir nicht mehr sündigen wollten. Das hat aber im Laufe der Geschichte bei niemandem funktioniert. Johannes sagt es hier deutlich. Furcht führt nicht zur Vollkommenheit, nur die Liebe tut es.

Wenn wir lernen, in der Zuneigung des Vaters zu leben, verändert sich unsere Wahrnehmung von allem. Die Liebe lädt uns ein, seine Perspektive einzunehmen, und mit der Zeit untergräbt seine Liebe den Grund, warum wir so gefangen in der Sünde sind. Unser eigenes Glück mit unserer eigenen Weisheit zu suchen, ist ein raffiniert getarnter Weg in die Selbstzerstörung.

Seine Liebe befreit uns von der Tyrannei, jede Gelegenheit so hinzudrehen, dass sie dem dient, was uns vermeintlich am meisten nützt. Sobald wir jedoch erkennen, was er in unserem Umfeld vorhat und uns darauf einlassen, wird der Antrieb zur Sünde verdrängt und unsere Freiheit wächst.

Gehorsam ist dann nicht mehr die lästige Aufgabe, Gott besänftigt zu halten, sondern die einfache Folge eines Lebens im Vertrauen. Ist Sünde letztlich nicht nur das Ergebnis des Versuchs, uns selbst mit dem zu versorgen, was Gott versprochen hat zu tun? Wenn das so ist und wir darauf vertrauen, dass Gott es am besten weiß, müssen wir nicht mehr versuchen, unsere eigenen Pläne durchzusetzen.

Wir müssen uns nicht mehr auf unsere Schlüsse, welches der beste Weg zur Freude oder zum Trost sei, verlassen. Ich muss nicht mehr meine Ziele verfolgen und erkenne klarer, was er im Sinn hat. Das gilt nicht nur für sündige Begierden, sondern auch für unsere Ambitionen im Dienst.

> *In der Liebe gibt es keinen Platz für Angst. Ausgeprägte Liebe vertreibt die Angst. Da Angst lähmend ist, ist ein Leben in Angst – Angst vor dem Tod, Angst vor dem Gericht – ein Leben, das noch nicht vollständig von der Liebe geprägt ist* (1 Joh 4,18 MSG).

12. April

Wer wahrhaft frei ist

Wir haben Verständnis für Menschen, die eigennützig sind. Ja, es ist leicht, Menschen mit der Angst vor Konsequenzen und mit Bestechung zu manipulieren. Aber wenn Leute nicht mehr durch solche Dinge motiviert sind, werden sie selbst zu einer Bedrohung für das System des Eigennutzes. Andere werden sie als Rebellen bezeichnen und sie beschuldigen, sich nicht unterzuordnen.

Der freie Mensch in Christus und der rebellische Mensch werden für diejenigen, die sich unter religiösen Pflichten abmühen, immer gleich aussehen, da beide die üblichen Konventionen ignorieren. Aber es gibt einen großen Unterschied zwischen den beiden. Der Rebell tut es für sich selbst und seine Wünsche, schadet dabei aber immer anderen und hinterlässt eine Spur der Anarchie. Der freie Mensch in Christus hingegen tut dies, weil er nicht mehr das Bedürfnis hat, sich selbst zu dienen.

Wenn die Welt euch hasst, dann denkt daran, dass sie mich zuerst gehasst hat. Die Welt würde euch als ihre Kinder lieben, wenn ihr zu ihr gehören würdet … (Joh 15,18 GNB).

13. April

Lass deine Pläne los

Der freie Mensch in Christus hat Gottes Liebe viel tiefer angenommen, als irgendeine Methode zur Verhaltensanpassung es erreichen könnte, und er wird diese Freiheit bewahren, auch wenn das bedeutet, dass andere ihn missverstehen werden.

Er lehnt die Konventionen der Religion ab, wenn sie diese Freiheit einschränken. Aber er tut das nicht, um sich selbst zu gefallen, sondern dem Vater, in dessen Liebe er ruht. Er wird diese Freiheit auch an andere weitergeben, weil er will, dass sie dieselbe Freude finden.

Das können Eltern, Mitarbeiter, Brüder, Schwestern, Söhne oder Töchter, sein, die Gott über die ganze Erde verstreut hat. Indem er sie von der auf Eigennutz basierenden gesetzlichen Gerechtigkeit befreit, lässt er sie die Herrlichkeit und Tiefe all dessen schmecken, was im Herzen des Vaters auf sie wartet.

So führt Gott seine Kinder in seine Herrlichkeit. Solange du in Bezug auf die Umstände, mit denen du konfrontiert bist, dein eigenes Wohl im Auge hast, wirst du das Leben, das Gott dir anbietet, verpassen.

Wenn du lernst, deine Pläne loszulassen und der unermesslichen Liebe deines Vaters zu vertrauen, wirst du entdecken, was wahre Freiheit und Freude wirklich bedeuten.

> *Ihr seid mit Christus gestorben, und er hat euch aus den Händen der Mächte dieser Welt befreit. Warum folgt ihr dann noch weltlichen Regeln ... Solche Regeln sind nichts als menschliche Vorschriften für Dinge, die doch nur dazu da sind, von uns benutzt und verbraucht zu werden* (Kol 2,20-22).

14. April

Ein schöner Moment

Als ich einmal im April in der Innenstadt von St. Louis war, um Obdachlosen zu helfen, nahm mich abends um neun Uhr eine Gruppe mit auf den nahe beim Mississippi gelegenen Hügel, wo wir uns unter den „Gateway Arch"[2] stellten, als ein Gewitter auf die Stadt zuzog.

---

[2] Der *Gateway Arch National Park* (früher *Jefferson National Expansion Memorial*; deutsch: „Gedenkstätte zur nationalen Erweiterung durch Jefferson") ist ein Nationalpark in St. Louis im US-Bundesstaat Missouri ... Zentrales Bauwerk der Gedenkstätte ist der für die Öffentlichkeit begehbare 192 Meter hohe *Gateway Arch* (deutsch: „Torbogen"). Wikipedia, 18.10.2021.

Während wir dort standen, zuckten Blitze über den Himmel, rasten durch die Wolken und bohrten sich dann mit ihren zackigen Fingern in die Erde, während im Hintergrund der Donner grollte. Es war einer dieser seltenen Momente, in denen die überwältigende Schönheit von Gottes Schöpfung einem buchstäblich den Atem raubt und man sich noch Wochen danach daran erinnern kann.

Doch so schön solche Momente sein mögen, sie verblassen im Vergleich zu den Zeiten, in denen Gott jemandem zeigt, wie sehr er ihn liebt. Manchmal zeigt es sich durch Tränen, manchmal durch ein leises Lachen oder ein Kopfschütteln. Ich habe es zum Beispiel erlebt, wenn ich anderen Menschen Worte aus der Bibel weitergegeben habe oder mich mit jemandem zusammengesetzt habe, um mit ihm zu reden oder zu beten.

Auf eine Art und Weise, wie es nur sein Geist kann – wenn das Herz bereit ist –, lässt er diese Menschen erkennen, dass sie viel zu viel Gepäck mit sich herumtragen und sich der Einfachheit berauben, Gott als ihren liebenden Vater zu kennen. An diesem Punkt beginnt die Freiheit.

... wo der Geist des Herrn ist, da ist Freiheit (2 Kor 3,17).

15. April

Der erste Moment der Freiheit

Manche haben sich monate- oder jahrelang unter der drückenden Last gequält, sich Gottes Anerkennung zu verdienen, missbräuchlichen Leitern zu gefallen oder die Erwartungen anderer zu erfüllen.

Der Moment, in dem Gottes Liebe alle diese Dinge überwindet und sie in ihrer schieren Freude gefangen nimmt, ist ein Moment, der in der Schöpfung seinesgleichen sucht.

Wenn Menschen erst einmal entdecken, wie sehr er sie liebt und dass diese Liebe Motivation genug ist, Gott zu erlauben, alles in ihrem Leben zu tun, was er mit ihnen vorhat, kannst du sehen, wie die Last von ihren Schultern fällt. Du kannst in ihren Augen die neue Hoffnung sehen, dass sie ihre Beziehung zum Vater wieder genießen können.

Manchmal ist es eine sofortige Erkenntnis, manchmal ein langsames Erwachen bis zu dem wunderbaren Moment, in dem der Groschen fällt.

Euer Leben ist ein Brief, den jeder lesen kann, wenn er euch nur ansieht. Christus selbst hat ihn geschrieben – nicht mit Tinte, sondern mit dem lebendigen Geist Gottes; nicht in Stein gemeißelt, sondern in das Leben der Menschen eingraviert ... (2 Kor 3,1-3 MSG).

16. April

Ich hab's kapiert!

Kürzlich schrieb mir jemand in riesigen Großbuchstaben: „ICH HAB'S KAPIERT!!!! ICH HAB'S ENDLICH KAPIERT!!!!" Was könnte besser sein?

Ich erinnere mich noch gut an einen solchen Moment vor vielen Jahren. Ich hatte versucht, einer Berufung gerecht zu werden, die mir Gott gar nicht gegeben hatte (und auch niemand sonst), und ich hatte versucht, eine christliche Lösung für menschliche Machtspiele zu finden, die Gott mich aber nicht mehr spielen lassen wollte.

Bei einem Spaziergang durch eine Pflaumenplantage sprach er zu mir: „Wenn du nie wieder eine Predigt hältst, ein Buch schreibst oder Zeit damit verbringst, ein zerbrochenes Leben zu retten oder einem verlorenen Menschen Zeugnis zu geben, werde ich dich kein bisschen weniger lieben!"

Was für ein Moment! Mir war nie bewusst, wie viel Zeit und Mühe ich als Christ damit verschwendet hatte, die Anerkennung zu verdienen, die er mir bereits gegeben hatte. Das hatte meine Beziehung zu ihm ausgehöhlt und meine Beziehungen zu anderen verdreht.

Dieser Moment der Offenbarung befreite mich dazu, ihm auf eine ganz andere Art und Weise zu folgen als je zuvor – auch wenn viele Menschen, die ich damals kannte, mich deswegen ablehnten. Er gab mir auch die Chance, mein ganzes Leben neu zu ordnen, indem ich nicht mehr danach strebte, seine Zuneigung zu verdienen, sondern einfach lernte, jeden Tag in ihr zu leben.

Wenn du diesen Moment noch nicht erlebt hast, kommt er noch. Bleibe weiterhin auf ihn ausgerichtet – betend, hoffend, glaubend.

Denn ich bin gewiss, dass weder Tod noch Leben, weder Engel noch Fürstentümer noch Gewalten, weder Gegenwärtiges noch Zukünftiges, weder Hohes noch Tiefes noch irgendein anderes Geschöpf uns zu scheiden vermag von der Liebe Gottes, die in Christus Jesus ist, unserem Herrn (Röm 8,38-40).

17. April

Wie du deine Freiheit nutzt

So spektakulär die Freiheit Gottes auch ist, ist sie noch nicht das Ende der Reise, sondern der Ausgangspunkt für ein Abenteuer, das dein Leben revolutionieren kann.

Vergiss nicht, dass es die Freiheit war, die es dem verlorenen Sohn erlaubte, das Haus seines Vaters zu verlassen und seinen eigenen Weg zu gehen. Er missbrauchte seine Freiheit als Vorwand, um seinem Fleisch zu frönen, ohne zu wissen, wie sehr es ihm schaden würde, und dass es ihn schließlich in einen Schweinestall voller Selbstzweifel, Einsamkeit und hoffnungsloser Not bringen würde.

Ich habe viele Menschen gesehen, die durch die Freiheit Schiffbruch erlitten haben, aber noch viel mehr, die entdeckt haben, dass die Freiheit es ihnen ermöglichte, die Fülle seines Lebens in sich zu erfahren. Für sie war es nicht die Freiheit zu tun, was sie wollten, sondern die Freiheit, Jesus ohne Schuld und Scham zu folgen.

Gottes Freiheit macht uns noch nicht zu seinen Jüngern – sie öffnet uns nur die Tür, damit wir entscheiden können, ob wir einer sein wollen oder nicht.

> *So steht nun fest in der Freiheit, zu der uns Christus befreit hat, und lasst euch nicht wieder in ein Joch der Knechtschaft spannen!* (Gal 5,1).

18. April

Warum das Befolgen von Regeln zum Scheitern verurteilt ist

Ohne die Freiheit, authentisch zu sein und Entscheidungen aus freiem Willen zu treffen, kann keine wahre Nachfolge beginnen. Der Druck anderer wird unsere Entscheidungen nur erschweren.

Das ist die Atmosphäre, die Paulus um jeden Preis geschützt hat. Er wusste nur zu gut, dass unsere religiösen Neigungen uns zu großen „Regel-Aufstellern“ machen. Durch sie werden unsere guten Absichten für andere verdreht, so dass sie ihnen zum Verhängnis werden und ihnen das Leben verwehren, das sie suchen.

Als die Gläubigen in Galatien versuchten, eine Reihe von „neutestamentlichen Prinzipien“ einzuführen, die Gottes Volk der Freiheit beraubt hätten, Jesus zu hören und ihm zu vertrauen, sprang Paulus in die Bresche und fragte, warum sie die Einfachheit der Beziehung zu Jesus gegen Regeln und Vorschriften eintauschten, die sie aus eigener Kraft einhalten müssten. Das ist immer ein schlechter Tausch.

Das Einzige, was zählt, ist der Glaube – ein Glaube, der sich durch tatkräftige Liebe als echt erweist (Gal 5,6 NGÜ).

19. April

Das zweischneidige Schwert der Freiheit

Einige unter den Galatern nutzten die Freiheit als Vorwand, um ihrem Fleisch zu frönen, und verbanden sich so mit der Finsternis in sich selbst. Aber sogar im Angesicht derer, die die Freiheit missbrauchten, trat Paulus für ihre Notwendigkeit ein.

Wenn Menschen wirklich von Gott verändert werden sollen, ist Freiheit der einzige Nährboden, auf dem Gottes Geist diejenigen verwandeln kann, die mit ihm leben wollen.

Die Freiheit ist also nicht nur der Ausgangspunkt zu den Tiefen des Herzens Gottes, sondern auch der Punkt, an dem du von ihm weggehen kannst. Beängstigend, nicht wahr?

Wir haben die Wahl. Freiheit an und für sich ist keine Tugend. Nur wenn wir sie dazu nutzen, unsere Freundschaft mit ihm immer mehr zu vertiefen und von unserem Eigensinn und unserer Arroganz frei zu werden, wird die Freiheit zu dem Segen, den Gott mit ihr beabsichtigt hat.

Geschwister, ihr seid zur Freiheit berufen! Doch gebraucht eure Freiheit nicht als Vorwand, um die Wünsche eurer selbstsüchtigen Natur zu befriedigen (Gal 5,13 NGÜ).

20. April

Ein Leben in der Liebe des Vaters

Religiöses Denken hält uns in Schuld und Scham gefangen, belästigt uns mit Verpflichtungen, die wir nie erfüllen können, langweilt uns mit leeren Ritualen und lässt uns ständig nach neuen Wahrheiten suchen, die endlich alles zum Leben erwecken.

Das alles sind vergebliche Bemühungen, die uns nicht weiterbringen.

Jesus hat seinen Anhängern keines dieser Dinge aufgetragen, sondern, im Gegenteil sie auf Schritt und Tritt abgebaut. Er zeigte ihnen einfach, wie ein Leben in der Liebe des Vaters aussieht.

Das prägte sein gesamtes Denken und Handeln und war so attraktiv, dass die Jünger ständig darüber staunten, wie Gott durch ihn wirkte. Sie wollten lernen, so zu leben wie er.

Wie leicht kann es passieren, dass wir in einer religiösen Fassade des Christentums gefangen sind und die Realität des Christseins verpassen.

Nach außen tun sie zwar fromm, aber von der Kraft des wirklichen Glaubens wissen sie nichts (2 Tim 3,5 HFA).

21. April

Es gibt keinen Ersatz für eine Beziehung

In der heutigen Zeit müssen wir alle immer wieder daran erinnert werden, dass es beim Christsein nicht nur um ein Glaubensbekenntnis, eine bestimmte zu befolgende Ethik oder um zu erfüllende wiederkehrende Rituale geht. So wertvoll diese Dinge auch sein mögen, stellen sie nicht die Substanz unseres Glaubens dar.

Wenn wir religiöse Lehren oder Verpflichtungen an die Stelle einer lebendigen Beziehung zu ihm setzen, werden uns diese Dinge letztendlich frustrieren oder langweilen. Am Ende besuchen wir nur halbherzig die Gottesdienste oder halten uns an Regeln und verpassen die größte Freude, nämlich, zu ihm zu gehören.

Im Kern ist das Christentum eine wachsende Beziehung zum lebendigen Gott, in der wir ihn so kennenlernen, wie er wirklich ist, und uns an ihm erfreuen, während er uns zu einem Abbild seiner Herrlichkeit macht. Wir werden nie lernen, in dieser Wirklichkeit zu leben, indem wir uns mit Ethik beschäftigen, biblische Wahrheiten auswendig lernen oder Rituale befolgen. Sie werden immer nur ein unzureichender Ersatz dafür sein, ihn zu kennen.

Wir leben in Christus, indem wir entdecken, wie wir in ihm bleiben können, wie eine Rebe am Weinstock. Er sehnt sich danach, dir zu zeigen, wie man das macht. Alles, was du tun musst, ist, ihn darum zu bitten, jeden Tag seine Nähe zu suchen und zu beobachten, wie sich seine Herrlichkeit in den realen Erfahrungen deines Lebens äußert.

Ich nenne euch nicht mehr Diener, denn Diener verstehen nicht, was ihr Herr denkt und plant. Nein, ich habe euch Freunde genannt, weil ich euch in alles eingeweiht habe, was ich vom Vater gehört habe (Joh 15,13-15 MSG).

22. April

Mit jedem Wort

Ich stand in einer wunderschönen Kathedrale in Albi, einer kleinen Stadt im Süden Frankreichs. Unter ihrem Eingang befand sich ein Kerker. Sie war nämlich einmal der Mittelpunkt eines Kreuzzuges, der gegen eine Gruppe französischer Christen geführt wurde, die sich im zwölften Jahrhundert gegen die Korruption des Papsttums wehrten.[3]

Die Kathedrale wurde gebaut, um die Gläubigen mit der Macht, der Kraft und den Ressourcen der Kirche einzuschüchtern. Die Botschaft war so deutlich, als hätte man sie in Neonfarben über die Hügel geschrieben: „Niemand widersteht der Macht der institutionellen Kirche und überlebt."

[3] Der Albigenserkreuzzug (1209 bis 1229) war ein von Papst Innozenz III. initiierter Kreuzzug gegen die von der katholischen Kirche als ketzerisch betrachtete Glaubensgemeinschaft der Katharer in Okzitanien (Südfrankreich). Die Katharer wurden aufgrund ihres frühen Wirkens in der französischen Stadt Albi auch als Albigenser bezeichnet. Wikipedia, 19.10.2021.

Und keinem von ihnen gelang es. Innerhalb von fünfzig Jahren wurden alle Familien, die es gewagt hatten, sich von Rom zu trennen, eingekerkert und getötet, wenn sie nicht Buße taten und sich der Institution wieder anschlossen. Und getreu den Worten Jesu waren diejenigen, die töteten und folterten, davon überzeugt, dass sie Gott einen Gefallen taten.

Zum Glück haben unsere religiösen Institutionen heute nicht mehr die gleiche Macht, um einzusperren und zu töten, aber es erstaunt mich immer noch, wie Christen einander mit Klatsch, Anschuldigungen, Lügen und Manipulationen behandeln können, wenn sie das Gefühl haben, es sei erforderlich.

Lebe großzügig mit allen. Dauerhafte Veränderungen lassen sich nicht erzwingen. Die Liebe zu anderen ist die beste Voraussetzung dafür, dass das Licht leuchten kann.

Lasst euch durch niemand davon abbringen, durch keinen, der sich in Demutsübungen gefällt und Engel verehrt und das mit Visionen begründet, die er gesehen haben will. Solche Menschen haben eine ungeistliche Gesinnung und sind ganz ohne Grund stolz und aufgeblasen (Kol 2,18-19 NeÜ).

23. April

Sei vorsichtig mit Dingen, die nur ein Ersatz sind

Die Versuchung Jesu, aus Steinen ein Mittagessen zu machen, war mir schon immer ein Rätsel. Jesus war am Ende seines Fastens angelangt. Er war hungrig. Es wäre ein Leichtes für ihn gewesen, Steine in Brot zu verwandeln, und niemandem hätte es geschadet. Es war nichts falsch daran, Brot zu haben. Die Bitte darum ist sogar in dem Gebet enthalten, das er seinen Jüngern als Modell gab: „Unser tägliches Brot gib uns heute."

Hätte Jesus Steine in Brot verwandelt, wäre das nach allem, was wir wissen, keine Sünde gewesen. Es war in keinem der Gesetze des Alten Bundes verboten. Es war nicht einmal so anders als das erste Wunder, das er ein paar Tage später bei einer Hochzeitsfeier vollbrachte, als er Wasser in Wein verwandelte. Natürlich könnte die Tatsache, dass der Feind ihm diese Möglichkeit bot, ein Hinweis darauf gewesen sein.

„... Der Mensch lebt nicht vom Brot allein ...“

Jetzt sehen wir, was das Problem ist. Brot aus Steinen zu machen, lag dem Vater nicht am Herzen. Das war nicht Gottes Plan, und Jesus wusste, dass der einzige Weg zu leben darin besteht, der Stimme seines Vaters zu folgen und nichts aus eigenem Verlangen oder gar aus Not heraus zu tun.

Er vertraute auf die Versorgung durch den Vater und nicht auf den Ersatz, den eine fremde Stimme anbot.

Jesus antwortete: „In den Heiligen Schriften steht: ‚Der Mensch lebt nicht nur von Brot; er lebt von jedem Wort, das Gott spricht‘“ (Mt 4,4 GNB).

24. April

Sich losreißen

Kann man sich zu sehr bemühen, mit Gott zu gehen?

Auf jeden Fall!

Ich weiß, das klingt seltsam, aber die Beziehung zum lebendigen Gott kann man sich nicht durch eigene Mühe verdienen, auch nicht durch große Mühe. Diejenigen, die sich am meisten anstrengen, sind oft am weitesten von ihr entfernt.

Es bricht mir jedes Mal das Herz, wenn ich mit jemandem spreche, der sehr darüber frustriert ist, dass seine eifrigen Bemühungen nicht belohnt werden. Diejenigen, die in religiösem Leistungsdenken gefangen sind, werden nicht müde, uns zu sagen, wir müssten uns mehr anstrengen, und uns immer mehr Aufgaben aufzutragen, die uns „helfen“ sollen, ihn zu finden.

Die eigene Anstrengung stellt uns aber immer noch in den Mittelpunkt, und das lenkt unsere Augen von der wahren Belohnung ab. Es verstellt uns den Blick auf Jesus, der bei uns ist, um uns in eine Beziehung zu seinem Vater zu führen.

Du bist zu einzigartig und Jesus ist zu kreativ, als dass er auf bekannte Rezepte zurückgreifen würde. Der Vorstellung eines anderen zu folgen, wie deine Beziehung aussehen sollte, ist nicht dasselbe, wie Jesu Vorstellung zu folgen. Nur er kann eine echte Beziehung zwischen dir und seinem Vater zuwege bringen, die mit jedem Tag wächst.

Um das herauszufinden, ist es wichtig zu lernen, wie du deine eigene Mühe loslassen und dich auf eine Beziehung zu ihm einlassen kannst, die er sich mehr wünscht als du. Alles, was du tun musst, ist, ihn darum zu bitten und den Impulsen zu folgen, die er in dein Herz legt.

> *Warum wollt ihr jetzt Gott herausfordern und diesen Brüdern und Schwestern eine Last aufbürden, die weder wir noch unsere Vorfahren tragen konnten? Wir glauben doch, dass wir allein durch die Gnade des Herrn Jesus gerettet werden. Dasselbe gilt auch für die Nichtjuden* (Apg 15,10-11 HFA).

25. April

Von der Frustration zum Wunder

Als ich in den Anforderungen und Programmen der Religion gefangen war, wachte ich morgens meist niedergeschlagen auf. Ich schaute auf die Uhr, fürchtete mich vor dem, was der Tag bringen könnte, und fragte mich, wie ich alles richtig machen konnte, damit Gott unglaubliche Dinge um mich herum tun konnte.

Ich liebte Gott und hatte genauso viel Leidenschaft für ihn wie jetzt, war aber auch ständig erschöpft. Es waren so viele Dinge in Ordnung zu bringen und es gab so viele Menschen, die etwas von mir wollten, und so viele Treffen, auf die ich mich vorbereiten musste.

Ich betete jeden Morgen intensiv darum, dass Gott die eine Sache segnen oder mich vor einer anderen bewahren möge.

Die meiste Zeit schienen meine Gebete nichts zu bewirken. Es war furchtbar. Egal, wie gut ich es an einem bestimmten Tag machte, blieb ich doch immer hinter meinen eigenen Erwartungen zurück. An meinen besten Tagen erreichte ich ein akzeptables Ergebnis, doch die meisten Tage fühlte ich mich unglaublich frustriert, entweder aufgrund meines eigenen Versagens oder aufgrund der scheinbaren Untätigkeit Gottes. Aber ich wusste nicht, dass es einen anderen Weg gab.

Wenn ich jetzt an diese Tage zurückdenke, sind sie eine ferne Erinnerung. Jetzt wache ich jeden Morgen auf und bin darauf gespannt, wie mein Abenteuer mit ihm heute weitergehen wird.

Ich bin ein Morgenmensch, also werden nicht alle von euch auf die gleiche Weise aufwachen, aber wenn du ihm folgst, werden deine Tage eher aus Wundern bestehen als aus Frustration und Erschöpfung.

Es kommt also nicht auf den Willen und die Anstrengung des Menschen an, sondern einzig auf Gott und sein Erbarmen (Röm 9,16 GNB).

26. April

Was könnte dieser Tag bringen?

Der Grund, warum ich jeden Tag begeistert aufwache, ist, dass ich es kaum erwarten kann, zu erleben, wen Gott mir über den Weg führen oder wie er eine ungelöste Sache in meinem Herzen in Ordnung bringen oder wie er jemanden aus meinem Umfeld berühren wird.

Könnte es das sein, was Jesus meinte, als er uns die Fülle seines Lebens versprach? Er sprach nicht von angenehmen Umständen oder der Erfüllung unserer Träume, sondern von dem absoluten Abenteuer, mit ihm durch jeden Tag zu gehen, während sich seine Bestimmung für uns langsam, aber sicher in unserem Leben entfaltet.

Beginne ich meinen Tag mit dem Fokus auf die bevorstehenden Probleme und Herausforderungen, verläuft er ganz anders, als wenn ich nach den Möglichkeiten Ausschau halte, die Gott schafft, um meinen Tag zu verwandeln.

Er ist da, in unseren einfachsten Freuden und in unseren niederschmetterndsten Umständen, lädt uns immer wieder ein, näher zu kommen, und verwandelt uns ständig, damit wir freier in ihm leben können. Wenn das nicht wenigstens ein kleiner Teil dieses Lebens in Fülle ist, dann ist es ihm zumindest ähnlicher als alles, was ich bisher erlebt habe.

Das habe ich euch gesagt, auf dass meine Freude in euch sei und eure Freude vollkommen werde (Joh 15,11 LUT).

27. April

Selbst im Gefängnis

Die Freiheit, die Jesus schenkt, hängt nicht von den Umständen ab, sondern geht darüber hinaus, wie wir es an dem folgenden Zeugnis eines Mannes im Gefängnis sehen, das er mir per E-Mail schickte:

> Ich beende gerade eine fünfjährige Haftstrafe wegen schweren Diebstahls … Ich lerne zu vertrauen, und dazu gehört auch, meinen eigenen Weg aufzugeben. Ich bin als mittleres Adoptivkind in einer dysfunktionalen und chaotischen Familie aufgewachsen. Ich bin siebenundvierzig Jahre alt und erhole mich gerade von der irrigen Annahme, alles im Leben drehe sich um mich.
>
> Der Gefängnisaufenthalt hat mir tatsächlich eine Auszeit vom „System der religiösen Verpflichtungen“ verschafft und mich dazu befreit, meinen Vater einfach zu kennen, zu lieben und ihm zu vertrauen. „Geliebt zu leben“ ist so einfach und doch so lebensverändernd … Ich habe mir die Wahrheit zu Herzen genommen, den Prozess des Lebens anzunehmen – auch die dunklen Schattierungen – und bin weniger

wütend, unversöhnlich und egoistisch geworden. Der Schleier hat sich gelüftet und ich bin vollkommen geliebt und angenommen!
Ich habe Christus im Alter von dreißig Jahren im Dienst einer Gruppe von lieb- und freudlosen Menschen empfangen, die lieb- und freudlose Menschen lehrten, wie man lieb- und freudlos lebt. Wenn ich jetzt zurückblicke, glaube ich wirklich, dass ich fast zwanzig Jahre lang unter dem Gesetz leben musste, um diejenigen, die immer noch unter dem Joch der Sklaverei stehen, verstehen und mit ihnen mitfühlen zu können. Jetzt, wo ich die wahre Freiheit entdeckt habe, leidet mein Herz mit denjenigen, die von der Religion erdrückt werden. Ich weiß, dass ich nicht dazu berufen bin, irgendjemanden zu ändern oder zu überzeugen, sondern einen Menschen einfach zu lieben und zu ermutigen, wenn der Vater ihn mir über den Weg führt.
Die Bibel sagt: „Wo der Geist des Herrn ist, da ist Gehorsam." Falsch! „... da geht man in die Kirche." Falsch! „... da ist das Gesetz." Nein! Sie sagt ganz klar: „Wo Gott ist, da ist Freiheit." Ich glaube, echte Freiheit ist im Leib Christi so flüchtig, dass die meisten sie nicht erkennen würden, selbst wenn sie sie in den Hintern beißen würde!
Ich bin frei zu lieben und zu wachsen und frei zu scheitern, Fehler zu machen und schlechte Entscheidungen zu treffen! Das nenne ich Freiheit! Die Liebe treibt wirklich die Furcht aus.

Ihr werdet die Wahrheit erkennen, und die Wahrheit wird euch frei machen (Joh 8,32 NLB).

28. April

Angst vor dem Licht

Ein Kind, das Angst vor der Dunkelheit hat, kann man leicht verstehen. Die wahre Tragödie des Lebens ist, wenn erwachsene Männer und Frauen Angst vor dem Licht haben (Plato).

Als ich das heute Morgen las, ging ich in Gedanken die Evangelien durch und dachte daran, wie viele Menschen dem Licht Gottes wohl in der Herrlichkeit des Sohnes begegnet sind. Einige ließen sich auf dieses Licht ein – inklusive dem, was es in ihnen bewirkte. Andere zogen sich wieder in den Schatten zurück und waren nicht bereit, Gott so zu sehen, wie er wirklich ist, oder sein Wirken in ihnen zu begreifen.

Die Pharisäer weigerten sich, Jesu Frage nach der Autorität des Johannes zu beantworten, weil sie nicht bereit waren, das politische Risiko einzugehen, das mit der Antwort verbunden war. Doch Zachäus ließ sich darauf ein, auch wenn für alle offensichtlich war, dass er ein Dieb war.

Ist es nicht seltsam, dass wir in der Dunkelheit unserer Illusionen mehr Trost finden als in dem Licht, das uns zwar bloßstellen, aber auch heilen kann?

Jesus sagte: „Noch für eine kurze Zeit ist das Licht unter euch. Nutzt das Licht, das ihr habt, damit die Dunkelheit euch nicht zerstört!“ (Joh 12,35-36 MSG).

29. April

Das Licht lieben

Es ist erstaunlich, was Menschen tun, um das Licht Jesu zu meiden. Selbst viele theologische Auseinandersetzungen sind Möglichkeiten, über das Licht zu reden, ohne sich Gott zu stellen und sich von ihm die Lügen oder Bewältigungsstrategien aufzeigen zu lassen, die uns in der Dunkelheit gefangen halten.

Wenn Gott jedoch unser liebender Vater ist, gibt es nichts mehr zu befürchten – selbst wenn unsere Versuchungen, Illusionen und Versäumnisse aufgedeckt werden. Er bringt diese Dinge nur ans Licht, weil er uns von ihrer Macht heilen will.

Der Test für die Nachfolge ist nicht, wie sehr du all die geistlichen Übungen einhalten kannst oder mit Gottes Dingen beschäftigt bist. Der wahre Test für die Nachfolge ist, ob du das Licht genug liebst, um – entgegen deiner natürlichen Neigung, dich in die falsche Sicherheit der Dunkelheit zurückzuziehen –, immer wieder ins Licht zu krabbeln.

Wo leuchtet das Licht Gottes heute in dein Leben hinein? Habe keine Angst davor. Wahre Freude liegt auf diesem Weg.

Wenn ihr im Dunkeln geht, wisst ihr nicht, wohin ihr geht. Wenn ihr das Licht habt, glaubt an das Licht. Dann wird das Licht in euch sein und durch euer Leben leuchten. Ihr werdet Kinder des Lichts sein (Joh 12,35-36 MSG).

30. April

Warum das Gesetz?

Ich verbrachte ein Wochenende in den Bergen mit einer Gruppe von Männern. Wir sprachen über die Verwandlung, die uns durch die Kraft des Kreuzes zuteilwird. Wir stellten ein Leben, das auf Leistung beruht, einem Leben, das auf Zuneigung beruht, gegenüber, und sprachen darüber, dass das Gesetz in uns erfüllt wird, wenn wir ein Leben der Liebe führen, und nicht, wenn wir versuchen, das Gesetz zu erfüllen. Lebe geliebt und liebe! So einfach ist es.

Am Ende des Treffens setzte sich einer der Männer neben mich. „Weißt du, was ich da von dir über das Gesetz höre?", fragte er.

Er hielt inne und starrte in die Ferne. „Ich glaube, das Gesetz war dazu da, um uns sagen, wie wir Menschen behandeln sollen, die wir nicht lieben."

Das liebe ich! Deshalb sagten Paulus und Jesus, wenn wir lernen könnten, in seiner Liebe zu leben, wäre kein Gesetz mehr nötig, und es würde trotzdem erfüllt werden.

Wer nämlich seine Mitmenschen liebt, der hat Gottes Gesetz erfüllt (Röm 13,8 HFA).

1. Mai

Liebe ist die Rettung

Wenn du Gott nicht genug liebst, um mit ihm als deinem Vater zu leben, tust du gut daran, sein Gesetz zu befolgen. Wenn du dich selbst nicht genug liebst, um das, was Gott sagt, für wahr zu halten, und stattdessen deinen zerstörerischen Begierden frönen möchtest, würde das Gesetz dir helfen, bessere Entscheidungen zu treffen. Wenn du andere nicht genug liebst, um sie fair, respektvoll und großzügig zu behandeln, kann dir das Gesetz helfen, dich zu orientieren.

Das Gesetz ist ein Versuch, dich vor dir selbst zu retten, auch wenn es sich selten so anfühlt. Wir reiben uns an seinen Forderungen, und selbst wenn wir mit seinen Zielen einverstanden sind, können wir nicht die Willenskraft aufbringen, es zu erfüllen.

Solange du nicht die Tiefe von Gottes Liebe entdeckst, wirst du das Gesetz nicht einhalten können. Es zeigt nur auf, was man tun muss, um Strafe zu vermeiden, aber nicht, was man tun kann, um sich auf das Leben, das Gott uns schenken will, einzulassen.

Sobald du die Macht der Liebe entdeckst, wirst du feststellen, dass das Gesetz tatsächlich ein billiger Ersatz ist!

Und dann bist du bereit, wirklich zu leben!

Darum ist die Liebe die Erfüllung des Gesetzes (Röm 13,10 NGÜ).

Lektionen aus dem Garten

Eines Tages, als meine Tochter mit ihren Kindern unser Haus verließ, beugte sich meine Frau Sara zu mir herüber und sagte: „Du und Julie benehmt euch komisch in meinem Garten. Ihr regt euch immer über die Kinder auf. Das darfst du nicht harken, diese Blume darfst du nicht pflücken und dort darfst du nicht laufen!"

Ich hatte keine Ahnung, was sie mir damit sagen wollte.

„Mir persönlich ist das alles egal. Ich möchte, dass meine Enkelkinder meinen Garten wirklich genießen, und außerdem, dass sie es wirklich genießen, mit mir dort zu sein."

Als ich ihr zuhörte, dachte ich, dass mir das alles auch egal war. Ich hatte nur versucht, ihren Garten zu schützen. Ich weiß, dass sie hart dafür arbeitet, dass er schön aussieht, und ich wollte, dass die Kinder das respektieren.

Aber ich verteidigte etwas, das Sara selbst nicht verteidigte. Warum war das so? Ihr ging es mehr um ihre Beziehung zu den Kindern als darum, wie ihr Garten aussah.

Ich wusste, dass ihre Worte eher Gottes Prioritäten widerspiegelten als meine. Wie oft habe ich zu anderen Menschen in Gottes Garten gesagt: „Tu das nicht!" Er lädt sie zu einer Beziehung ein, und ich bin damit beschäftigt, dafür zu sorgen, dass sie nichts vermasseln.

Was für eine Lektion! Wenn du die Beziehung an die erste Stelle setzt, macht es keinen Sinn mehr, die Dinge sauber und ordentlich zu halten. Sie können leicht repariert werden. Gott ist es wichtig, dass seine Kinder Spaß haben und dass sie Spaß an ihm haben. Er weiß, dass sie sich mit der Zeit für die Dinge interessieren werden, die ihm am Herzen liegen.

Hört auf damit zu meinen, ihr wüsstet, was für andere richtig ist! Kümmert euch vor allem darum, dass ihr anderen nicht in die Quere kommt und ihnen das Leben noch schwerer macht, als es ohnehin schon ist (Röm 14,13 MSG).

Die Realität im Griff haben

Träume sind für mich eine intensive Erfahrung. Aus so manchen Träumen bin ich in Trauer über den Tod eines Menschen oder in Furcht vor einer schwierigen Situation aufgewacht. Sie scheinen so real zu sein, dass die Gefühle oft noch lange nachwirken, nachdem ich gemerkt habe, dass es nur ein Traum war.

Aber was wir sehen und fühlen, wenn wir wach sind, ist ebenfalls nicht die wirkliche Welt, zumindest nicht alles. Wir verwechseln so leicht die Vorschriften dieser Welt und unsere Interpretationen davon mit der Realität selbst. Das ist sie aber nicht. Die wirkliche Welt ist im Herzen des Vaters, wo das, was ewig ist, mehr Gewicht hat als die Dinge, die wir hier sehen und anfassen können. Er hat uns eingeladen, in ihm zu Hause zu sein – bei allem, was wir tun, und in jeder Situation, mit der wir konfrontiert sind.

Wir müssen in dieser Welt leben, aber er lädt uns ein, über sie hinauszusehen. Hinter jedem Umstand ist ein liebender Vater am Werk. Hinter jeder Enttäuschung verbirgt sich eine größere Wahrheit, die noch erforscht werden muss. Hinter unserer Verwirrung wartet eine Weisheit darauf, entdeckt zu werden.

Anstatt anhand der Dinge, die wir sehen, zu deuten, wer Gott ist, ist es viel sinnvoller, jedes Ereignis durch das zu interpretieren, was Gott wertschätzt. Verlieren wir das aus den Augen, werden die Ablenkungen und Gewohnheiten des Lebens in dieser Welt unsere Realität bestimmen und unser Bewusstsein für ihn schwinden lassen.

So wie diese Welt viel realer ist als unsere Träume, so ist auch Gottes Realität viel bedeutender als das, was wir in dieser Welt erleben. Ich bin mir sicher, dass du im Gebet und in Zeiten der Besinnung mit Gottes Realität in Berührung gekommen bist, als Ängste verschwanden und du Möglichkeiten jenseits deiner Kraft und Weisheit sehen konntest.

Das ist die reale Welt! Tu dein Bestes, um während des Tages nicht aus ihr zu erwachen.

Die Dinge, die wir jetzt sehen, sind heute hier und morgen weg. Aber die Dinge, die wir jetzt nicht sehen können, werden für immer bleiben (2 Kor 4,18 MSG).

4. Mai

Echte Spiritualität

Wenn Gott während deines Tages bei dir ist, ist es genauso geistlich, an deinem Auto zu arbeiten oder dein Haus zu dekorieren, wie zu beten, mit anderen Gläubigen zusammenzukommen oder Gottes Leben mit jemandem zu teilen, der verloren ist. Wenn wir als seine geliebten Kinder leben, leuchtet seine Herrlichkeit durch unser Leben hindurch, egal was wir gerade tun.

Wenn du im Verlauf deines Tages einfach aufmerksam für die Nöte der anderen bist, kann das einen großen Einfluss auf sie haben. Ich bin überzeugt, dass wir Gottes Leben am besten demonstrieren, wenn wir uns dessen am wenigsten bewusst sind. Wenn wir uns zu sehr anstrengen, schauspielern wir nur, und die Welt sieht das sofort, auch wenn wir es nicht merken.

Die Verlorenen suchen nicht nach Schauspielern auf einer Bühne, sondern nach Menschen, die Gottes Freude in der Einfachheit des täglichen Lebens entdecken. Sie ist dann nicht unecht oder künstlich, da sie aus dem echten Leben und nicht aus der Verstellung kommt.

Wenn wir in der Freiheit leben, ihn in uns Gestalt gewinnen zu lassen, zeigt er sich auf eine Art und Weise, die selbst uns überraschen wird.

Diejenigen, die sich darauf einlassen, dass Christus für uns da ist, müssen nicht mehr unter einer ständigen, tiefhängenden, schwarzen Wolke leben. Eine neue Kraft ist am Werk. Der Geist des Lebens in Christus hat wie ein starker

Wind auf wunderbare Weise die Luft gereinigt und dich von dem Schicksal befreit, dass du durch Sünde und Tod tyrannisiert wirst (Röm 8,2 MSG).

5. Mai

Beziehungen, die frei von Konkurrenzdenken sind

Wie sehen Beziehungen aus, wenn sie nicht mehr von Unsicherheit und Konkurrenzdenken geprägt sind?

Das ist schwer vorstellbar, nicht wahr? So viele unserer Beziehungen, selbst zu anderen Gläubigen, werden durch unser Bedürfnis, uns zu beweisen beeinträchtigt, oder durch die Sorge, was sie von uns denken. Solche Beziehungen sind schmerzhaft und unangenehm. Ich hatte schon viele davon.

In den letzten Jahren bin ich jedoch damit gesegnet worden, dass ich immer mehr Beziehungen zu Menschen habe, die lernen, in der Liebe des Vaters zu leben. Durch ihre zunehmende Geborgenheit bei ihm haben sie kein Bedürfnis, mit irgendjemandem zu konkurrieren oder zu versuchen, mich zu beeindrucken, indem sie sich geistlich geben oder so tun, als seien sie weiter als sie es sind.

Diese Beziehungen sind voller Authentizität und Freiheit. Sie machen die Menschen nicht weniger liebenswert, sondern immer liebenswerter. Das bewirkt eine Freiheit zu erzählen, zu lieben, zu unterstützen und zu dienen, ohne dass man tratschen oder andere niedermachen muss, um sich selbst gut darzustellen.

Wenn wir, so wie wir sind, in der Liebe des Vaters zu uns ruhen, werden wir diese Liebe auch anderen weitergeben. Das Konkurrenzdenken hat keine Macht mehr über uns, auch wenn andere um uns herum dieses Spiel noch spielen.

Wir können endlich das aneinander schätzen, was Gott an jedem schätzt.

Deshalb knie ich mich hin vor dem Vater, dem jede Familie im Himmel und auf der Erde ihr Dasein verdankt (Eph 3,14-15 NeÜ).

6. Mai

Eine bekennende Gemeinschaft

Unsere Welt schätzt Menschen, die sich anpassen; Gott schätzt Menschen, die authentisch sind.

Manchmal sind wir so sehr damit beschäftigt, uns richtig zu verhalten, dass Gott nicht dazu kommt, uns dort zu berühren, wo wir wirklich verletzt sind. Jesus hat nie jemanden dafür getadelt, weil er ehrlich war. Wenn wir wütend auf Gott sind, denkst du nicht, es wäre ihm lieber, wenn wir ehrlich sind und uns damit auseinandersetzen, anstatt dass wir uns hinter leeren Worten verstecken, die uns nicht weiterhelfen?

Ist das nicht auch in unseren Beziehungen so? Wenn uns jemand etwas vormacht, indem er Dinge sagt, die wir hören wollen, bleibt die Beziehung oberflächlich. Tiefe entsteht nur, wenn wir jemanden so kennenlernen, wie er ist, und nicht, wie er zu sein vorgibt. Wenn Menschen authentisch sind, auch in ihren Schwächen, werden sie liebenswerter.

Ehrlichkeit öffnet die Tür zu einer Beziehung.

Auch wenn unsere Welt diejenigen zu schätzen scheint, die sich ihres Glücks rühmen, ist dies wirklich nicht wahr. Unser Vater schätzt diejenigen, die ihre eigenen Schwächen und Kämpfe eingestehen. Eine gläubige Gemeinschaft ist eine bekennende Gemeinschaft. Es sind Menschen, die sich nicht in Pose werfen, um gut auszusehen, sondern eine große Ehrlichkeit an den Tag legen, die die Herrlichkeit des Vaters mitten durch ihre Gebrochenheit und ihr Versagen hindurchscheinen lässt.

Bekennt einander die Übertretungen und betet füreinander, damit ihr geheilt werdet! (Jak 5,16).

Eine authentische Gemeinschaft

In einer bekennenden Gemeinschaft hat Klatsch und Tratsch keine Macht. Wie auch, wenn jeder die Stärken und Schwächen des anderen kennt? In einem solchen Umfeld hat es keinen Sinn, die Fehler der anderen aufzudecken.

Es liegt eine große Freiheit darin, nicht vorgeben zu müssen, etwas anderes zu sein als das, was wir wirklich sind. Das ist eine der Segnungen, wenn man geliebt lebt. Zu wissen, dass der Vater uns selbst inmitten unserer Gebrochenheit liebt, befreit uns, andere in ihrer Gebrochenheit zu lieben. In unseren Gesprächen und Gebeten können wir frei über unsere Kämpfe sprechen und sein Wirken feiern, das uns verwandelt.

Wenn ich Menschen treffe, die ihre Stärken preisen und über die Schwächen anderer lästern, weiß ich sofort, wie unsicher sie sind. Die einzige Möglichkeit, sich besser zu fühlen, ist, andere auf deren Schwächen hinzuweisen. Wie tragisch! Sie kämpfen immer noch um ihre Identität, und das zeigt mir, wie weit sie von Gott entfernt sind.

Sie täten gut daran, sich das Kreuz noch einmal vor Augen zu führen und sich daran zu erinnern, dass keiner von uns sich dadurch etwas verdient, wie gut er ist. Und es bringt uns auch keinen Vorteil, besonders gut vorgeben zu können, wir seien gut. Wenn wir das verstehen, können wir andere dazu ermutigen, selbst die schmerzhaftesten Hindernisse zu überwinden und in die Fülle des Lebens in Jesus einzutauchen.

Wo manche das Bedürfnis haben, andere niederzureißen, legt der Vater Wert darauf, sie aufzurichten. Sei wie der Vater!

Verzichtet auf schlechtes Gerede, sondern was ihr redet, soll für andere gut und aufbauend sein, damit sie im Glauben ermutigt werden (Eph 4,29).

8. Mai

Schwierige Entscheidungen

Im Laufe der Jahre habe ich die eine oder andere Mahlzeit mit einigen außerordentlichen Brüdern und Schwestern geteilt.

Alle von ihnen hatten einmal Erfolg in ihren Berufungen oder geistlichen Diensten, und doch sahen sie sich alle gezwungen, diese irgendwann zu verlassen. Viele hatten das Gefühl, sie müssten weggehen, um nicht ihr Gewissen zu verletzen. Andere hatten das Gefühl, ihre Beziehung zu Gott werde von den institutionellen Anforderungen verschlungen.

Für sie alle war es eine sehr schmerzhafte Entscheidung, und als sie die Wahl trafen, wusste keiner von ihnen wirklich, was danach kommen würde. Ihre Freunde und Familien verstanden nicht, was sie taten, und sie wurden oft belächelt. Viele zogen sich von ihnen zurück, weil sie fürchteten, sie würden sie zu sehr beeinflussen.

Aber sie hatten einige wunderbare Dinge gemeinsam. Keiner von ihnen war verbittert oder sehnte sich nach seiner „erfolgreichen Vergangenheit". Sie alle bekundeten, wie tief ihre Beziehung zu Jesus und ihr Wissen um die Kraft der Gnade Gottes gewachsen war. Und sie alle sagten, sie hätten aufgrund dieser schwierigen Entscheidung ein Leben und eine Freiheit in Jesus entdeckt, die sie sich vorher nicht hätten vorstellen können.

Wenn ich sie frage, ob sie ihre Entscheidung bereuen, lächeln sie alle und antworten: „Überhaupt nicht!"

... unsere Freiheit, die wir in Christus Jesus haben ... (Gal 2,4 LUT).

Die Erlösung einer Mutter

Fünf Jahre zuvor hatte sich ihre vierundzwanzigjährige Tochter inmitten von großen Schmerzen das Leben genommen. Die Trauer, die darauf folgte, erschütterte ihre Seele und ließ sie allein zurück.

Selbst enge Freunde aus der Kirche, die sie besucht hatte, distanzierten sich von ihr. Wie die meisten Eltern verurteilten sie sie lieber als schlechte Mutter, als sich dessen bewusst zu sein, dass dies auch einem ihrer Kinder passieren könnte.

Trotz alledem hat sich Gott aber in ihren Schmerz eingemischt.

> Als Erin starb, starb der größte Teil von mir mit ihr. Mir wurde deutlich bewusst, dass ein Mensch lebendig und doch tot sein kann – denn das war ich. Umgekehrt verstand ich zum ersten Mal, dass ich tot sein konnte (unfähig auf Gott einzugehen) und doch lebendig.
>
> Ich betete: „Gott, ich weiß, dass das nicht dein Problem ist. Du produzierst keine geistlichen Geburtsfehler. Wie konnte ich es nur verpassen, dich wirklich zu kennen? Wie konnte das *mir* passieren? Warum kenne ich dich nicht? Ich dachte, ich hätte eine Beziehung zu dir, aber hier bin ich, ein Kind Gottes, das in der Dunkelheit lebt und große Schwierigkeiten hat, dessen Leben schwindet und das im Sterben liegt. Ich bin drauf und dran, denselben Weg in den Tod zu gehen wie Erin. Zeige mir, wie ich dich so kennenlernen kann, wie du es für mich vorgesehen hast: nicht auf meine Art, Gott, sondern auf deine Art."
>
> „Bitte fang einfach mit ‚Jesus liebt mich, das weiß ich' an und geh von da aus weiter", antwortete Gott. „Du bist dir dessen gar nicht bewusst, aber es ist ein guter Anfang."

Manchmal ist die einfachste Antwort ein guter Startpunkt.

Ihnen gebe ich das ewige Leben, und sie werden niemals umkommen. Keiner kann sie aus meiner Hand reißen (Joh 10,27 HFA).

10. Mai

Von der Trauer zum Feiern

Hier die Fortsetzung der gestrigen Geschichte über eine Mutter, die mit dem Selbstmord ihrer Tochter zurechtkommen musste:

> Ich lebte sechs Jahre lang mit der Last von Schuld und Versagen. Gott hat es in dieser Zeit nie versäumt, mir seinen Weg ins Licht anzubieten.
>
> Wenn sich ein erwachsenes Kind das Leben nimmt, kann der Muttertag für die Mutter dieses Erwachsenen schrecklich sein. Dies war mein sechster trauriger, schrecklicher und unangenehmer Muttertag, und obwohl ich dachte, ich sei emotional darauf vorbereitet, war ich nicht darauf vorbereitet, dass Gott mein Chaos nutzen würde, um eine weitere Sache in meiner Seele zu heilen.
>
> An einem Morgen, ein paar Tage vor dem Muttertag in diesem Jahr, spürte ich, wie Gott zu meinem Herzen sprach: „Du kannst weiterhin eine Last von Schuldgefühlen und deiner Definition einer ‚guten Mutter' tragen oder mein Licht, meine Wahrheit, Gnade und Liebe auf dein verdrehtes Denken scheinen lassen."
>
> Er sagte nicht, es sei Zeit für mich, weiterzugehen, ich solle einfach darüber hinwegkommen oder es einfach verdrängen. Er sagte mir, ich solle jedes Mal, wenn ich an Erin denke, das Wort „feiern" benutzen.
>
> Weiter sagte er zu mir: „Jeden Tag feiere ich mit Erin, und jeden Tag feiert Erin mit mir. Rate mal, wer die Party verpasst?"
>
> Ich wünschte, ich könnte erklären, wie Gott das gemacht hat. Ohne die ursprüngliche Erfahrung zu verändern, hat

Gott irgendwie die schmerzhafte Erinnerung an das „Gute-Mutter-Syndrom", die in meiner Seele fest verdrahtet war, abgetrennt. Die schmerzhafte Erinnerung an Erins Selbstmord hatte eine Stimme, die mich verhöhnte.

Es war kein Ein/Aus-Schalter, aber allmählich, wenn ich an Erin denke, gehe ich auf das ein, was der Heilige Geist gesagt hat, und ich benutze das Wort „feiern". Die schmerzhafte Erinnerung und meine falsche Definition sind voneinander abgekoppelt, und wenn ich Gottes Leben in dieser Situation feiere, führt das zu Reaktionen in meiner inneren und äußeren Welt, die weniger schmerzhaft und eher angemessen sind.

Ich liebe diese Geschichte. In den vergangenen Jahren hat diese Frau mir immer wieder erzählt, wie es in ihrem Herzen gewachsen ist. Gott hat einen Weg für dich, das schmerzhafteste Ereignis deines Lebens zu überwinden. Höchstwahrscheinlich wird es nicht so sein, wie bei dieser Frau, da ihm unendliche Möglichkeiten zur Verfügung stehen.

Es ist wunderbar, was passiert, wenn Christus Unruhe aus dem Zentrum deines Lebens entfernt (Phil 4,6 MSG).

11. Mai

Was ist für mich drin?

Menschen, die uneigennützig wichtige Entscheidungen für ein höheres Gut treffen, haben mich schon immer fasziniert. Es ist leicht zu verstehen, warum Menschen gute Dinge tun, wenn etwas für sie dabei herausspringt.

Sogar unsere Bitten um ehrenamtliche Hilfe oder Spenden sind fast immer mit einem persönlichen Vorteil für den Geber verbunden – Steuerabzüge oder das gute Gefühl, seinen Beitrag geleistet zu haben. So funktioniert unsere Welt nun einmal. Du kannst fast immer darauf wetten, dass eine Person in ihrem eigenen Interesse handelt, auch wenn es zum Nachteil der anderen ist.

Aber so funktioniert das Reich des Vaters nicht. Jesus ging in der vielleicht paradoxesten Aussage seines Dienstes darauf ein: „Denn wer sein Leben retten will, wird es verlieren; wer aber sein Leben für mich verliert, wird es retten."

Wenn wir uns nur darum kümmern, was für uns drin ist, und immer versuchen, unseren Nutzen zu maximieren – auch bei unserem Streben nach Gott – werden wir am Ende enttäuscht und leer sein. Das Leben besteht darin, dass wir unseren Egoismus aufgeben und nicht nur unsere eigenen Interessen verfolgen, sondern auch die der anderen.

Der Versuch, alles zu unserem Vorteil zu manipulieren, führt in die Dunkelheit; unser Leben für das Wohl anderer hinzugeben, öffnet Türen zu dem Leben, das Gott für dich will.

> *... Wenn ihr nur die liebt, die euch auch lieben, was ist daran Besonderes? Das tun sogar die bestechlichen Steuereintreiber. Wenn ihr nur zu euren Freunden freundlich seid, wodurch unterscheidet ihr euch dann von den anderen Menschen? Das tun sogar die, die Gott nicht kennen.* (Mt 5,46-47 NLB).

12. Mai

Der Weg, den wir lieber nicht gehen würden

Das Reich, das unser Vater erschaffen hat, ist ein unglaubliches Reich. Sich für seinen Weg zu entscheiden, ist zweifellos die beste Entscheidung, die wir für uns treffen können.

Unser Wissen darüber, was wirklich das Beste für uns ist, ist jedoch so begrenzt, dass Entscheidungen, die wir in unserem eigenen Interesse treffen, uns nur weiter von ihm wegführen. Deshalb warnte Jesus jeden, der ihm folgen wolle, er müsse „sich selbst verleugnen und sein Kreuz auf sich nehmen und mir nachfolgen".

Dieser Vers wurde von einigen fälschlicherweise so interpretiert, dass er zur Askese führt – dem Verzicht auf jedes Vergnügen und der Selbstkasteiung in dem Glauben, dass dies zu einem gottgefälligen Leben führt. Jesus hat ihn nicht so gemeint. Er sprach von Entscheidungen, die wir treffen, wenn Gott uns einen Weg leitet, dem wir lieber nicht folgen würden – so wie er es tat, als er ans Kreuz ging. Er sprach sich nicht dafür aus, dass wir uns um der Verleugnung willen verleugnen sollen, sondern dann, wenn unsere Wünsche den Wünschen Gottes zuwiderlaufen.

Nur dort, wo wir dem Streben nach Glück, wie wir uns das vorstellen, misstrauen, werden wir den Weg entdecken, der zu wahrer Freude führt. Denn unsere Freude besteht nicht darin, dass unsere Wünsche erfüllt werden, sondern darin, frei von unseren eigenen egoistischen Leidenschaften zu sein, die uns im Dunkeln halten.

Dann nahm Jesus seine Jünger ins Visier: „Jeder, der mit mir kommen will, muss mir die Führung überlassen. Nicht ihr habt das Steuer in der Hand, sondern ich. Lauft nicht vor dem Leiden davon, sondern nehmt es an. Folgt mir und ich werde euch zeigen, wie es geht. Selbsthilfe ist überhaupt keine Hilfe. Selbstaufopferung ist der Weg, mein Weg, um dich zu finden, dein wahres Selbst. Was bringt es, wenn du alles bekommst, was du willst, aber dich selbst verlierst? Wofür könntest du jemals deine Seele hergeben? (Mt 16,24-26 MSG).

13. Mai

Die Gemeinschaft der Freiheit

Durch Christus seid ihr dazu berufen, frei zu sein, liebe Brüder und Schwestern! Aber benutzt diese Freiheit nicht als Deckmantel, um eurem alten selbstsüchtigen Wesen nachzugeben. Dient vielmehr einander in Liebe (Gal 5,13 HFA).

Zu tun, was ich will, ist keine Freiheit, sondern ein „Dem-Selbst-versklavt-Sein“. Zu versuchen, es alleine zu schaffen, ist keine Freiheit, sondern Unabhängigkeit und meist eine Abwehrreaktion auf Verletzungen.

Die Freiheit, die Jesus schenkt, entwaffnet die Macht der Schuld, des eigennützigen Strebens, der religiösen Pflichten und unserer eigenen Selbstbezogenheit, sodass unsere Freundschaft mit ihm wachsen kann. In dieser Liebe werden wir aus eigenem Antrieb Möglichkeiten erkunden und Entscheidungen treffen, die uns mit seinem Werk im Universum in Einklang bringen.

Diesen Weg allein zu gehen, ist schwierig. Wir profitieren sehr von Menschen in unserem Leben, die uns ermutigen, nach diesem Maß an Freiheit zu streben. Finde solche Menschen und nimm dir ganz bewusst Zeit für sie.

Nur weil du von denjenigen manipuliert und missbraucht wurdest, die behauptet haben, besser Bescheid zu wissen (oder gesalbter zu sein), heißt das nicht, dass dich jeder so behandeln wird. Wir sind genauso Gefangene, wenn wir auf Verletzungen reagieren, wie wenn sie uns überrollen. Das gilt für die Sünde und für ungesunde Beziehungen zu anderen.

Auch wenn Verletzungen uns stärker bewusst machen können, dass sich gut gemeinte Beziehungen in zerstörerische verwandeln können, heißt das nicht, dass wir auf uns allein gestellt sind. Jesus kann uns zu Menschen führen, die seine Stimme und Ermutigung in unserem Leben widerspiegeln werden.

Spornt euch gegenseitig zu Liebe und zu guten Taten an.

Und lasst uns unsere Zusammenkünfte nicht versäumen, wie einige es tun, sondern ermutigt und ermahnt einander, besonders jetzt, da der Tag seiner Wiederkehr näher rückt! (Hebr 10,24-25).

Eine umfassendere Perspektive

Ich bin durch die ganze Welt gereist und überall habe ich ganz erstaunliche Menschen getroffen, die dabei sind zu entdecken, wer Jesus wirklich ist. Ich fühle mich immer ermutigt, wenn ich in der Nähe echter Jesus-Nachfolger bin, und ich lerne von ihnen fast immer etwas über Gottes Wege.

Das ist seine Gemeinde, und sie ist über die ganze Welt verstreut. Damit wir sie sehen können, müssen wir Gemeinde natürlich so definieren, wie Jesus es tat. Er bezog sich nicht auf die zahlreichen Gruppen, die sich zusammenfinden und sich bestimmte Namen geben. Er bezog sich auf andere Gläubige, die auf dem Weg sind, ihn kennenzulernen.

Ich gebe zu, dass sie nicht immer leicht zu finden sind. Die meisten Christen, die ich kenne, sind von all ihren religiösen Aktivitäten abgelenkt und haben keine Ahnung, wer Jesus wirklich ist. Außerdem sind sie einer echten geistlichen Reise nicht gerade förderlich – sie sind eher daran interessiert, dich an ihre religiösen Ansichten und Praktiken anzupassen.

Auch wenn du also in den religiösen Einrichtungen nicht immer ein Spiegelbild seiner Gemeinde findest, so gibt es sie doch da draußen. Und sie sind es wert, gefunden zu werden. Aber halte nicht nur nach Gleichgesinnten Ausschau, denn das Schöne am Leib Christi in der Welt ist, dass er uns eine umfassendere Sicht auf Gott eröffnet.

Wann immer die Schrift über meine Fähigkeit spricht, Gott als Individuum zu erkennen, macht sie deutlich, dass meine beste Sicht auf ihn wie durch einen Nebel verschwommen ist. Aber die Gemeinde – seine Gemeinde – enthüllt ihn in seiner ganzen Fülle. Jeder von uns spiegelt einen Teil von ihm wider, und wenn sich diese Teile verbinden, um ihre Erfahrungen zu teilen und einander zu ermutigen, können wir ihn in seiner ganzen Fülle sehen.

Alles hat Gott ihm unterworfen; ihn aber, den Herrn über alles, gab er der Gemeinde zum Haupt. Die Gemeinde ist sein Leib: Er, der alles zur Vollendung führen wird, lebt in ihr mit seiner ganzen Fülle (Eph 1,22-23 GNB).

15. Mai

Authentizität und Großzügigkeit

Nur weil du in dieselbe Gemeinde gehst, bedeutet das nicht, dass du mit anderen Menschen Gemeinschaft hast. Gemeinschaft ist Freundschaft – das Teilen von Herz und Seele mit Authentizität und Großzügigkeit.

Der Versuch, mit Menschen Gemeinschaft zu haben, die mehr in ihre Religion als in Gott verliebt sind, ist fast unmöglich. Sie konzentrieren sich auf die Einhaltung von Regeln und Ritualen, was uns unglaublich ablenkt und entmutigt, wenn wir Gottes Wirken in unserem eigenen Leben erkennen wollen. Solche Begegnungen frustrieren und erschöpfen uns.

Unsere Freiheit in Christus ermöglicht es uns, Menschen zu finden, die wirklich auf dem Weg sind, den lebendigen Gott kennenzulernen. Sie verstehen, wie Gott wirkt – nicht durch Manipulation und Kontrolle, sondern durch die Gnade, die uns erlaubt, Gott so zu sehen, wie er sich uns offenbart. Sie teilen sich frei mit, ohne jemanden davon überzeugen zu müssen, dass sie Recht haben.

Wenn ich solche Menschen treffe, werde ich in Bezug auf das, was Gott in meinem Leben tut, immer gestärkt, ermutigt und erleuchtet.

Die Frucht des Geistes aber ist Liebe, Freude, Friede, Langmut, Freundlichkeit, Güte, Treue, Sanftmut, Selbstbeherrschung. Gegen solche Dinge gibt es kein Gesetz. Die aber Christus angehören, die haben das Fleisch gekreuzigt samt den Leidenschaften und Lüsten (Gal 5,22-24).

Freundschaften mit Tiefgang

Wenn ich von beziehungsorientiertem Christsein spreche, verwende ich es, um es vom institutionellen Christentum zu unterscheiden. Ich meine damit aber nicht eine andere Art, Kirche bzw. Gemeinde zu praktizieren, sondern eine andere Art, über Gott und seine Familie nachzudenken, die es dir ermöglicht, sein Leben mit anderen Menschen zu erleben, die lernen, Jesus nachzufolgen – und nicht nur irgendwo in einer Gemeinde zu sitzen.

Menschen, die Jesus immer besser kennenlernen wollen, sehnen sich nach Beziehungen, die ihnen helfen, immer mehr in sein Bild verwandelt zu werden. Sie wollen nicht einfach nur in einem Gottesdienst sitzen. In den letzten Jahrzehnten haben sich viele Gemeinden auf Kleingruppen konzentriert, allerdings mit begrenztem Erfolg.

Selbst wenn du in eine Gemeinde gehst, baue dir ein Netzwerk von Freunden auf, mit denen du tiefere Freundschaften entwickeln und demütig und sensibel Gottes Leben teilen kannst.

Geliebt zu sein und zu lernen, andere in nahen Beziehungen zu lieben, ist eine wichtige Facette des Reiches Gottes, und Jesus hat uns eingeladen, diese zu erkunden. Ja, der Weg dorthin kann immer wieder holprig sein. Du wirst lernen, von welchen Menschen du dich besser fernhalten solltest, aber du wirst auch den reichen Schatz an Freundschaften mit Tiefgang entdecken, die dich auf deinem Weg ermutigen werden.

Ein neues Gebot gebe ich euch, dass ihr einander liebt, damit, wie ich euch geliebt habe, auch ihr einander liebt. Daran werden alle erkennen, dass ihr meine Jünger seid, wenn ihr Liebe untereinander habt (Joh 13,34-35 ELB).

Die Kennzeichen eines freien Volkes

Ich mache auch einen Unterschied zwischen beziehungsorientiert und religiös. Für mich ist Religion der Versuch, Gottes Gunst durch meine menschliche Anstrengung zu erlangen. Dahinter stecken keine schlechten Motive, aber es ist einfach eine sehr problematische Sache. Die Menschen, die darin verwickelt sind, sind mehr daran interessiert, dass du so denkst wie sie, als daran, dass du deine eigene Beziehung zu Jesus entwickelst.

In den letzten Jahrzehnten hat mich die verstärkte Konzentration auf Kleingruppen zu Hause oder in Cafés als Ausdruck des gemeindlichen Lebens ermutigt. Aber nur weil eine Gruppe klein ist, ist sie noch lange nicht beziehungsorientiert. Ich habe schon Hauskreise mit einer sehr religiösen Dynamik erlebt und größere Gemeinden, die sehr beziehungsorientiert sind.

Ich glaube zwar, dass unser Zuhause der natürlichste Ort ist, um das Leben als Familie zu entdecken, aber letztlich ist die Einrichtung, die wir nutzen, weit weniger wichtig als eine Vielzahl anderer Faktoren. Ich habe festgestellt, dass es in Beziehungen, die ein gesundes Gemeindeleben hervorbringen, einige Gemeinsamkeiten gibt, die wir in den nächsten Tagen erkunden wollen.

Obwohl ich mich oft mit Menschen anfreunde, die viele dieser Prioritäten nicht verstehen, damit sie sie in mir sehen können, habe ich die besten Zeiten in Gemeinschaft dort, wo Menschen verstehen, wie Gott wirkt und welche Freiheit für echtes Wachstum notwendig ist.

Da ihr eure Seelen im Gehorsam gegen die Wahrheit gereinigt habt durch den Geist zu ungeheuchelter Bruderliebe, so liebt einander beharrlich und aus reinem Herzen (1 Petr 1,22).

18. Mai

1. Kennzeichen: Eine Leidenschaft für seine Gegenwart

Wo nimmt das Leben der Gemeinde Jesu Gestalt an? Überall dort, wo ihm die Vorherrschaft in allen Dingen gegeben wird.

Wenn du Menschen finden willst, mit denen du wachsen kannst, dann suche nach denen, deren Herz auf ihn ausgerichtet ist. Im Gespräch mit ihnen merkst du, dass er für sie mehr als eine Idee oder ein guter Lehrer ist, sondern ein enger Freund und Vertrauter.

Sie sind nicht über die „tolle Anbetung“, ihren begabten „Pastor“ bzw. „Lehrer“ oder ihre tolle Denomination begeistert oder gar davon, wie „beziehungsorientiert“ ihre Prioritäten sind. Vielleicht haben sie all diese Dinge, aber ihre einzige Attraktion ist Jesus. Sie wollen ihn besser kennenlernen und ihm enger nachfolgen und anderen dabei helfen, dasselbe zu tun.

Pflege diese Leidenschaft in deinem eigenen Herzen. Schaue früh und oft im Laufe deines Tages auf ihn und lass seine Worte zum wichtigsten Einfluss in deinem Leben werden.

Wie ein Hirsch lechzt nach Wasserbächen, so lechzt meine Seele, o Gott, nach dir! (Ps 42,2).

19. Mai

2. Kennzeichen: Authentizität statt Konformität

Manche Menschen wollen nur, dass du gut aussiehst, das Richtige sagst und dich so verhältst, dass es ihnen nicht peinlich ist. Meide diese Menschen, es sei denn, du hast die Gnade, sie zu lieben, ohne dich von ihrer Mentalität anstecken zu lassen.

Menschen, die verstehen, wie Jesus seine Gemeinde baut, schätzen Authentizität mehr als Konformität. Sie wollen lieber die Ecken und Kanten im Leben eines Menschen sehen, als dass dieser sich verstellen muss. Sie erlauben Menschen, zu fühlen, was sie fühlen, zu sagen, was sie denken, und zu hinterfragen, was sie nicht verstehen, ohne sie dabei zu verurteilen, zum Schweigen zu bringen oder als unabhängig bzw. unangepasst zu bezeichnen.

Religiös geprägte Menschen kennen nur Verhaltensanpassung als Mittel zur persönlichen Veränderung, nach dem Motto: „Wenn du dich mehr anstrengst, wird es dir besser gehen." Diejenigen, die sich auf einem echten geistlichen Weg befinden, erkennen, dass nur Jesus ein Leben verändern kann, und sehen mehr Frucht darin, uns zu ermutigen, seine Liebe vollständiger kennenzulernen, als Menschen zu äußerlichen Veränderungen zu drängen.

Sie sind daran interessiert, was wirklich in dir vorgeht, auch wenn es ein Chaos ist. Anstatt dich unter Druck zu setzen, damit du ihre Erwartungen erfüllst, werden sie dich begleiten und das unterstützen, was Jesus tut, um dich zu befreien.

> *... keine Lügen mehr, keine Verstellung. Sag deinem Nachbarn die Wahrheit. Im Leib Christi sind wir schließlich alle miteinander verbunden. Wenn du andere anlügst, belügst du am Ende dich selbst* (Eph 4,25 MSG).

20. Mai

3. Kennzeichen: Freundschaften, nicht Treffen oder Versammlungen

Menschen, die lernen, Jesus nachzufolgen, konzentrieren sich viel mehr auf Beziehungen als auf Treffen.

Ist es nicht interessant, dass Jesus anscheinend nie ein Treffen abgehalten hat, das Ähnlichkeit mit dem hat, was wir heute Gottesdienst nennen? Er lernte die Menschen auf der Herzensebene kennen und brachte die Weisheit des Vaters in den alltäglichsten Momenten zum Ausdruck. Seine effektivsten

Begegnungen mit Menschen hatte er in deren Häusern, in der Öffentlichkeit, bei einem Spaziergang am See Genezareth oder sogar an einem Brunnen außerhalb Samarias.

Ich habe nichts gegen Treffen bzw. Versammlungen; es ist nur so, dass die wichtigsten Dinge dort nicht geschehen. Diejenigen, die glauben, dies sei der Fall, streben nach etwas anderem als einer lebendigen Beziehung zu Jesus. Versammlungen haben einen vorgegebenen Ablauf oder eine Liturgie; eine Beziehung ist viel freier, als man es durch eine Vorplanung erreichen könnte.

Ermutigung ist eine tägliche Realität. Ich habe an Gruppen teilgenommen, die sich seit Jahren jede Woche in Häusern treffen, aber die Leute dort mögen sich nicht einmal untereinander und können kein normales Gespräch am Esstisch führen.

So schön es auch ist, sich zum Gebet, zum Gottesdienst oder zum Lernen zu versammeln – ohne Beziehungen, die sich durch die Woche ziehen, können wir den Weg nicht wirklich gemeinsam gehen.

Ermutigt einander jeden Tag, solange es „Heute" heißt, damit keiner von euch von der Sünde überlistet wird und hart wird gegen Gott! (Hebr 3,13 NLB).

21. Mai

4. Kennzeichen: Bekenntnis-Beziehungen

Mit Bekenntnis-Beziehungen meine ich nicht, dass du in eine kleine Kabine gehst, um von einem Priester oder Pastor die Absolution zu erhalten. Und ich meine auch nicht, dass du dich regelmäßig auf dein Versagen konzentrierst und um Reinigung bettelst.

Ich meine damit, dass Menschen, die sich auf einem Weg der Verwandlung befinden, genauso ehrlich sind, was ihre Probleme angeht, wie in Bezug auf das, worüber sie sich freuen. Es macht ihnen nichts aus, so gesehen zu werden, wie sie sind, und sie spielen sich nicht auf, um perfekt zu erscheinen oder sich als Experten auszugeben.

Menschen, die solche Konkurrenz-Spielchen treiben, haben keine Ahnung, was es heißt, eine wachsende Freundschaft mit dem lebendigen Jesus zu pflegen. Unter ihnen wirst du viel mehr Klatsch und Tratsch über die Fehler anderer finden, als dass sie ihre eigenen bekennen.

Vor langer Zeit entdeckte ich, dass ich Menschen viel besser helfen kann, wenn ich ehrlich über meine Kämpfe und die Lektionen, die ich in der harten Schule des Lebens gelernt habe, spreche. Ist es nicht einfacher, Menschen zu lieben, die wissen, dass sie noch nicht am Ziel sind, und denen ihre eigenen Zweifel und Kämpfe bewusst sind?

Finde so jemanden, und du wirst einen Schatz finden, mit dem du deinen Weg gemeinsam gehen kannst.

Bekennt einander die Übertretungen und betet füreinander, damit ihr geheilt werdet! (Jak 5,16).

22. Mai

5. Kennzeichen: Nicht für Gott, sondern mit Gott

Menschen, die das echte Gemeindeleben verstehen, lernen, sich auf Gottes Pläne, Wirken und Kraft zu verlassen, statt auf menschliche Vorlieben, Anstrengungen und Ideen. Sie haben es aufgegeben, Dinge *für* Gott zu tun, und genießen es, Dinge *mit* ihm zu tun.

Wie auch ich haben sie genügend Fehler gemacht, genug Menschen verletzt und viel zu oft versagt, als sie versucht haben, Gott dazu zu bringen, das zu segnen, was sie von ihm wollen. Jetzt wollen sie nur noch auf das hören, was er tut, und mit ihm zusammenarbeiten. Für sie ist es keine lästige Pflicht, Gott zu folgen, sondern eine Freude und ein Vergnügen.

Anstatt frustriert zu sein über all das, was sie gerne an ihrem Leben ändern würden, ruhen sie in dem Prozess des

Vaters, der sie verändert. Sie erkennen, dass Gott immer zu ihrem Besten wirkt, auch wenn sie nicht verstehen, wie er das macht. Denn sieh dir an, wie gespalten die Familie des Vaters in unserer Zeit ist, weil die Menschen es vorziehen, auf eine bestimmte Art und Weise Gottesdienst zu feiern, von einer bestimmten Persönlichkeit geführt zu werden oder weil ein bestimmtes Programm ihre Bedürfnisse am besten befriedigt.

In seinem Reich zu leben, dreht sich nicht darum, dass alle unsere Wünsche erfüllt werden, sondern dass wir einfach dem Lamm folgen, wohin es auch geht. Das, was wir als das Erstrebenswerteste halten, kann letztendlich das Schlimmste für uns sein. Der einzige Weg, um hier sicherzugehen, ist, seinen ständigen Impulsen zu folgen.

> *Wahrlich, wahrlich, ich sage euch: Wer an mich glaubt, der wird die Werke auch tun, die ich tue, und wird größere als diese tun, weil ich zu meinem Vater gehe* (Joh 14,12).

23. Mai

6. Kennzeichen: Teilnehmer, nicht Zuschauer

Die meisten Menschen, die heute in die Kirche gehen, werden für ihre treue Anwesenheit belohnt und dafür, dass sie ein gutes Publikum für die im Voraus geplanten Aktivitäten auf der Bühne sind. Menschen, die lernen, Jesus nachzufolgen, möchten jedoch lieber interaktiv beteiligt, anstatt nur Zuschauer bei einer Vorführung zu sein.

Was Gottes Volk kennzeichnet, ist, dass jeder etwas beitragen kann. Sie wollen nicht, dass einige wenige Gaben auf Kosten aller anderen bejubelt werden, und wollen einfach die Freiheit haben, so zu sein, wie Gott sie geschaffen hat. Sie schätzen den einzigartigen Beitrag eines jeden, der zu Gottes Volk gehört, vom Ältesten bis zum Jüngsten, von Mann und Frau, ohne Rücksicht auf Status oder Stellung in der Gesellschaft.

Sie wissen auch, dass es bei Anbetung nicht um einen Liedteil zu Beginn eines Treffens geht, sondern um die Art und Weise, wie wir jeden Tag im Vater leben. Es hat nichts mit unserem Lieblingslied zu tun oder damit, ob der Lobpreisleiter gesalbt ist oder nicht. Anbetung fließt aus ihnen heraus, durch ihre Art zu leben – sie sind sich Gottes Gegenwart bewusst und wollen sich von ihm leiten lassen.

Ich bin das Licht der Welt. Wer mir nachfolgt, wird nicht in der Finsternis wandeln, sondern er wird das Licht des Lebens haben (Joh 8,12).

24. Mai

7. Kennzeichen: Beziehungsfähigkeit

Leider beeinflussen religiöse Verpflichtungen die Beziehungen negativ. Sie benutzen Menschen als Werkzeuge und belohnen Konformität statt die Realität einer Beziehung.

Menschen, die sich auf einem besseren Weg befinden, lernen darauf zu vertrauen, dass Gott dazu fähig ist, sie mit den Menschen zu verbinden, die sie kennen sollten, und sie erzwingen keine Beziehung, wenn jemand nicht offen dafür ist. Es kommt vor, dass ich mit jemandem nur ein paar Augenblicke zusammen bin und weiß, dass Gott uns auf irgendeine Weise für ein größeres Ziel verbindet. Und ich habe auch schon versucht, Beziehungen zu Menschen aufzubauen, die trotz unserer besten Bemühungen nie funktioniert haben.

Sei offen für Beziehungen, wie auch immer Gott sie zustande bringt, und sei nicht exklusiv in den Beziehungen, die du hast. Oft ist es das beste Geschenk, das du jemandem machen kannst, wenn du ihn mit deinen Freunden bekannt machst. Was Gott in der Welt oder sogar in ihrem eigenen Umfeld tut, ist viel größer als das, was du in einem bestimmten Moment sehen kannst. Schätze die Gelegenheit, andere zu treffen, die sich nach demselben Gott sehnen wie du – auch wenn sie nicht zur selben Gruppe gehören.

Da du Gottes Liebe erfahren hast, wirst du anderen helfen wollen, diese Liebe ebenfalls zu erfahren. Du wirst dabei aber erleben, dass du anderen in den alltäglichsten Dingen dienst, und es wird dir Spaß machen zu sehen, wenn andere die gleiche Freiheit in Gott entdecken, die du genießt.

Du kannst darauf vertrauen, dass sein Geist seinen Leib so zusammenfügt, wie er es sich wünscht. Er weiß, was er tut, und er weiß auch, dass das, was er baut, stärker und schöner ist als alles, was wir uns ausdenken könnten.

... wir sehen, dass Gott jedes Teil des Leibes genau dort platziert hat, wo er es haben wollte (1 Kor 12,14-18 MSG).

25. Mai

Verwandlung statt Anpassung

Eines Morgens ging ich zu einer Männerfrühstücksgruppe und war enttäuscht, als die Teilnehmer ihre Punktekarten herausholten und berichteten, an wie vielen Tagen in der vergangenen Woche sie in der Bibel gelesen, einem Ungläubigen gegenüber Zeugnis abgelegt oder frühmorgens Zeit im Gebet verbracht hatten.

Sie gaben sich gegenseitig für geistliche Aktivitäten Rechenschaft, die sie für wichtig hielten. So aufrichtig sie auch gewesen sein mögen, haben sie sich doch gründlich geirrt.

Diese Männer hatten sich auf einen Prozess der Anpassung eingelassen und dachten, es sei ihre Aufgabe, die Menschen zu motivieren, ihre Maßstäbe einzuhalten. Sie ahnten nicht, dass dieser Prozess das Gegenteil davon ist, dass man den christlichen Weg gemeinsam geht. Das ist der Grund, warum Rechenschaftsgruppen mit großem Eifer beginnen und schnell wieder verschwinden.

Kannst du dir vorstellen, dass Jesus seine Jünger auf ähnliche Weise überprüft hat? Das Wachsen in der Beziehung zu Gott geschieht nicht durch Anpassung, sondern durch Verwandlung.

Ich ermahne euch nun, ihr Brüder, angesichts der Barmherzigkeit Gottes, dass ihr eure Leiber darbringt als ein lebendiges, heiliges, Gott wohlgefälliges Opfer: Das sei euer vernünftiger Gottesdienst! Und passt euch nicht diesem Weltlauf an, sondern lasst euch [in eurem Wesen] verwandeln durch die Erneuerung eures Sinnes ... (Röm 12,1-2).

26. Mai

Lass dich nicht herumkommandieren

Echte Freundschaften sind organisch und widersetzen sich daher allen Versuchen, uns in ein Einheitsmodell zu pressen. Regeln, Routinen und Rituale sind die Bausteine der Religion – nicht der Beziehung.

Menschen, die religiöse Gruppen leiten, konzentrieren sich darauf, Autoritäten zu gehorchen, Rechenschaft abzulegen, durch menschliche Anstrengung gewisse Standards zu erfüllen, Fehler zu finden, Versagen zu konfrontieren und anderen die Schuld zu geben. Kurz gesagt, es kann ziemlich schmerzhaft sein, sich diesen Dingen anzupassen, vor allem für diejenigen, die keine starke Willenskraft haben.

Menschen wissen instinktiv, dass religiöse Aktivitäten den Stress und die Belastung erhöhen, anstatt ihnen zu helfen, Gott besser kennenzulernen. Deshalb hat Paulus uns immer wieder gesagt, wir sollten nichts mit Menschen zu tun haben, die andere herumkommandieren wollen, auch wenn ihr Ziel eine größere Rechtschaffenheit ist.

Echte Leiter sind diejenigen, die uns ermutigen, Jesus besser kennenzulernen und uns von ihm verändern zu lassen.

Wer bist du, dass du einen fremden Knecht richtest? Er steht oder fällt seinem Herrn. Er wird aber stehen bleiben; denn der Herr kann ihn aufrecht halten (Röm 14,4 LUT).

27. Mai

Miteinander unterwegs

Die Art von Menschen, die du in deinem Leben haben möchtest, sind diejenigen, die dich gerne ermutigen, dir helfen, dir dienen, dich unterstützen, dich lieben, mitfühlen, dir vergeben und dir vertrauen. Du brauchst nicht viele von ihnen, sondern nur eine Handvoll, mit denen du das Leben und die Liebe miteinander teilst.

Solche Menschen konzentrieren sich darauf, Gott umfassender und einander offener zu lieben. Sie vertrauen auf Gottes Wirken, nicht auf ihr eigenes, und sind echt, anstatt platte Antworten zu wiederholen. Sie gehen das Risiko ein, Gott zu folgen, anstatt die Erwartungen der Menschen zu erfüllen. Sie zwingen die Menschen nicht in eine bestimmte Form, weil sie wissen, dass die Menschen sich selbst auf Gott einlassen müssen, damit er sie in sein Ebenbild verwandeln kann.

Paulus war ein leidenschaftlicher Verfechter von Rechtschaffenheit, aber er wusste, dass echte Rechtschaffenheit nur aus einer Beziehung entsteht, die durch ein wachsendes Vertrauen in Gottes Liebe gekennzeichnet ist. Sein Reich kommt nicht durch unsere, sondern durch seine Bemühungen.

Wenn wir anderen vorschreiben, was unserer Meinung nach das Beste für sie ist, führt das nur zu Frustration und Erschöpfung. Wenn wir Menschen ermutigen, sich auf Jesus zu verlassen, werden sie viel mehr Früchte sehen, als wenn wir sie mit zusätzlichen Verpflichtungen und Verantwortlichkeiten belasten.

Darum lassen auch wir von dem Tag an, an dem wir's gehört haben, nicht ab, für euch zu beten und zu bitten, dass ihr erfüllt werdet mit der Erkenntnis seines Willens in aller geistlichen Weisheit und Einsicht, dass ihr, des Herrn würdig, ihm ganz zu Gefallen lebt und Frucht bringt in jedem guten Werk und wachst in der Erkenntnis Gottes (Kol 1,9-10).

28. Mai

In der Fülle leben

Die Welt wurde so finster, dass Gott sie mit einer Flut säubern musste. Nachdem diese sich zurückgezogen hatte und Noah und seine Familie die Arche verlassen hatten, sprach Gott zu ihnen. Er warnte sie davor, das Leben eines Mitmenschen zu nehmen, weil alle Menschen nach Gottes Ebenbild geschaffen sind. Dann befahl er Noah, fruchtbar zu sein und in der Fülle zu leben.

Nach einem so strengen Gericht sollte man meinen, Gott würde sie ermahnen, darauf zu achten, dass sie rechtschaffener leben. Das tat er aber nicht. Gott hat uns das Leben gegeben, damit wir es genießen können. Es fällt uns leicht, uns auf das zu konzentrieren, was wir nicht haben, und zu vergessen, ihn inmitten dessen zu genießen, was wir haben.

Er hat trotzdem klargestellt, dass es gegen seine Natur ist, andere zu verletzen. Dennoch wollte er, dass seine Schöpfung den Reichtum dieser Erde und das Leben, das er ihnen geschenkt hat, genießen kann.

Könnte auch das bedeuten, rechtschaffen zu leben?

Wer Menschenblut vergießt, dessen Blut soll von Menschen vergossen werden, denn Gott hat die Menschen zu seinem Ebenbild gemacht, damit sie sein Wesen widerspiegeln. Ihr seid hier, um Frucht zu bringen, euch fortzupflanzen, die Erde mit Leben zu füllen und in Fülle zu leben! (1 Mose 9,6-7 MSG).

Überfluss in einer Welt der Not

Die Nöte in der Welt sind überwältigend: Sünde, Krankheit, Armut, Krieg und Ungerechtigkeit. Wir können diesen Realitäten nicht den Rücken kehren, sonst hören wir auf, in ihrer Mitte einen erlösenden Einfluss zu haben.

Aber wenn wir uns allein darauf konzentrieren, werden wir am Boden zerstört und von Schuldgefühlen überwältigt sein, dass wir nicht genug tun, um anderen zu helfen. Um die Grausamkeiten dieses Zeitalters zu überleben, müssen wir auch die Freuden des Lebens feiern. Wir müssen diese Dinge in Balance halten.

Zu einem gerechten Leben gehört nicht nur, dass wir Gottes Heiligkeit anerkennen, sondern auch seine Schönheit und Kreativität, und dass wir mit allem, was Gott uns heute schenkt, freigebig leben. Das kann so einfach sein wie ein beeindruckender Sonnenuntergang, die Verspieltheit eines Schmetterlings oder ein inspirierendes Gespräch mit einem engen Freund.

Freigebig zu leben bedeutet, dass wir sowohl die Freuden, die Gott uns schenkt, genießen, als auch, dass wir uns der Nöte um uns herum bewusst sind. Wir können die Rolle, die Gott uns gegeben hat, um das Leid anderer zu lindern, besser ausfüllen, wenn wir aus Dankbarkeit und Freude heraus handeln. Die Schöpfung ist beeinträchtigt und es gibt großes Leid in der Welt, aber alles, was unsere Freiheit einschränkt, Gott in seiner Schöpfung zu genießen, ist ebenfalls Teil des Sündenfalls.

Die Sünde raubt uns die wahren Freuden, die das Leben uns geschenkt hat, und wenn wir uns nur noch auf unsere Bedürfnisse konzentrieren, kann dies dasselbe bewirken. Sie erschöpfen uns und bringen uns nicht näher zu ihm.

Die Himmel verkünden die Herrlichkeit Gottes, die Himmelsgewölbe verkünden das Werk seiner Hände. Tag für

Tag sprechen sie, Nacht für Nacht offenbaren sie Erkenntnis (Ps 19,2-3 MSG).

30. Mai

Freude zu jeder Zeit

Als ich eine schwerkranke Frau in einem verarmten Township außerhalb von Durban, Südafrika, besuchte, beobachtete ich kleine Kinder, die lachten und spielten, während sie einen plattgedrückten Ball herumwarfen. Ich bin mir sicher, dass ihre spielerische Freude sie über die Umstände, in denen sie lebten, erhob.

Es erinnerte mich an den Tag, an dem ich fast alles, was wir besaßen, in den Kofferraum meines Autos packte, als meine Braut und ich von Ohio nach Kalifornien aufbrachen, um unser gemeinsames Leben zu beginnen. Wir hatten nur wenig, außer unserer Liebe füreinander und der Aussicht auf einen Job in Fresno.

Die Freude war damals viel einfacher. Wir hatten nicht so viele Dinge, die wir pflegen oder beschützen mussten, und wir hatten keine Ahnung von den Herausforderungen und dem Schmerz, die auf unserem gemeinsamen Lebensweg auf uns zukommen würden.

Das Leben in der Fülle des Vaters kommt einen Tag nach dem anderen. Was hat er uns heute zum Genießen gegeben? Lerne, es zu sehen und anzunehmen, egal ob du gerade im Überfluss lebst oder verzweifelt bist.

Jeden Tag Freude zu finden, wird dir guttun, wenn die Zerrissenheit dieser Welt dich frontal trifft.

Oh, wie schön ist das Licht des Tages, und wie wunderbar ist es, im Sonnenschein zu leben! Auch wenn du lange lebst, nimm keinen einzigen Tag als selbstverständlich hin. Erfreue dich an jeder lichtdurchfluteten Stunde ... (Pred 11,7-8 MSG).

Freude mitten in Schwierigkeiten finden

Ich war im Krankenhaus mit einem guten Freund, dessen Frau sich einer Operation zur Entfernung eines möglicherweise bösartigen Tumors unterziehen musste. Trotz all der Angst, die sein Herz erfüllte, konnten wir reden und sogar lachen.

Es erstaunt mich, wie viel Freude sich in Momenten großen Schmerzes einstellen kann. An einigen der schwierigsten Tage meines Lebens gab es auch Momente, in denen ich mit den Menschen, die sie mit mir geteilt haben, ausgelassen gelacht habe.

Freude ist nicht das Gegenteil von Kampf; sie ist oft ein Begleiter, der uns hilft, ihn zu ertragen. Deshalb ist es so wichtig, dass wir in schwierigen Zeiten Menschen an unserer Seite haben. Allein verlieren wir uns in unserem Schmerz und unseren Ängsten; jemand anderes kann uns ablenken und uns sogar die Last erleichtern.

Es gibt so viel, wofür Sara und ich in diesen Tagen dankbar sein können, und wir teilen es gerne mit anderen, die einen Freund, ein Lächeln oder eine Schulter zum Ausweinen brauchen.

Eines weiß ich: Selbst inmitten großer Schicksalsschläge gibt sich unser Vater zu erkennen. Sei es durch ein zärtliches Lächeln, einen tröstenden Arm oder einen Moment der Heiterkeit.

Zu lernen, diese Freude mit anderen zu teilen, ist ein Teil seines Geschenks an uns in einer zerbrochenen Welt.

Freut euch vielmehr darüber, dass ihr mit Christus leidet; dann werdet ihr auch jubeln und euch mit ihm freuen, wenn er in all seiner Herrlichkeit erscheint (1 Petr 4,13 HFA).

1. Juni

Der Versuch, Gott zum Wirken zu bringen

Ich muss leider sagen, dass ich die meiste Zeit meines Lebens in Unkenntnis darüber verbracht habe, wie Gott wirkt. Da ich nicht wusste, was er tut oder wie er es tut, spürte ich oft einen Druck, etwas zu tun, um Gott zum Handeln anzuspornen. Mir wurde beigebracht, ich müsse dranbleiben, durchbeten, ausharren und mich mehr engagieren, hingeben und disziplinieren, um Gott dazu zu bringen, das zu tun, was er meiner Meinung nach tun sollte.

Es war alles so anstrengend und fast immer erfolglos. Ich war frustriert, weil Gott nicht so reagierte, wie ich dachte, dass er es aufgrund meiner Bemühungen tun müsse.

Was mich angeht, fange ich gerade erst an zu lernen, wie ich die Spuren meines Vaters in meinem Leben und im Leben anderer Menschen erkennen kann. Es ist so viel fruchtbarer zu erkennen, was er bereits um mich herum tut, und mich ihm dabei anzuschließen. Wenn ich sehe, was er vorhat, weiß ich, worum er mich bittet, mit ihm zusammenzuarbeiten.

Genau das hat Paulus für die Kolosser gebetet. Er wollte, dass sie eine tiefe Erkenntnis darüber bekommen, wie Gott wirkt, damit sie wussten, wie sie ihren Teil dazu beitragen konnten. Wir sind Antwortende, nicht Initiatoren.

Gott existiert nicht, um unsere Pläne zu erfüllen, sondern lädt uns ein, bei seinen mitzuwirken.

Bittet Gott darum, dass er euch Weisheit gibt und dass euer Geist auf seinen Willen eingestimmt ist. Dadurch erlangt ihr ein tiefes Verständnis für die Art und Weise, wie Gott wirkt … und werdet auch lernen, wie ihr eure Arbeit machen sollt (Kol 1,9-12 MSG).

Du musst nichts tun

„Nun ja, wir müssen etwas tun."

Nach einer solchen Schlussfolgerung kommen mehr fehlerhafte Ratschläge als nach jeder anderen. Meistens bedeutet es, dass wir nicht mehr damit rechnen, dass Gottes etwas tut, und nun unsere beste Weisheit und unser bestes Können einsetzen, um die Dinge voranzubringen.

Wenn du etwas für Gott tust, weil du dir Sorgen machst, dass du ihn verpasst oder dass er nicht liebevoll auf dich eingehen wird, wird es fast unmöglich zu erkennen, was Gott bereits in und um dich herum tut.

Er ist leichter zu erkennen, wenn wir in seiner Gegenwart zur Ruhe kommen, weil wir wissen, dass er uns liebt und sich um uns kümmern wird, egal was das Leben bringt. Anstatt zu versuchen, Dinge für ihn zu tun, wird er uns zeigen, was wir tun sollen.

Er will uns das Reich Gottes selbst geben. Und solange wir nicht erkennen, was er tut, brauchen wir keinen Zwang zu verspüren, „etwas zu tun". Und wenn wir sehen, dass er dabei ist, etwas zu tun, werden wir genau wissen, was er von uns will; und wenn wir das tun, werden wir von den Früchten seines Reiches kosten ...

Also macht euch keine Sorgen! Fragt nicht: „Was sollen wir essen?" „Was sollen wir trinken?" „Was sollen wir anziehen? Mit all dem plagen sich Menschen, die Gott nicht kennen. Euer Vater im Himmel weiß, dass ihr all das braucht" (Mt 6,31-32 GNB).

3. Juni

Das unerbittliche Streben nach Vergnügen

Ich mag vergnügliche Momente genauso wie jeder andere, aber das Streben nach unserem eigenen Vergnügen ist eine Falle, die uns nie zufriedenstellen wird. Kein Hochgefühl wird jemals hoch genug sein, um unsere Erwartungen zu erfüllen. Deshalb wird das unerbittliche Streben nach Vergnügen uns nur für einen Moment befriedigen und uns dann frustriert zurücklassen.

Jesus ist der Einzige, der weiß, was uns wahre Freude bringt, und er ist der Einzige, der sie in uns erfüllen kann. In seiner letzten Nacht im Obergemach sagte er seinen Anhängern, alles, was er ihnen sage, diene dazu, dass sie die Fülle der Freude erfahren könnten.

Wie würde unser Leben aussehen, wenn wir Gott unser Bedürfnis nach Vergnügen anvertrauen und uns darauf konzentrieren würden, ihm zu folgen?

Wenn du versuchst, dein Leben zu retten, wirst du es verlieren. Verliere es in ihm, und du wirst das Leben finden, das wirklich Leben ist. Vergnügen ohne ihn ist nie von Dauer. Wenn er dein Vergnügen ist, kannst du die tiefsten Freuden in immer größerer Herrlichkeit erleben.

Du bist süchtig nach Nervenkitzel? Was für ein leeres Leben! Das Streben nach Vergnügen ist nie zufriedenstellend (Spr 21,17 MSG).

4. Juni

Der Menge folgen

Wäre es nicht toll, wenn alle um dich herum Gottes Stimme in deinem Leben bestätigen könnten und dir dafür Beifall spenden würden, dass du ihr folgst? In der realen Welt ist das jedoch selten der Fall. Die Menschen, vor allem die, denen du wichtig bist, wollen oft dasselbe für dich wie dein Fleisch – alles, was bequem, sicher und zufriedenstellend ist.

Paulus wusste, dass das Streben nach der Anerkennung durch andere uns immer weit von der Realität des Reiches Gottes entfernen wird. Jesus hat das Gleiche gesagt. Er sagte, wir sollten aufpassen, wenn die Menschen gut über uns reden, denn so behandelten sie auch falsche Propheten. Vielmehr sagte er: „Ihr seid gesegnet, wenn die Menschen euch belügen, beleidigen und ausschließen, weil ihr mir gehorsam seid." Er wusste, dass dieselbe Menge, die am Sonntag „Hosianna!" rief, nur wenige Tage später „Kreuzige ihn!" schreien würde.

Selbst unsere christliche Kultur sagt uns, dass Bestseller-Bücher und ein wachsendes Publikum auf diejenigen warten, die Jesus gehorchen. Als er hier war, haben diejenigen, die nach solchen Dingen getrachtet haben, das Reich Jesu jedoch völlig verpasst.

Allzu oft wirst du feststellen, dass deine wohlmeinenden Freunde dich zurück auf die breite Straße rufen, weil sie denken, sie würden dir helfen, Gott zu folgen. Lass dich nicht täuschen. Folge seinem Fingerzeig in deinem Herzen, auch wenn das bedeutet, dass du von Menschen, die du liebst, missverstanden wirst.

> *Wie ihr seht, geht es mir nicht darum, Menschen zu gefallen! Nein, ich versuche, Gott zu gefallen. Wollte ich noch Menschen gefallen, wäre ich kein Diener von Christus* (Gal 1,10 NLB).

5. Juni

Die Gefahr religiöser Führer

In unserer Zeit sind viele, die behaupten, Jesu Gemeinde zu leiten, nicht viel mehr als gutmeinende Programmmanager. Sie müssen eine Organisation führen und persönliche Ziele erreichen, und sie betrachten die Menschen um sich herum einfach als Teil dieses Prozesses. Wenn wir ein gehorsames Herz mit dem Befolgen ihrer Anweisungen verwechseln, werden wir uns oft von dem Weg entfernen, den Gott mit uns vorhat.

Wir alle wissen, wie wichtig es ist, von anderen Gläubigen zu lernen, auch von denen, die auf dem Weg vielleicht schon weiter sind. Achte aber darauf, dass es sich um Menschen handelt, die auf dem Weg sind, Gott kennenzulernen, und nicht um solche, die in einer religiösen Institution eingebettet sind, von der sie ihren Lohn oder die Erfüllung ihres Egos beziehen.

Religiöse Leiter führen die Menschen in die Religion. Lagen diese Leute nicht immer im Streit mit Jesus? Stellte er ihre Anweisungen über die seines Vaters? Nein, natürlich nicht!

Wie kannst du den Unterschied zwischen religiösen Leitern und reifen Gläubigen erkennen? Religiöse Leiter werden dir sagen, was Gottes Wille für dich ist. Wahre Älteste in seinem Reich werden dir stattdessen helfen, Jesus so nahe zu kommen, dass du das selbst erkennen kannst.

Und ihr habt die Salbung von dem Heiligen und wisst alles (1 Joh 2,20).

6. Juni

Bedient werden oder dienen?

Ist es nicht unsere natürliche Neigung zu versuchen, die Dinge so zu bekommen, wie wir sie gerne hätten, selbst wenn wir unsere Ambitionen verschleiern, indem wir uns selbst davon überzeugen, es sei das einzig Richtige?

Wenn es den Anschein hat, dass Gottes Führung dich in den Mittelpunkt stellt und andere benutzt, um dir zu helfen, das zu bekommen, was du für das Beste hältst, ist es Zeit, misstrauisch zu werden. Wir alle „fühlen" uns von Gott zu Dingen geführt, die wir bereits wollen.

In meinem Leben hat mich das meistens in die Irre geführt, und erst nachdem ich andere verletzt hatte, wurde mir klar, wie egoistisch ich war.

Wenn er jedoch an deinem Herzen „zieht“ und du den Eindruck hast, du solltest dein Leben zum Wohl eines anderen hinlegen, kannst du dich frei fühlen, diesen Weg zu gehen. Selbst wenn du dich irrst, wirst du ein Segen für jemand anderen sein.

Wir haben die wahre Liebe daran erkannt, dass Christus sein Leben für uns gegeben hat. Deshalb sollen auch wir unser Leben für unsere Brüder einsetzen (1 Joh 3,16 NLB).

7. Juni

Bequemlichkeit oder Risiko?

Entgegen der landläufigen Meinung geht Gottes Wille nicht den Weg des geringsten Widerstands. Wahr ist, dass Gottes Wille uns oft einen Weg führt, der großen Widerstand und große Schwierigkeiten mit sich bringt.

Eine offene Tür bedeutet große Schwierigkeiten! Was für eine Perspektive!

Wenn Jesus uns einlädt, im Glauben zu leben, lädt er uns ein, in der Sicherheit der Liebe unseres Vaters zu leben und dabei seine Weisheit, seine Macht und seine Fähigkeiten im Blick zu haben – nicht unsere eigenen. Oft wird uns das auf Wege führen, die uns herausfordern, statt dass sie unserer eigenen Bequemlichkeit dienen.

Wenn du dich nicht regelmäßig in Situationen wiederfindest, die weit über deine eigenen Fähigkeiten hinausgehen, wächst du wahrscheinlich nicht. Wachstum entsteht, indem man den Status quo riskiert, nicht, indem man ihn schützt.

Ich werde aber bis Pfingsten in Ephesus bleiben; denn eine Tür hat sich mir aufgetan, weit und vielversprechend; und es gibt viele Widersacher (1 Kor 16,8-9).

8. Juni

Wo echte Sicherheit zu finden ist

Weil er dich unbedingt aus der Knechtschaft befreien will, dass du dir selbst dienst, wird Jesus dich einladen, über das hinauszugehen, was sich bequem und sicher anfühlt. Als er die Israeliten durch die Wüste führte, wurden sie so unsicher, dass sie die Sklaverei in Ägypten einem Leben als freie Männer und Frauen mit Gott in der Wüste vorzogen. Viele treffen heute die gleiche Entscheidung.

Sieh dir im Gegensatz dazu die Liste derer an, die in Hebräer 11 im Glauben lebten. In mehr als achtzig Prozent der Fälle sah das Leben im Glauben menschlich gesehen unverantwortlich aus. Aber sie waren nicht unverantwortlich, weil sie lernten, Gott zu folgen und sich auf ihn zu verlassen, und nicht auf die Wege der Menschen.

Das brachte sie zwar in größere Schwierigkeiten und kostete sie manchmal mehr, als sie sich je erträumt hatten, aber es brachte sie auch mitten ins Herz Gottes hinein. Sie lernten, sich auf ihn zu verlassen und nicht auf sich selbst, und genau darin liegt die wahre Sicherheit.

Wenn du auf das Schild mit der Aufschrift „Persönliche Sicherheit“ blickst, blickst du in die falsche Richtung. Kehre um. Sei bereit, unter Gottes Führung etwas zu riskieren, das so fantastisch ist, dass es ohne ihn nicht funktionieren würde. Dort wirst du entdecken, was Glaube wirklich ist.

Es ist aber der Glaube eine feste Zuversicht auf das, was man hofft, eine Überzeugung von Tatsachen, die man nicht sieht (Hebr 11,1).

Zufrieden mit dem, was Gott gibt

„Der Menschensohn hat keinen Ort, wo er sein Haupt hinlegen kann … Ihr könnt nicht gleichzeitig Gott und dem Geld dienen … Wenn wir aber Nahrung und Kleidung haben, dann gebt euch damit zufrieden."

Du kannst nicht sagen, dass du auf Gottes Versorgung vertraust, und dann festlegen, was er tun muss, um dich glücklich zu machen. Jesus hat nicht so geredet, als wolle Gott uns allen einen finanziellen Aufstieg sichern. Das heißt aber nicht, dass Gott die Menschen nicht manchmal finanziell segnet. Es bedeutet nur, dass die besten finanziellen Entscheidungen nicht immer die gottgefälligsten sind.

Wie viele Menschen sind Gottes Impulsen nicht gefolgt, weil sie nicht darauf vertrauen konnten, dass er für sie sorgt, oder weil es finanziell nicht sinnvoll aussah? Ich habe diesen Fehler öfter gemacht, als ich zugeben möchte.

Gottes Weg macht selten Sinn, wenn unsere Sorge um Geld im Vordergrund steht, obwohl er verspricht, sich um alle unsere Bedürfnisse zu kümmern. Hätte Paulus seine Entscheidungen nur danach getroffen, wie sie seine finanzielle Zukunft sichern würden, hätte er wohl vieles verpasst, was Gott für ihn bereithielt. Stattdessen lernte er, mit Gottes Versorgung zufrieden zu sein, und erkannte, dass sie von Zeit zu Zeit variieren kann.

Folge Gott oder folge dem Geld, aber du kannst nicht beidem folgen!

Das Denken dieser Menschen ist durch und durch verdorben; sie haben sich so weit von der Wahrheit entfernt, dass sie meinen, Frömmigkeit sei ein Mittel, sich zu bereichern (1 Tim 6,5 NGÜ).

Man braucht einen Plan, oder?

Es ist manchmal frustrierend, Gott um einen Fünfjahresplan zu bitten und dann das Gefühl zu haben, dass man kaum den nächsten Schritt sehen kann. Wir mögen langfristige Strategien, aber was ist, wenn Jesus es genießt, uns zu lehren, ihm zu folgen, indem er uns nur einen Schritt nach dem anderen zeigt?

Daran denke ich immer, wenn mir jemand von der Strategie erzählt, die Gott ihm gegeben hat, einen Dienst oder ein Unternehmen aufzubauen. Bei mir hat es nicht so funktioniert. Alle meine Fünf-Jahres-Pläne sind gescheitert, und die fruchtbringendsten Dinge, an denen ich heute beteiligt bin, entstanden aus einem einfachen Akt des Gehorsams, der mir Türen öffnete, von denen ich gar nicht wusste, dass es sie gab.

Als unsere Kinder in einen öffentlichen Kindergarten gingen, begann eine Reihe von Umständen, durch die ich Schulen auf nationaler Ebene dabei helfen konnte, Brücken zwischen Menschen mit eher weltlichen Interessen und Menschen des Glaubens zu bauen. Das hatte ich nie kommen sehen.

Ich sage jetzt gerne, dass Gottes Wille nicht in Form eines mehrjährigen Strategieplans zu uns kommt. Das sind nämlich meist unsere Ideen. Wir sind gerne eigenständig und vertrauen auf solide Prinzipien und Abläufe, statt dass wir auf seine allgegenwärtige Stimme hören.

Jesus ist jedoch mehr daran interessiert, uns zu lehren, in täglicher Abhängigkeit von seinem Reden zu leben und bereit zu sein, ihm zu folgen, auch wenn wir keine Ahnung haben, wie das Ergebnis aussehen könnte. Ihm zu folgen, bedeutet meistens, dass wir nur den nächsten Schritt sehen und nicht die nächsten zehn.

Folge ihm trotzdem, und du wirst sehen, wie sich sein wunderbarer Plan auf eine Art und Weise entfaltet, die du dir niemals hättest vorstellen können. Das kann man jedoch am besten im Rückblick auf seine Treue sehen, anstatt im Vorausschauen.

Nun zu euch, die ihr sagt: „Heute oder morgen werden wir in die und die Stadt reisen! Dort werden wir ein Jahr lang Geschäfte machen und viel Geld verdienen.“ Woher wisst ihr denn, was morgen sein wird? Was ist euer Leben? Es gleicht einem Dampfwölkchen, das aufsteigt und sich sogleich wieder auflöst. Sagt lieber: „Wenn der Herr es will, werden wir noch leben und dies oder jenes tun.“ Ihr aber seid stolz und überheblich; und ein solcher Stolz ist verwerflich (Jak 4,13-16 GNB).

11. Juni

Ein Licht in der Welt sein

Es gab eine Zeit in meinem Leben, in der ich keine wirklichen Beziehungen zu Menschen hatte, die keine Christen waren. Ich kannte nur andere Gläubige, die sich in derselben Gruppe wie ich versammelten und betrachtete diejenigen, die zu viele Freundschaften mit Menschen aus der Welt hatten, mit Misstrauen.

Das war es, womit Jesus konfrontiert wurde, als er ständig beschuldigt wurde, er würde mit den falschen Leuten Zeit verbringen – mit denen, die in Sünde gefangen waren, oder mit denen, die die Gepflogenheiten der religiösen Leute ignorierten. Das Herz seines Vaters hatte ihn dazu gebracht, bei den Geringsten und Verlorenen zu sein und ihnen zu helfen, die Freude, die Gott gibt, zu entdecken.

Denke also nicht, dass du ihn oder seine Gemeinde im Stich lässt, wenn er dir Gelegenheiten gibt, diejenigen zu lieben, die vielleicht noch verloren sind. Gott hat uns dazu berufen, das Licht an einigen der dunkelsten Orte zu sein.

Auch zündet niemand eine Lampe an, um sie dann unter einen Topf zu stellen. Im Gegenteil, man stellt sie auf den Lampenständer, damit sie allen im Haus Licht gibt (Mt 5,15 GNB).

Trotzdem folgen

Christsein bedeutet, in einer Beziehung mit dem lebendigen Gott zu leben. Das kannst du nicht, wenn du nicht frei bist, ihm zu folgen, wohin er dich führt.

Wer allerdings seinen Weg darauf ausrichtet, dass er versucht, missverstanden zu werden, religiöse Führer zu beleidigen, absurde Risiken einzugehen, leichtsinnig zu leben oder nur unter Sündern Gesellschaft zu finden, wandelt natürlich nicht unbedingt auf Gottes Weg. All das kann als Entschuldigung für ein arrogantes und zerstörerisches Handeln dienen, das ins Verderben führt. An solche Leute schreibe ich nicht.

Ich schreibe an Menschen, die sich für ein echtes Leben in Jesus begeistern, und das erreicht man nicht, indem man seinen religiösen Empfindungen folgt. Stattdessen können wir lernen, auf seinen Geist zu hören, der uns führt und uns lehrt, ihm zu vertrauen. Wir können leicht seine Führung verpassen, wenn sie nicht mit den falschen Vorstellungen übereinstimmt, die uns darüber beigebracht wurden, was ein Leben in Gott wirklich bedeutet.

Folge dem Lamm, wo immer es hingeht, damit du in dieser Welt wie Jesus bist und für alles verfügbar bist, was er in dir und durch dich tun will.

Dann sagte Jesus zu den Jüngern: „Wer von euch mir nachfolgen will, muss sich selbst verleugnen und sein Kreuz auf sich nehmen und mir nachfolgen“ (Mt 16,24 NLB).

Wo unsere Sicherheit liegt

In Zeiten nationaler und internationaler Katastrophen und Gefahren ist es einfach zu erkennen, wo unsere Sicherheit wirklich liegt. Liegt sie in den Illusionen unserer Wohlstandskultur, wird sich dir der Magen umdrehen und erholsamer Schlaf schwerfallen.

So richtig es ist, dass unsere Regierung Bedrohungen zu entschärfen versucht, unsere Sicherheit liegt nicht in Düsenjägern, Schutzanzügen oder Flughafensicherheitsleuten, genauso wenig wie das alte Israel sich auf Pferde und Streitwagen verlassen konnte. Wir leben in einer großartigen Zeit, um zu erkennen, wie sehr wir uns der Fürsorge und Führung des Herrn anvertrauen oder wie sehr wir von der Zeit, in der wir leben, geprägt sind.

Einer meiner Lieblingssätze im Buch der Offenbarung beschreibt die Nachfolger, die das Trauma der Endzeit ertragen und die Macht der Sünde und den Terror der Herrschaft des Antichristen überwunden haben: „Sie folgen dem Lamm, wohin es auch geht.“

Ich liebe die Einfachheit dieser Aussage und kann mir keine besseren Worte vorstellen, um zu beschreiben, wie ich leben möchte. Noch besser ist, dass du nicht bis zum Ende dieses Zeitalters warten musst, um so zu leben.

> *Diese sind es, die dem Lamm nachfolgen, wohin es auch geht. Diese sind aus den Menschen erkauft worden als Erstlinge für Gott und das Lamm* (Offb 14,4).

14. Juni

Es ist nicht das Äußere, das zählt

Die Nachfolge Jesu führte bei Paulus dazu, dass er ins Gefängnis gesperrt, von seinen Gegnern gesteinigt und sogar von Banditen ausgeraubt wurde und auf hoher See Schiffbruch erlitt. Paulus sah dies nie als Beweis dafür an, dass Gott ihn verlassen hatte, sondern vielmehr als Teil der Herausforderung, mit Jesus in einer gefallenen Welt zu leben.

Obwohl die Umstände ihn manchmal von allen Seiten bedrängten oder niederschlugen, sagte er, dass sie ihn nie erdrückten oder zur Verzweiflung brachten. Warum?

Er machte einen großen Unterschied zwischen dem, was ihm im Äußeren widerfuhr, und der Freude und Freiheit, die er im Inneren hatte. Er definierte seine Existenz nicht durch äußere Umstände. Selbst ein Unglück machte den Schatz in seinem Inneren nur noch vollkommener, sodass er anderen etwas weitergeben konnte, die durch Leid gingen.

Dieser Vorrang des inneren Lebens vor den äußeren Umständen ist der Kern dessen, was geistliche Reife ausmacht.

Was also könnte uns von Christus und seiner Liebe trennen? Leiden und Angst vielleicht? Verfolgung? Hunger? Armut? Gefahr oder gewaltsamer Tod? (Röm 8,35 HFA).

15. Juni

Vertraue in den schlimmsten Zeiten

Paulus sah sich nicht als Opfer seiner Umstände, sondern als Botschafter Christi in einer manchmal feindseligen Welt.

Ungeachtet dessen, was um ihn herum geschah, wusste er, dass Gott seine Zuflucht war. Natürlich wäre er nicht in der Lage gewesen, so zu leben, hätte er immer noch versucht, Gott zu zwingen, das zu erfüllen, was er wollte. Kannst du dir vorstellen, dass Paulus jeden Tag für unproblematische Lebensumstände gebetet hätte? Er hätte in großer Enttäuschung gelebt und die Vitalität seines Gebetslebens in Frage gestellt.

Wenn du Gott nur dann vertrauen kannst, wenn das Leben einfach ist, wirst du nicht nur ihn verpassen, sondern auch die wertvollste Frucht des Vertrauens. Wenn du auf Gottes Dinge schaust und weißt, wie sicher du in seiner Obhut bist, kannst du an jedem neuen Tag aufwachen, ohne von Ängsten geplagt zu sein, sondern bist frei, zu erleben, was er in den sich entfaltenden Geschehnissen deines Lebens tun wird.

Keine äußere Bedrohung kann sein Leben in dir antasten – weder die schlimmste Katastrophe noch die verlockendste Versuchung. Nichts bringt mehr Freude in sein Herz und mehr Freiheit in deines, als zu lernen, wie man inmitten von Tragödien in Frieden lebt.

Er wird dich lehren, wenn du ihn bittest. Wenn du deinen Blick mehr auf ihn als auf die Ereignisse dieser Welt richtest, kannst du allem mit der Zuversicht begegnen, die sich daraus ergibt, dass du ihn kennst.

... denn ihr seid gestorben, und euer Leben ist verborgen mit dem Christus in Gott ... (Kol 3,3).

Teil 3: Im Vertrauen wachsen

16. Juni

Der Ruf des Hirten, Teil 1

Erinnerst du dich noch an den ersten Tag, an dem dir klar war, dass ich dich liebe? Weißt du noch, wie rein du dich fühltest und wie leicht dein Herz war? Die Luft schien klarer, die Farben meiner Schöpfung leuchtender. Du fühltest dich, als wärst du aus einer dunklen, schmutzigen Höhle gestolpert und hättest dich kopfüber in einen sauberen, kühlen Bach gestürzt. Du hast die Realität meiner Gegenwart in dich aufgesogen und vor Freude in meiner Güte geplanscht.

In diesem Moment war nichts anderes wichtig. Du wusstest im Innersten deines Wesens, dass ich echt bin und eine große Zuneigung zu dir habe. Selbst im Angesicht widriger Umstände warst du davon überzeugt, dass es nichts gibt, was wir nicht gemeinsam durchstehen könnten. Meine Liebe hat dich nicht nur überwältigt, sondern hat dich auch mit Gnade für andere überschüttet, sogar für diejenigen, die dir Unrecht getan hatten. Jeden Morgen wachtest du in freudiger Erwartung dessen auf, was ich dir an diesem Tag zeigen würde. Du hast dich an mir erfreut, während ich mich an dir erfreute. Jeder Tag wurde zu einem gemeinsamen Abenteuer.

Würdest du nicht gerne dahin zurückkehren? Ich auch. Ich wollte nicht, dass dies nur der Anfang wäre, sondern dass du dort jeden Tag leben würdest.

Dann werde ich selbst die Quelle eurer Freude sein. Über alle Hindernisse lasse ich euch triumphieren und ihr könnt den Ertrag des Landes genießen, das ich eurem Stammvater Jakob gegeben habe (Jes 58,14 GNB).

Der Ruf des Hirten, Teil 2

Ich weiß, dass die Dinge kompliziert wurden. Ich habe nicht alles in Ordnung gebracht, was du von mir wolltest, und ich weiß, dass das dein Vertrauen in mich erschüttert hat. Andere haben dir gesagt, du würdest dich nicht genug anstrengen, und so bist du zu dem Schluss gekommen, der Erfolg unserer Beziehung hänge von deinem Einsatz und deiner Weisheit ab.

Wenn etwas schief ging, hast du entweder mir die Schuld gegeben, weil ich dich nicht liebte, oder dir selbst, weil du dich nicht genug angestrengt hattest. Beides war eine Sackgasse, und das Leben, das wir miteinander teilten, verblasste schließlich in Verwirrung und Schuldgefühlen.

Aber ich habe dich nie aufgegeben. Ich wusste, dass deine besten Bemühungen nicht ausreichen würden. Deshalb habe ich in mir bereits alles erfüllt, was mein Vater jemals von dir verlangen würde. Deine Gerechtigkeit liegt in mir, und Schuld hat keinen Platz in unserer Beziehung.

Und ich weiß, dass ich deine Erwartungen enttäuscht habe, aber das war nur, weil ich etwas Besseres für dich im Sinn habe als du für dich selbst.

Ich wirke sowohl durch Zeiten des Schmerzes als auch durch Zeiten der Freude.

Doch auch wenn die Feigenbäume noch keine Blüten tragen und die Weinstöcke noch keine Trauben, obwohl die Olivenernte spärlich ausfällt und auf unseren Kornfeldern kein Getreide wächst, ja selbst wenn die Schafhürden und Viehställe leer stehen, will ich mich trotzdem über meinen Herrn freuen und will jubeln. Denn Gott ist mein Heil! (Hab 3,17-18 NLB).

18. Juni

Der Ruf des Hirten, Teil 3

Ich weiß, du dachtest, ich hätte dich aus den Augen verloren, aber das habe ich nie.

Du warst es, der mich aus den Augen verloren hat, aber ich weiß genau, wo du bist und wohin du gegangen bist, denn ich bin dir dorthin gefolgt. Ich habe immer wieder deinen Namen gerufen und dich in das Leben eingeladen, das wirklich Leben ist. Aber so viele andere Dinge haben meine Stimme übertönt – Aktivitäten, von denen du dachtest, sie würden mich näher zu dir bringen, und die Geschäftigkeit, in der du dich verfangen hast, in der Hoffnung, deine Leere zu verbergen.

Selbst als ich dich in die Arme nehmen wollte, bist du zurückgewichen, weil du meine Hand nicht erkannt hast; ich habe mich zurückgehalten und dir den Abstand gelassen, den du glaubtest zu brauchen. Ich werde dich lehren, meinen Plänen zu vertrauen, damit auch schwierige Zeiten unsere Freundschaft nicht zerstören.

Komm, mein(e) Geliebte(r), lass mich wieder wie eine kühle Quelle über dich fließen und alles reinigen, was dich verletzt und verwirrt hat. Lass uns neu anfangen, und ich werde dir zeigen, wie sehr ich dich liebe, und dass alles, was ich je von dir wollte, du warst!

Ich bin immer noch in deiner Gegenwart, aber du hast meine Hand genommen. Du führst mich weise und zärtlich, und dann segnest du mich (Ps 73,23-24 MSG).

19. Juni

Der Ruf des Hirten, Teil 4

Habe ich dir nicht gesagt, dass ich mich um dich kümmern werde – dass ich dich auf sichere Weiden führen und dich mit lebendigem Wasser erfrischen werde?

Habe ich dir nicht gesagt, dass ich die Hirten verworfen habe, die meine Herde für ihre eigenen Zwecke missbrauchen wollten, indem sie meine Schafe für ihren eigenen Gewinn misshandelten und ausbeuteten?

Du brauchst keinen anderen Hirten als mich. Ich werde dich auf fette Weiden führen und über dich wachen, damit du nie wieder Angst haben musst. Ich werde dich nicht ausbeuten, denn ich bin der Hirte, der sein Leben für die Schafe gibt.

Ich bin nicht vor meinem eigenen Tod davongelaufen, sondern habe die Schande auf mich genommen, weil ich den Weg frei machen wollte, damit wir zusammen sein können.

... denn das Lamm, das inmitten des Thrones ist, wird sie weiden und sie leiten zu lebendigen Wasserquellen, und Gott wird abwischen alle Tränen von ihren Augen (Offb 7,17).

20. Juni

Der Ruf des Hirten, Teil 5

Niemand auf diesem Planeten hat dich jemals so geliebt und wird dich jemals so lieben wie ich. Die große Lüge der Finsternis ist, dass du mir dein Leben nicht anvertrauen kannst.

Aber ich kann es!

Ich werde mich um dich kümmern und dich lehren, mir zu folgen, damit du die Fülle meines Lebens kennenlernen kannst. Ich werde dich nah an meinem Herzen halten, während wir durch die kommenden Tage gehen. Selbst im Angesicht von Schmerz und Tod werde ich dafür sorgen, dass dich nichts aus meiner Hand reißen kann. Ich werde dich zu mir ziehen, jede Träne aus deinen Augen wischen und dich durch all das in die Person verwandeln, von der ich weiß, dass du sie sein willst.

Du warst an Orten unterwegs, wo du verletzt wurdest, und hast nach einfachen Antworten gesucht, die sich als falsch erwiesen haben. Ich bin nicht der Ursprung deines Schmerzes, sondern derjenige, der dir Heilung angeboten hat. Die ganze Zeit über wollte ich dir zeigen, wie ich wirke. Ich klebe kein Pflaster auf dein Leben, damit es besser aussieht. Ich möchte dich an den tiefsten Stellen heilen.

Ganz sein kannst du nicht ohne mich, aber du kannst den Heilungsprozess vereiteln, wenn du nicht zulässt, dass ich dir zeige, wie du dich meiner Weisheit und Macht anvertraust.

Du hast nichts zu befürchten. Dein ganzes Leben liegt in meinen Händen und meine Hände sind sicher.

Vertraue auf den HERRN von ganzem Herzen und verlass dich nicht auf deinen Verstand (Spr 3,5).

21. Juni

Der Ruf des Hirten, Teil 6

Meine Schafe kennen meine Stimme.

Ich rufe dich beim Namen und zeige dir den Weg, den du gehen sollst, aber du hast die Stimme von Fremden als zuverlässiger empfunden als meine eigene. Diejenigen, die reihum vorgeben, der Hirte zu sein, haben dein Vertrauen in meine Fähigkeit, dich zu führen, zerstört. Sie wollten, dass du von ihnen abhängig bist, und haben dir gesagt, du solltest ihnen folgen, weil sie wüssten, was das Beste für dich sei.

Viele von ihnen meinen es sogar gut, aber das Endergebnis war immer das gleiche. Sie konnten dich nicht zum Leben führen, weil das Leben nur in mir ist. Sie konnten nicht wissen, wohin ich dich führen wollte, und sie waren durch ihre eigenen Pläne für dich blind für mein Wirken.

Und du bist ihnen gefolgt, nur um von ihnen missbraucht und ausgenutzt zu werden. Es war ihre Vision, der sie dienten, nicht meine. Ja, ich habe deinen Schmerz gesehen, als sie sich gegen dich wandten, weil du ehrliche Fragen gestellt hast, und dich abschnitten, als du versucht hast, mir statt ihnen zu folgen.

Ich weiß, wie sehr es schmerzt, von denen verraten zu werden, von denen du dachtest, sie würden dich lieben.

Ich habe nie gewollt, dass du ihnen mehr vertraust als mir. Ich habe dich nie gebeten, einem Mann oder einer Frau zu folgen. Sie waren es, die dich darum gebeten haben.

Glaubt nicht jedem, der behauptet, dass Gottes Geist durch ihn redet. Prüft vielmehr genau, ob das, was er sagt, wirklich von Gottes Geist stammt. Denn in dieser Welt verbreiten viele falsche Propheten ihre Irrlehren (1 Joh 4,1 HFA).

22. Juni

Der Ruf des Hirten, Teil 7

Ich weiß, dass viele von euch dachten, die kontrollierenden Leiter würden euch helfen, aber am Ende haben sie euch nur in die Irre geführt. Sie haben euch mit ihrer eingebildeten Autorität schikaniert und euch mit Schuldgefühlen und Aufrufen zur Loyalität gequält.

Aber ihr wusstet es besser, nicht wahr?

Oft habe ich euch gewarnt, deshalb war euer Herz so unruhig bei den Dingen, die sie euch erzählt haben. Ihr habt euch über meine Warnungen hinweggesetzt, weil ihr euch nicht für reif genug hieltet, Leute wie sie zu hinterfragen.

In solchen Momenten habt ihr auf euch selbst geschaut und nicht auf mich. Ich bin stark genug, um euch in meinem Leben zu führen, auch über deine Zweifel und Unsicherheiten hinweg.

Sie geben dem Weg der Wahrheit einen schlechten Ruf. Sie sind nur auf sich selbst aus. Sie sagen alles, was gut klingt, um dich auszubeuten. Damit werden sie natürlich nicht durchkommen. Sie werden ein böses Ende nehmen, denn Gott hat so etwas noch nie einfach so hingenommen (2 Petr 2,2-3 MSG).

23. Juni

Der Ruf des Hirten, Teil 8

Jeder, der mich wirklich kennt, wird dich lehren, mir zu folgen.

Diese werden dich nicht benutzen, um ihren Dienst aufzubauen oder ihre Taschen zu füllen. Sie werden gerne geben und dich immer auf den einzigen Hirten verweisen, der zählt – mich! Sie werden dich ermutigen, meiner Liebe zu dir zu vertrauen, und dich lehren, mir nachzufolgen, auch wenn du dir unsicher bist, wie du das machen sollst.

Sie wissen, dass es für dich besser ist zu lernen, mir zu folgen und einen Fehler zu machen, als dich in irgendeinem Programm, das sie sich ausdenken, sicher zu fühlen.

Bist du es leid, auf die Stimme von Fremden zu hören?

Ich will dich lehren, meine Stimme wieder zu erkennen. Ich habe andere, die dir beim Lernen helfen werden, aber höre nur auf die, die dich zu mir führen, nicht auf die, die dich für ihre Sache gewinnen wollen. Du kannst darauf vertrauen, dass ich dir alles erkläre, was du wissen solltest und wozu ich dich berufe. Wenn du in dem, was andere sagen, meine Stimme nicht hörst, dann fühle dich nicht verpflichtet, ihrem Rat oder ihren Anweisungen zu folgen. Nur in mir bist du wirklich sicher.

Ich bin nicht laut und ungestüm. Ich konkurriere weder mit dem Lärm der Welt noch mit der Geschäftigkeit deiner Pläne. Ich rufe dich sanft bei deinem Namen, halte dich nah an meinem Herzen und lade dich ein, mir zu folgen.

... Er führt sie, und sie folgen ihm, weil sie mit seiner Stimme vertraut sind. Der Stimme eines Fremden folgen sie nicht, sondern zerstreuen sich, weil sie den Klang der Stimme nicht gewohnt sind (Joh 10,4 MSG).

Der Ruf des Hirten, Teil 9

Wenn meine Stimme nur kurz an dir vorbeizuziehen scheint und dann in der Hektik des Lebens verblasst, dann liegt das daran, dass deine Ohren besser auf andere Dinge eingestellt sind. Ich scheine nur dann weit weg zu sein, wenn du auf deine eigene Weisheit vertraust und nicht auf meine.

Oft habe ich dir den Weg gezeigt, den du gehen sollst, aber anstatt einfach zu folgen, hast du dir die Herausforderungen angesehen, die dir im Weg standen, und dich davon überzeugt, dass ich es nicht bin. Eines Tages wirst du erkennen, dass deine Sicherheit nicht in angenehmen Umständen liegt, sondern darin, bei mir zu sein.

Wenn du vergessen hast, wie man auf mich hört, bitte mich einfach und ich werde es dir zeigen. Es ist nicht so schwer, wie du denkst. Ich möchte einfach, dass du mir näherkommst und mir wieder dein Herz schenkst.

Je mehr du in der Erkenntnis meiner Liebe zu dir wächst, desto leichter wird es dir fallen, mein sanftes Stupsen zu erkennen. Ich bin größer als jeder Zweifel, der dich plagt, und jede Stimme, die dich in eine andere Richtung lenken will. Ich werde dir helfen, meine Gegenwart in allem, was du tust, zu erkennen. Ich werde dir zeigen, wie du als Vater oder Mutter, Kind oder Schüler, Arbeitgeber oder Arbeitnehmer, Nachbar oder Freund leben kannst.

Verbanne mich nicht in einen abgesonderten geistlichen Teil deines Lebens; ich möchte dein gesamtes Leben geistlich machen und es ganz in mir erfüllen.

Kommt her, ihr Kinder, hört auf mich … (Ps 34,11).

Der Ruf des Hirten, Teil 10

Ich weiß, je enger du mir folgst, desto einsamer scheint es zu sein.

Manchmal denkst du sogar, ich hätte dich im Stich gelassen, und ziehst dich in deine Ängste zurück. Aber selbst da bin ich bei dir und rufe dich aus dir heraus, damit du in die Freiheit kommst, mein Kind zu sein und dein Herz mit anderen in meiner Herde zu verbinden, die für keinen anderen leben.

Du wurdest als arrogant, unabhängig und ungehorsam bezeichnet, und zwar nicht von denen, die mein Herz kannten, sondern von denen, die wollten, dass du dich ihrer Art und Weise, die Dinge zu tun, anpasst. Sie können nicht erkennen, dass ich meine Herde auch anders organisieren kann, als sie es sich vorstellen. Wenn du nur wüsstest, wie viele meiner Leute über die ganze Welt verstreut sind, würdest du dich freuen, dass du nicht allein bist.

Einige von ihnen wohnen in deiner Nähe oder arbeiten neben dir. Ich weiß, dass du sie noch nicht kennst, aber du kennst die Leidenschaft in ihrem Herzen und ihren Wunsch, sich mit Menschen zu verbinden, die diese Leidenschaft teilen.

Ich bin der Hirte aller meiner Schafe, und ich lade dich nicht nur ein, mir als Einzelperson zu folgen, denn ich sammle meine Herde von den Enden der Erde – nicht in menschlichen Systemen, die deine Zeit und Energie verschlingen, sondern in der gemeinsamen Freude an gesunden Freundschaften.

Keinem Menschen wird das gehören und kein System wird nachahmen können, was ich zwischen meinen Leuten aufbaue. Widerstehe der Versuchung, Modellen zu folgen, die von Menschen erdacht wurden und immer scheitern werden.

... auch sie werden meine Stimme hören, und es wird eine Herde und ein Hirte sein (Joh 10,16).

Der Ruf des Hirten, Teil 11

Ich werde dich in Beziehungen mit Menschen in deiner Nähe und sogar in der Ferne einweben, damit du den Reichtum meiner Herde genießen kannst. Versuche nicht, es auf eigene Faust zu machen. Lebe einfach jeden Tag mit auf mich gerichteten Augen und liebe die Menschen, die ich dir in den Weg stelle, und schon bald wirst du Menschen um dich herum finden, die demselben Hirten folgen.

Aber zuerst möchte ich, dass dein Herz ganz mir gehört. Wenn du versuchst, andere in dieser „Gemeinde" zu benutzen, um das zu bekommen, was du bei mir nicht findest, wird das nur die Beziehung ruinieren.

Ich will euch zeigen, wie ihr mein Leben miteinander teilen könnt, indem jeder aus meiner Hand empfängt und es großzügig mit den anderen teilt, ohne im Gegenzug etwas dafür zu verlangen. Wenn ihr auf diese Weise liebt, werdet ihr feststellen, dass das Leben in meinem Volk nicht beschwerlich, sondern mit großer Freude erfüllt ist.

Dir wird nach solchen Begegnungen klarer sein, wer ich bin, und wirst dich weniger auf deine Bedürfnisse und Schwächen konzentrieren – und auch weniger auf die der anderen.

Alle, die zum Glauben an Jesus gefunden hatten, waren ein Herz und eine Seele (Apg 4,32 HFA).

Der Ruf des Hirten, Teil 12

Was brauche ich von dir?

Alles, was ich brauche, ist ein bereitwilliges Herz, das mir dorthin folgt, wo ich dich hinbringen will. Ich brauche kein großes Talent, keine große Weisheit und keine großen Fähigkeiten. Wenn du mir nur dein Leben auslieferst, kann ich dich lehren, mir über deine Weisheit und deine Ängste hinaus zu vertrauen.

Ich möchte, dass du deine Pläne für dein Leben aufgibst – sie werden dich nur von dem ablenken, was ich im Sinn habe. Selbst die besten Absichten können dazu führen, dass du die falschen Ergebnisse anstrebst und einen falschen Weg einschlägst. Wenn du nur wüsstest, welche Pläne ich für dich habe, mit einer Zukunft und einer Hoffnung, die deine eigenen Wünsche und Pläne bei Weitem übersteigen, würdest du deine sofort aufgeben.

Wenn es brenzlig wird, versuche nicht, dich selbst zu retten – du wirst dich nur noch mehr in Schwierigkeiten bringen. Wenn der Ärger dich umgibt, halte inne! Atme tief durch und wende dich an mich. Warte und lausche, bis du den Impuls in deinem Herzen hörst, der sagt: „Das ist der Weg, den du gehen sollst."

Mach dir keine Sorgen darüber, ob es für dich Sinn macht oder nicht. Das ist nichts Neues für mich, aber ich kenne den Weg durch deine Zweifel und deinen Schmerz hindurch zu tieferer Verwandlung und Freiheit.

> *... erkenne den Gott deines Vaters und diene ihm von ganzem Herzen und mit williger Seele! Denn der HERR erforscht alle Herzen und erkennt alles Trachten der Gedanken. Wenn du ihn suchst, so wird er sich von dir finden lassen ...* (1 Chr 28,9).

28. Juni

Der Ruf des Hirten, Teil 13

Wenn du morgens aufwachst, öffne dein Herz für meine Liebe. Bitte mich, mit dir zu gehen, damit du über deine eigene Weisheit hinaussiehst.

Dann lass uns gemeinsam durch den Tag gehen. Lebe nicht in der Vergangenheit, indem du das wiederholst, was du schon einmal getan hast, oder dich in deinem Bedauern verlierst.

Versuche nicht, deine Zukunft zu sichern, indem du den Programmen oder dem Modell anderer folgst. Das bietet nur eine falsche Sicherheit.

Gib sogar deine Träume für den Dienst auf. Du hast deine Träume mit meinen verwechselt, und wenn du versuchst, sie auf eigene Faust zu erfüllen, wirst du nur frustriert sein. Das meiste, was du Dienst nennst, hat mehr mit menschlichen Ambitionen zu tun als mit dem Leben in meinem Reich. Dein Streben nach dem Dienst statt nach mir wird ein Hindernis sein, kein Segen.

Lass mich dir immer wieder aufs Neue zeigen, wie sehr ich die Menschen mit gebrochenem Herzen, die Verwundeten und die Unterdrückten liebe und wie ich sie befreie. Wenn du siehst, was ich tue, wirst du wissen, was du tun sollst.

Wenn ihr die Lade des Bundes des HERRN, eures Gottes, seht und wie die levitischen Priester sie tragen, so brecht auf von eurem Ort und folgt ihr nach … So werdet ihr wissen, auf welchem Wege ihr gehen sollt; denn ihr seid den Weg bisher noch nicht gegangen (Jos 3,3-4 LUT).

29. Juni

Der Ruf des Hirten, Teil 14

Du hast die Wahl, weißt du. Ich kann dir weiter folgen und dich aus all den Dingen retten, in denen du feststeckst, oder du kannst dich umdrehen und mir folgen, und ich werde dich auf die Höhen meiner Herrlichkeit führen.

Ich bin der Weg zur Fülle des Vaters, und mein größter Wunsch ist, dich dorthin zu bringen.

Lass dich von mir in die Arme nehmen und tragen, während ich dir die Wunder des Reiches meines Vaters zeige. Stell deine Ohren auf meine Stimme ein und schau in allem, was geschieht, auf mich, um zu erkennen, was ich dir darin möglicherweise zeige.

Es gibt keine Situation, durch die ich dich nicht hindurchführen kann, und es gibt keine Verheißung, die ich nicht in dir erfüllen kann. Vertraue meiner Stimme mehr als deiner eigenen und beuge dich meiner Hand, während ich dich zu der Person forme, für die ich dich geschaffen habe.

Du kannst nichts tun, um dir das zu verdienen – das liegt jenseits deiner Fähigkeiten. Aber es liegt nicht jenseits meiner Fähigkeiten. Ich bin in der Lage, dich aufzurichten und dich in meinem Evangelium zu gründen. Ich bin in der Lage, dich mit aller Gnade zu überhäufen, damit du in allen Dingen und zu allen Zeiten alles hast, was du brauchst.

Herr, mein Beschützer, ich preise dich! Du bringst meinen Händen das Fechten bei und machst meine Finger geschickt zum Kampf. Du mein treuer Helfer, meine Burg, meine sichere Festung und mein Retter, mein Schild, hinter dem ich mich berge, du unterwirfst mir fremde Völker (Ps 144,1-2 GNB).

30. Juni

Der Ruf des Hirten, Teil 15

Ich bin ...

- ... in der Lage, dir in deinem schwächsten Moment zu helfen.
- ... dein treuer Freund, der mit deinem Schmerz mitfühlt und all die Barmherzigkeit und Gnade hat, die du brauchst.
- ... in der Lage, dich vor dem Straucheln zu bewahren und dich tadellos und mit Jubel vor seine Herrlichkeit hinzustellen (vgl. Jud 24).
- ... in der Lage, meine Herde von allen Orten zu sammeln, an die sie sich verstreut hat. Ich werde sie auf die Höhen meiner Herrlichkeit führen, wo sie sich an den grünsten Weiden erfreuen und das reinste Wasser trinken können. Weil ich es bin, brauchst du nie wieder Angst zu haben. In meinen Händen bist du sicher.

Komm, mein(e) Geliebte(r), deine Zeit ist jetzt gekommen. Nimm meine Hand! Ich werde dir alles zeigen, was ich in meinem Herzen für dich bereithalte, und du wirst die unendliche Freude entdecken, in meiner Ruhe zu leben.

Siehe, ich selbst will nach meinen Schafen suchen und mich ihrer annehmen! Wie ein Hirte seine Herde zusammensucht an dem Tag, da er mitten unter seinen zerstreuten Schafen ist, so will ich mich meiner Schafe annehmen und sie aus allen Orten erretten, wohin sie zerstreut wurden an dem Tag des Gewölks und des Wolkendunkels. Und ich werde sie aus den Völkern herausführen und aus den Ländern zusammenbringen und werde sie in ihr Land führen (Hes 34,11-13).

1. Juli

Ich würde es lieber selbst tun

Vor ein paar Jahren nahm ich meinen Sohn Andy zu einem Fernsehinterview in Nashville mit. Mein Bruder war der Regisseur, und Andy wollte sehen, wie es bei der Fernsehproduktion zugeht, da er das als Beruf in Betracht zog.

Meistens bin ich in seinen Augen nicht mehr so cool, wie ich es früher war. Ich bin ihm manchmal sogar peinlich, selbst ohne dass ich es beabsichtige. Als ich weggehen musste, um andere Dinge im Studio zu tun, hat er mich sicher nicht vermisst.

Das gehört zum Erwachsenwerden: Andy lernte damals, in der Welt für sich selbst Verantwortung zu übernehmen. Leider ist Heranwachsen zu einem verantwortungsvollen Erwachsenen in der Welt etwas anderes als das, was es bedeutet, in Christus reif zu werden. Das Leben in Christus kann nicht allein gelebt werden. Das ist offensichtlich.

Eine Kostprobe davon bekamen wir auf dem Heimflug. Mein Sohn hasst es zu fliegen, und zu allem Überfluss gerieten wir in einem kleinen Pendlerflugzeug in schwere Turbulenzen, als ein El-Nino-Sturm über Kalifornien hereinbrach. Plötzlich war Papa gar nicht mehr so uncool.

Er wollte mich da haben, damit er mich alle paar Sekunden fragen konnte, ob wir noch sicher seien. Er brauchte auch jemanden, an dem er seinen festen Entschluss auslassen konnte, nie wieder zu fliegen. Das ist das Bild, das Jesus uns von ihm vermitteln will – in Zeiten der Not und in Zeiten der Freude. Er ist bei uns, nicht aufdringlich, aber er teilt unser Leben mit uns.

... damit ihr vollkommen und vollständig seid und es euch an nichts mangelt (Jak 1,4).

2. Juli

Den Moment verpassen

Es ist schon eine ganze Weile da – das Gefühl, dass Jesus etwas von dir möchte. Es ist nicht ständig da, aber es taucht immer wieder auf, wenn du dich an etwas erinnerst. Plötzlich spürst du eine tiefere Regung in deinem Herzen und bist sogar gespannt darauf, wie sie sich erfüllen wird.

Vielleicht erinnerst du dich sogar gerade an so etwas, während du dies liest.

Aber genauso schnell verblasst dieses Gefühl, wenn es von den täglichen Anforderungen des 21. Jahrhunderts verschluckt wird. Verpflichtungen bei der Arbeit, Hausarbeiten, Bedürfnisse der Familie und die Betriebsamkeit des Lebens nehmen unseren Tag in Beschlag und lassen uns von einem Umstand zum nächsten eilen, bis die Erfüllung unserer Verpflichtungen fast unsere gesamte Zeit in Anspruch nimmt.

Wir sind durch die alltäglichen Aufgaben so erschöpft, dass wir gerade noch genug Energie für ein wenig Zeitvertreib aufbringen können, bevor wir ins Bett fallen und am nächsten Tag wieder mit dem täglichen Trott beginnen.

Auf diese Weise verpassen wir unsere Zeiten mit ihm und vergessen dann, was er uns zuflüstert. Achte darauf, wenn er dein Herz anstupst. Folge ihm, so gut du kannst, und du wirst feststellen, dass du in der Fülle lebst.

Da kam der HERR und trat herzu und rief wie zuvor: Samuel! Samuel! Und Samuel sprach: Rede, denn dein Knecht hört! (1 Sam 3,10).

3. Juli

Um was bittet dich Gott?

Geistliche Stagnation kann leicht jeden von uns umgarnen.

Anstatt jeden Tag uns auf das Abenteuer einzulassen, was Jesus in unserem Leben tun möchte und was er mit uns vorhat, lassen wir uns von der Denkweise der Welt einfangen und konzentrieren uns nur darauf, die täglichen Anforderungen hinter uns zu bringen.

Wenn das passiert, sind wir so sehr mit unserer Arbeit, unserem Zuhause und unseren Aktivitäten beschäftigt, dass wir vergessen, dass wir Teil eines größeren Reiches sind. Sogar unsere geistliche Leidenschaft wird uns geraubt, wenn wir die allgegenwärtige Stimme Jesu gegen die Verpflichtungen, Traditionen und Rituale eintauschen, die andere uns vorschreiben.

Viele Menschen denken dann, sie würden eine trockene Zeit durchmachen und Gottes Gegenwart sei an ihnen vorbeigegangen, obwohl das völlig falsch ist. Er ist genau da, wo er schon immer war, nämlich tief in deinem Herzen, und nutzt alles, was er kann, um dich einzuladen, an seiner Seite zu sein. Er will seine Herrlichkeit mit dir teilen – nicht, sie dir vorenthalten.

Wenn du dich festgefahren fühlst, suche dir einen Rückzugsort (und sei es nur für einen Moment), um die Abenteuerlust, die tief in dir pulsiert, wiederzufinden.

Wenn du nur deinen eigenen Weg gehen willst und bei jeder Gelegenheit mit der Welt flirtest, wirst du zum Feind

Gottes und seines Weges. Glaubst du etwa, das sei Gott egal? In den Sprüchen steht: „Er ist ein eifersüchtiger Liebhaber." Und was er in Liebe gibt, ist viel besser als alles andere, was du finden kannst (Jak 4,4 MSG).

4. Juli

Die Melodie im Wind

Kannst du es hören?

Es ist das Lied der Zeiten, das immer noch unter dem Stress und den Strapazen dieser Welt erklingt, frisch aus dem Herzen deines Vaters. Unabhängig von allem, was um dich herum passiert, lädt es dich in seine Wirklichkeit ein.

Es ist nicht das lauteste Lied im Wind. Ängste und Wut werden lauter schreien. Der politische Unfrieden wird es übertönen, und es kann leicht von den Dissonanzen der Angst verschluckt werden, die diese unruhigen Zeiten beherrschen.

Aber unter all dem erklingt immer noch sein Lied, so sicher wie die aufgehende Sonne und triumphaler als die schönste Sinfonie.

Du wirst es nicht finden, wenn du eine nach deiner Vorstellung sichere Zukunft anstrebst. Du wirst dich nicht darauf konzentrieren können, wenn du deine Überzeugungen verteidigst oder deine Hoffnung auf noch nicht erfüllte Prophezeiungen über eine kommende Erweckung setzt.

Du hast keine Ahnung, was auf dich zukommt, und all diese Stimmen auch nicht. Die ehrlichen Stimmen werden dir das sagen. Deine Sicherheit muss jetzt in Jesus liegen und in ihm allein. Alle anderen Stimmen sind nur Illusionen, die dich vielleicht für den Moment trösten – aber wenn sie dich im Stich lassen, wie tief wird dann der Schmerz sein? Günstige und ungünstige Umstände werden kommen und gehen.

Die einzige Zuflucht ist, dich der wunderbaren Liebe eines gnädigen Vaters zu überlassen und zu erleben, wie sich seine göttlichen Pläne um dich herum entfalten. Er wird dich niemals im Stich lassen.

Siehe, Gott ist meine Rettung, ich bin voller Vertrauen und fürchte mich nicht. Denn Jah, der HERR, ist meine Stärke und mein Loblied, und er ist mir zur Rettung geworden (Jes 12,2 ELB).

5. Juli

Er ist genug

Komm mit mir, mein(e) Geliebte(r)!

Da! Hast du es gehört?

Vielleicht waren es nur ein paar Töne, aber selbst ein wenig davon wird deinem erschöpften Herzen wieder Hoffnung einhauchen. Du wirst sie als die beruhigende Melodie erkennen, die dich an sein stilles Wasser einlädt, wo Frieden und Ruhe über deine Angst und deinen Kummer hinwegspülen werden. Verweile dort und wende dich ab von ängstlichen Gedanken und wütenden Stimmen, sowohl innerlich als auch äußerlich.

Sein Lied hat einen anderen Rhythmus. Er genügt. Du bist zutiefst geliebt. Die ganze Schöpfung ist immer noch in seinen Händen.

In seinem Lied gibt es weder Angst noch Frustration. Seine sanften und beschwingten Töne ziehen dich tiefer in sein Herz, in dem die Angst nicht mehr gedeiht. Es lädt dich in eine Wirklichkeit ein, die viel folgenreicher ist als alles, was du mit deinen Augen siehst oder mit deinen Ohren hörst.

Es beruhigt dein Herz mit dem Vertrauen, dass Gott auch dafür groß genug ist.

Und sie singen das Lied Moses, des Knechtes Gottes, und das Lied des Lammes und sprechen: Groß und wunderbar sind deine Werke, o Herr, Gott, du Allmächtiger! Gerecht und wahrhaftig sind deine Wege, du König der Heiligen! (Offb 15,3).

Die Rhythmen der Gnade

Nichts von dem, was in deinem Leben vor sich geht, hat Jesus überrascht.

Er hat dich nicht dir selbst überlassen. Seine Erlösung kommt nicht erst in der Zukunft. Jesus hat uns versichert, dass sein Vater immer am Werk ist. Das gilt auch für dich ... heute.

Er hat einen Weg für dich – selbst wenn jemand, den du liebst, leidet, selbst wenn dein Unternehmen nicht überlebt, selbst wenn unsere Kultur um uns herum zusammenbricht, selbst wenn dies die Zeit ist, dass du zu ihm in ein Reich kommst, das ewig währt.

Er hat Möglichkeiten, an die du noch gar nicht gedacht hast.

Komm mit mir, mein(e) Geliebte(r)!

Sein Lied ist eine Einladung, kein Zwang. Du wirst es deutlicher an dem stillen Ort in deiner Seele finden, an dem Jesus sich zu erkennen gibt.

Es kann eine Weile dauern, bis du deine Ohren wieder auf seine Melodie einstellst und sie in deinem Herzen behältst. Du wirst wissen, dass du sie gefunden hast, wenn dein Herz tief durchatmet und beginnt, im ungezwungenen Rhythmus seiner Gnade zur Ruhe zu kommen.

Bist du müde? Ausgelaugt? Ausgebrannt von der Religion? Komm zu mir. Komm mit mir und du wirst dein Leben zurückbekommen. Ich zeige dir, wie du dich wirklich erholen kannst. Geh mit mir und arbeite mit mir – sieh mir zu, wie ich es mache. Lerne die ungezwungenen Rhythmen der Gnade kennen (Mt 11,28-29 MSG).

7. Juli

Konzentriere dich auf seine Melodie

Du kannst seine Melodie nicht hören, die durch die Schöpfung um dich herum fließt? Dafür braucht man andere Ohren als die an der Seite deines Kopfes.

Noch wichtiger als das Lied zu hören, ist es, denjenigen zu erleben, der es komponiert hat. Nimm seine Hand und folge seiner Führung, wie auch immer du ihn heute am besten wahrnimmst. Wache morgen auf und finde das Lied wieder.

Alles andere in dieser Welt wird versuchen, dich von seiner Melodie abzubringen und dich in ihre unharmonischen Töne zurückzuholen. Du musst diesen falschen Tönen nicht nachgeben.

Du kannst immer wieder zu ihm und zu seinen stillen Wassern zurückkehren und dich dort baden. Dort wirst du die Weisheit bekommen, die Herausforderungen eines jeden Tages zu meistern, ohne Angst vor der Zukunft zu haben. Du wirst wissen, wie du besonnen auf die Geschehnisse in der Welt reagieren und Mitgefühl für andere Menschen in deiner Umgebung aufbringen kannst, die ebenfalls Probleme haben.

Wenn du inmitten von Turbulenzen Frieden findest, wird sein Lied durch dich hindurchfließen und es in deinem Teil der Welt verstärken. Dann wird es anderen leichter fallen, es zu hören, und sie finden vielleicht auch ihren Weg zu seinem Frieden.

Du, Gott, bist mein sicherer Zufluchtsort, mein Schutz in Zeiten der Not (Ps 32,7a NGÜ).

Worum bittet er dich?

Egal, wie sehr du denkst, dass du ihn aus den Augen verloren hast, denke daran, dass er dich nicht aus den Augen verloren hat.

Jesus wird dir weiterhin den nächsten Schritt auf deinem Weg anbieten und darauf warten, dass du ihm folgst. Es gibt kein Leben, keine Leidenschaft und keine Freude in diesem Reich, wenn Jesus nicht an unserer Seite ist. Er will die Stimme sein, die dich durch jede Situation führt, der Friede, der in Schwierigkeiten dein Herz zur Ruhe bringt, und die Kraft, die dich im Sturm aufrecht hält.

Worum bittet er dich gerade jetzt? Es kann so einfach sein, wie einem Nachbarn einen Kuchen zu bringen und ihn kennenzulernen, oder so lebensverändernd, wie eine Gabe, die Gott dir gegeben hat, um sie dafür zu nutzen, sein Reich in der Welt voranzubringen. Vielleicht ermutigt er dich, eine Gesprächsgruppe bei der Arbeit zu gründen oder einigen Geschwistern in deiner Nähe zu helfen, bewusstere Wege zu finden, sein Leben miteinander zu teilen.

Er könnte dich bitten, jemandem in Not Geld zu geben, eine Tür zu öffnen, um eine zerbrochene Beziehung zu versöhnen, oder einer anderen Person bei einer Aufgabe zur Seite zu stehen, zu der er sie berufen hat. Oder er könnte dich bitten, dich einfach zurückzulehnen und seine Gegenwart zu genießen.

Siehe, Gott ist meine Rettung. Ich vertraue ihm und habe keine Angst. Er, der Herr, ist meine Stärke und ich lobe ihn; er wurde mein Retter (Jes 12,2 NLB).

9. Juli

Eine Stimme, der man folgt

Die Welt macht sich über die Vorstellung lustig, dass Gott immer noch zu einzelnen Menschen spricht. Einige wohlmeinende Gläubige tun das auch.

Und du kannst es ihnen wirklich nicht verübeln. Wahrscheinlich kennst du selbst eine Reihe von Menschen, die alle möglichen selbstsüchtigen oder zerstörerischen Dinge getan haben und dabei behaupteten, Gott habe es ihnen gesagt. Das ist genug, um das Hören auf Gott in Verruf zu bringen.

Aber nur weil die Leute Falschgeld verteilen, hält uns das nicht davon ab, das echte Geld zu benutzen. Das Herzstück unseres Lebens in Jesus ist die Freiheit, auf ihn zu hören und ihm zu folgen. Paulus sagte den Römern, es gehe in diesem Leben nicht mehr darum, Regeln zu befolgen, sondern Jesus zu folgen.

Zu lernen, unseren Tag mit Gott zu durchdenken, ist keine gehobene, nur für spezielle Menschen geeignete Variante des Lebens mit Christus. Es ist die einfache, grundlegende Version des Lebens, das Jesus für uns erkauft hat.

Aber jetzt, wo ihr herausgefunden habt, dass ihr nicht auf die Sünde hören müsst, dass sie euch sagt, was ihr tun sollt, und die Freude daran entdeckt habt, auf Gott zu hören, der es euch sagt – welch eine Überraschung! Das ist jetzt schon ein heiles, gesundes, erfülltes Leben, und es liegt noch viel mehr Leben vor euch! (Röm 6,22 MSG).

Eine Stimme, über die uns gesagt wurde, wir sollten sie ignorieren

Ich liebe es, mit Jesus über jede Herausforderung meines Tages nachzudenken. Ich spreche mit ihm über die Dinge, mit denen ich konfrontiert bin, und lege ihm meine Fragen zu Füßen, im Vertrauen darauf, dass er mir zeigen wird, was ich wissen muss, wenn ich es wissen muss.

Das Neue Testament erinnert uns immer wieder daran, dass jeder von uns ihn kennen kann, sodass uns niemand sagen muss, was wir tun sollen, und niemand für uns entscheiden muss, was Wahrheit oder Irrtum ist. Ich höre keine Stimmen. Ich höre seine Gedanken in meinen eigenen. Es ist selten einfach, seine Gedanken von meinen zu unterscheiden, zumindest am Anfang. Aber wenn ich diejenigen Gedanken finde, auf die ich nie selbst kommen würde, über sie nachdenke und mich mit anderen Gläubigen austausche, die mir nahestehen, wird es leichter zu erkennen, welche Gedanken von ihm sind.

Was tut er in dir? Was verlangt er heute von dir? Fast alles, was ich heute für Gott tue, ist die Folge einfacher Schritte, zu denen ich vor Jahren von Gott eingeladen wurde. Einige davon waren so klein wie ein Telefonanruf, eine ehrenamtliche Tätigkeit in der Schule meiner Tochter, der Aufbau einer Freundschaft, oder dass ich mich entschieden haben, mich mit einem Freund nicht zu streiten, obwohl ich es lieber getan hätte.

Jede dieser Entscheidungen setzte eine Kettenreaktion in Gang, die mir Türen öffnete, die ich nicht vorhergesehen hatte, aber ich bin erstaunt, was sich alles entwickeln kann, wenn man einem Impuls folgt, der von ihm kommt.

Ihr aber habt von Christus den Heiligen Geist empfangen, und ihr alle habt die wahre Erkenntnis (1 Joh 2,20 GNB).

Eine wachsende Überzeugung

Ein „Gespräch“ mit Gott ist nicht wie ein Treffen mit einem Freund, bei dem ich etwas sage und er oder sie dann antwortet. Mein Dialog mit dem Vater, dem Sohn und dem Heiligen Geist kann Tage und Wochen dauern, in denen ich mit meinen Anliegen zu ihm komme und seine Gedanken dazu in meinem Herzen und meinem Verstand klarer werden.

Mein Freund Jack stammt aus Schottland und diente in den 1950er Jahren als junger Missionschirurg in einem Land, das damals Kongo hieß. Seit mehr als siebzig Jahren hat er eine wachsende Beziehung zu dem lebendigen Gott. Ich lernte ihn kennen, als er in seinen Achtzigern in Neuseeland lebte.

„Weißt du, woran ich Gottes Stimme erkenne?“, fragte er mich eines Tages in seinem Haus. „Für mich ist es eine Überzeugung, die im Laufe der Zeit wächst.“

Das drückt es gut aus. Viele meiner eigenen Gedanken verschwinden mit der nächsten Ablenkung. Gottes Gedanken kommen mir jedoch immer wieder in den seltsamsten Momenten in den Sinn, und jedes Mal bin ich ein bisschen mehr davon überzeugt, dass er mir damit etwas zeigen will.

Wenn sein Gedanke also nicht dringend ist, und das ist er meistens nicht, dann lebe ein paar Tage lang mit diesem Gedanken. Beobachte, wie er sich mit der Zeit entwickelt und ob andere Gespräche ihn bestätigen.

Ich verbringe regelmäßig Zeit damit, mit Jesus zu reden, meinen Geist mit dem Lesen der Heiligen Schrift zu schärfen und den Erkenntnissen anderer Gläubiger zuzuhören. Die Dinge, die immer deutlicher werden, sind oft seine Impulse. Sie übertönen irgendwann die Ablenkungen und Sorgen unserer Tage.

Denn das Wort Gottes ist lebendig und wirksam und schärfer als jedes zweischneidige Schwert … (Hebr 4,12).

Erkennen, welche Gedanken von ihm stammen

Woher weiß ich, ob der Gedanke, den ich habe, ein Gedanke Gottes ist oder nur einer meiner eigenen? Das herauszufinden, ist Teil des Abenteuers.

Zunächst messe ich das, was ich höre, am Inhalt und am Geist der Heiligen Schrift. Ich suche nicht nach Beweisen, aber weil ich regelmäßig in der Bibel lese, habe ich ein Gefühl dafür, wie Gott wirkt und was er sagen könnte oder nicht.

Ich bin misstrauischer gegenüber Gedanken, die ich mag, als gegenüber solchen, die ich nicht mag. Ich mag meine Gedanken immer; es sind Gottes Gedanken, die nicht so leicht in meine Vorstellungen passen. Sein Weg ist selten der leichtere.

Ich traue nie den Gedanken, die meinen Sorgen entspringen. Jesus warnte uns in Matthäus 6, dass die steigende Flut der Angst uns für sein Reich blind macht. Ich erkenne sein Reden am leichtesten, wenn ich in seiner Liebe ruhe und mir keine Sorgen um die Zukunft mache.

Und ich höre nicht auf Schuldgefühle. Schuldgefühle werden mich immer von Gottes Weisheit wegführen. Zu viele denken, dass sie nur dann von Gott geführt werden, wenn sie endlich einer Versuchung Einhalt gebieten oder disziplinierter handeln könnten. Aber das ist ein Irrtum. Wir können unser Fleisch nicht an Gottes Wege gewöhnen, aber wir können von ihm geführt werden, bis unser Fleisch von seiner Gegenwart und Weisheit verdrängt wird.

Darum sage ich euch: Sorgt euch nicht um euer Leben, was ihr essen und was ihr trinken sollt, noch um euren Leib, was ihr anziehen sollt! Ist nicht das Leben mehr als die Speise und der Leib mehr als die Kleidung? Seht die Vögel des Himmels an: Sie säen nicht und ernten nicht, sie sammeln auch nicht in die Scheunen, und euer himmlischer Vater ernährt sie doch. Seid ihr nicht viel mehr wert als sie? (Mt 6,25-26).

13. Juli

Dem Hirten vertrauen

„Glaubst du wirklich, dass du gut genug bist, um Gott jeden Tag zu hören?“

Die Frage kam von einer jungen Mutter aus Atlanta. „Natürlich nicht“, war die einzige Antwort, die mir einfiel, bis ich die Frage änderte.

Was, wenn die Frage nicht lautet, ob ich gut genug bin, sondern ob Gott groß genug ist, um jeden Tag zu mir durchzudringen? Das wird mit einem klaren Ja beantwortet. Er ist größer als meine Zweifel, Ängste, Misserfolge und Scham. Er weiß, wo ich dickköpfig bin und wo ich lieber meine Illusionen nähre; aber er ist noch größer.

Lass dich nicht davon abhalten, auf ihn zu hören, wenn du dich inkompetent fühlst. Eine Sache, die religiöse Führer über Jahrhunderte hinweg gut gemacht haben, ist, dass sie die meisten Menschen davon überzeugen konnten, sie seien nicht gebildet, gesalbt oder klug genug, um von Gott zu hören. Oder dass Gott heute überhaupt nicht mehr spricht. Sie möchten lieber, dass du ihren Auslegungen der Heiligen Schrift vertraust, als dass du lernst, Jesus selbst zu folgen.

Falle nicht darauf herein. Er ist in der Lage, den Weg für dich freizumachen.

Der Hirte ruft jedes mit seinem Namen und führt sie aus dem Stall. Wenn er alle seine Schafe ins Freie gebracht hat, geht er vor ihnen her, und die Schafe folgen ihm, weil sie seine Stimme kennen. Einem Fremden würden sie niemals folgen. Ihm laufen sie davon, weil sie seine Stimme nicht kennen (Joh 10,3-5 HFA).

14. Juli

Wer ist für diese Dinge kompetent?

Lass sein Flüstern in deinem Herzen nicht außer Acht, nur weil du denkst, du seist nicht genug, um zu tun, was er von dir verlangt. Derjenige, der dich ruft, ist auch derjenige, der mit dir geht und dich befähigt.

Er hat schon einige der schönsten Dinge in mein Herz gesprochen. Selten fühle ich mich der Aufgabe gewachsen, noch kann ich mir immer erklären, warum er mich in eine bestimmte Richtung drängt.

Du wirst dich für das meiste, worum er dich bittet, nicht geeignet fühlen. Geh trotzdem. Du wirst ihn in diesen Dingen finden, wenn du ihm weit genug folgst, dass du erlebt, wie er durch dich wirkt.

Und ja, du wirst auch mal Fehler machen; niemand, der diesen Weg geht, vermeidet sie. Ich habe sicherlich genügend gemacht. Aber zu lernen, ihm zu folgen, ist genauso sehr die Folge unserer Fehler wie unserer Erfolge.

Wenn Gott dich bittet, ihm zu folgen, bist deshalb du derjenige, der das Risiko eingeht und den Preis dafür bezahlt, wenn du es falsch machst. Zu viele Leute bilden sich ein, Gott trage ihnen etwas auf, das *andere* in Gefahr bringe, sei es einen Ehepartner, einen Freund oder einen Geschäftskollegen.

GOTT, der Herr, ist meine Kraft; er macht meine Füße denen der Hirsche gleich und stellt mich auf meine Höhen! (Hab 3,19).

15. Juli

Kannst du dir das vorstellen?

Als Jesus Petrus sagte, der Tag werde kommen, an dem er für das Evangelium sterben würde, wollte Petrus von Jesus etwas über Johannes wissen: „Was ist mit ihm?“

Wenn die Überlieferung stimmt, wurde Johannes etwa zwanzig oder dreißig Jahre, nachdem Petrus kopfüber gekreuzigt worden war, lebendig in einem Ölfass gekocht. Jesus wusste bereits, dass der Tod von Johannes mindestens genauso schlimm sein würde wie der von Petrus, aber er sagte es ihm nicht. Petrus wollte einen Beweis für Gottes Fairness, indem er sich mit anderen verglich. Jesus hätte antworten können: „Ja, er auch!", aber er tat es nicht. Er weigerte sich, Petrus' Spiel mitzuspielen.

Stattdessen schlug er eine überraschende Richtung ein. Er zeigte auf Johannes. „Er? Wenn ich will, dass er bleibt, bis ich komme, was geht dich das an? Du – folge mir!"

Jesus erweiterte das Petrus' Dilemma um dessen schlimmste Angst. „Was ist, wenn er nie stirbt, Petrus? Was würde das für dich bedeuten?"

Wir können Jesus nicht nachfolgen, wenn wir uns Sorgen darüber machen, was Gott mit anderen vorhat. Das Gleiche, was er zu Petrus sagte, sagt er auch zu uns. Mach dir keine Sorgen um andere. „Du – folge mir!"

Jesus sagte: „Wenn ich will, dass er lebt, bis ich wiederkomme, was geht dich das an? Du – folge mir!" (Joh 20,22 MSG).

16. Juli

Halte deinen Blick auf ihn gerichtet

Als ich im zweiten Jahr am College war, bekam ich eine Ablehnung für eine Stelle als studentischer Leiter, die ich unbedingt haben wollte, weil jemand ein Gerücht über mich verbreitet hatte. Voller Enttäuschung und Zorn stand ich in einem Gewittersturm auf einem Hügel in Oklahoma und schimpfte über Gottes Ungerechtigkeit, die es zuließ, dass einige Leute ausgewählt wurden, die ich für weniger geeignet hielt.

Ich weiß nicht, wie es dir geht, aber Gott hat noch nie auf meine zornigsten Anschuldigungen geantwortet, nicht einmal mit einem Blitzschlag. Es scheint, als wolle er mich nicht zu einer Perspektive ermutigen, die meinen Blick in die falsche Richtung lenkt.

Wenn wir unseren Weg mit anderen vergleichen, sind unsere Augen auf uns selbst bzw. sie gerichtet. Und das ist genauso gefährlich wie der Versuch, Auto zu fahren und dabei die Leute auf dem Rücksitz durch den Rückspiegel anzustarren. Halte deine Augen auf die Straße gerichtet und folge ihm, so gut du ihn siehst.

Er hat Türen, die wir nicht sehen können, und obwohl mich dieses Gerücht die Stelle gekostet hat, die ich eigentlich wollte, öffnete er eine Tür, die viel besser für das geeignet war, was er mit mir vorhatte.

... du denkst nicht göttlich, sondern menschlich! (Mt 16,23).

17. Juli

Brauchst du wirklich das Gesamtbild?

Wäre es nicht schön gewesen, wenn Jesus uns ein Jüngerschaftshandbuch mit einer Liste von häufig gestellten Fragen und deren Antworten hinterlassen hätte, oder sogar eine Tabelle mit Problemlösungen, die uns Optionen aufzeigt, wenn die Dinge nicht so laufen, wie wir es uns erhofft haben?

Warum hat er das nicht getan? Weil er wollte, dass wir *ihm* folgen, nicht einem vorgegebenen Plan.

Ich beobachte oft, wie Menschen mit einer schwierigen Entscheidung ringen und alle möglichen Varianten abwägen, um herauszufinden, was das Beste ist. „Ich kriege es einfach nicht auf die Reihe", sagen sie dann. Ihre Frustration lässt sie stagnieren.

Wenn du ihm folgst, musst du jedoch nicht das große Ganze verstehen, um herauszufinden, was du tun sollst. Du musst nur deine Augen auf Jesus richten und erkennen, was er in deinem Umfeld zu tun scheint. Es mag verrückt klingen, aber immer wenn ich das tue, bekomme ich mehr Klarheit über die Entscheidung, die er von mir möchte.

... eines aber [tue ich]: Ich vergesse, was dahinten ist, und strecke mich aus nach dem, was vor mir liegt (Phil 3,13-14).

18. Juli

Die Sünde der Anmaßung

Jesus weigerte sich, Gottes Macht zu benutzen, um seine eigenen Wünsche zu erfüllen.

Er rief kein Feuer vom Himmel herab, als die Pharisäer gegen ihn intrigierten. Er benutzte nicht die Wahrheit, um Pilatus einen Ausweg zu bieten. Er rief nicht nach den Engeln, die bereitstanden, um ihn vor dem Kreuz zu retten.

Das ist ein ziemlicher Kontrast zu einigen unserer geistlichen Leiter, die jede Macht nutzen, um Menschen zu zerstören, die nicht tun, was sie wollen, oder die es wagen, ihre Indiskretionen aufzudecken.

Wie kommt es, dass Menschen, die glauben, Gott zu lieben, andere schädigen? Weil sie sich selbst davon überzeugen, dass ihre Interessen mit Gottes Interessen übereinstimmen. Das erlaubt uns, in Gottes Namen zu handeln, obwohl wir in Wirklichkeit Dinge tun, die seinem Werk in uns und in anderen schaden.

Die einzige Möglichkeit, wie wir solche Versuchungen überwinden können, ist, so zu leben, wie Jesus es getan hat – und damit aufhören, etwas nur deshalb zu tun, weil wir die Macht dazu haben. Nur weil es sich gut anhört, unseren Bedürfnissen entspricht, biblisch vertretbar ist oder uns jemand unter Druck setzt, heißt das nicht, dass wir in seinem Namen oder in seinem Interesse handeln.

Und solltet ihr in einem Stück anders denken, so wird euch Gott auch das offenbaren. Nur, was wir schon erreicht haben, darin lasst uns auch leben (Phil 3,15-16 LUT).

19. Juli

Vertrauen auf uns selbst

In Johannes 15 sagte Jesus, sein Vater sammle die unfruchtbaren Zweige ein und verbrenne sie. Die Kirchenoberhäupter in Rom hielten es für ihre Aufgabe, im Namen Gottes zu handeln, indem sie diejenigen folterten und töteten, die sich nicht ihrer Praxis oder Lehre anpassten. Auf diese Weise rechtfertigte Rom im Mittelalter die Verbrennung von sogenannten Ketzern auf dem Scheiterhaufen. Sie dachten fälschlicherweise, sie müssten Gottes Arbeit für ihn erledigen.

Das ist natürlich ein extremes Beispiel, aber wir tun dasselbe, wenn wir uns anderen gegenüber destruktiv verhalten und es als Gottes Willen rechtfertigen.

Gerade in den Zeiten, in denen wir uns am wenigsten mit Gott verbunden fühlen, sind wir am ehesten versucht, unsere Gedanken für seine Gedanken zu halten. Damit fügen wir aber nicht nur anderen großen Schaden zu, sondern verpassen auch die viel bessere Lösung, die Gott uns anbietet.

Wer sich nur auf seinen Verstand verlässt, ist ein Dummkopf ... (Spr 28,26 HFA).

20. Juli

Allgegenwärtig

Jesus hat uns nicht aufgefordert, ein christliches Leben ohne ihn zu führen. Das ist auch gar nicht möglich.

Das Christsein war nie dazu gedacht, eine Liste von Prinzipien zu sein, an die wir unser Verhalten anpassen. Das Leben

Christi kann nur darin bestehen, dass wir jeden Tag mit Gott versöhnt und in aktiver Gemeinschaft mit ihm leben.

Viele Gläubige übersehen jedoch diese erstaunliche Facette unserer Beziehung zu ihm. Sie denken, Gott habe uns die Lehre nur als Richtschnur für unser Leben gegeben. Tage- oder wochenlang gewöhnen sie sich daran, so zu leben, als wäre er nicht bei ihnen, und sie müssen deshalb aus eigener Kraft ihr Bestes geben.

Wir treffen Entscheidungen, indem wir Vor- und Nachteile auflisten, anstatt ihn zu bitten, uns den Weg zu zeigen. Wir kämpfen mit unserer eigenen Willenskraft gegen Versuchungen und planen, als wären wir unsere einzige Ressource.

Wenn wir in unserem Bewusstsein für ihn und unserer Fähigkeit zu erkennen, wie Gott zu uns spricht, nicht zunehmen, wird uns die Freiheit und Freude entgehen, die Gott für uns hat. Die größte Freude, die damit verbunden ist, dass wir Jesus in unser Leben aufnehmen, ist, dass er immer da ist. Er kommt und geht nicht nach Lust und Laune und lässt uns auch dann nicht allein, wenn wir ihn ignorieren.

Und siehe, ich bin bei euch alle Tage bis an das Ende der Weltzeit! ... (Mt 28,20).

21. Juli

Entscheidungen ohne ihn treffen

Ohne ein Ohr, das geschult ist, auf Gott zu hören, ist das, was wir Glauben nennen, nichts weiter als Anmaßung, und das, was wir Gehorsam nennen, nichts weiter als Gesetzlichkeit.

Wir brauchen ihn jeden Tag. Er möchte aktiv an unserem Leben beteiligt sein. Auf uns selbst bzw. unsere eigene Weisheit gestellt, werden wir mit Sicherheit scheitern und uns Schaden zufügen.

Nein, das bedeutet nicht, dass wir ihn um Erlaubnis bitten müssen, unsere Zähne putzen zu dürfen, oder seinen Willen in

Bezug auf unser Abendessen herausfinden müssen. Er will unser Leben mit uns leben, überlässt uns aber viele Entscheidungen. Er hat jedoch oft Wege, uns von unseren zerstörerischen Gedanken abzubringen oder uns eine bessere Lösung zu zeigen als die, die wir gerade im Sinn haben.

Zu dir, HERR, rufe ich; mein Fels, wende dich nicht schweigend ab von mir, damit ich nicht denen gleich werde, die in die Grube hinabfahren, wenn du dich verstummend von mir abwendest! (Ps 28,1).

22. Juli

Zuhören lernen

Ich weiß, dass es nichts Frustrierenderes gibt, als zu versuchen, Gottes Stimme zu hören, und dann das Gefühl zu haben, dass er dich mit Schweigen bestraft. Ich begegne vielen, die wirklich glauben, dass Gott nie zu ihnen spricht.

Auch ich habe solche Phasen. Ich bin jedoch davon überzeugt, dass Gott immer zu jedem von uns spricht; wir hören ihn nur nicht immer. Dafür gibt es viele Gründe. Manchmal wird seine Stimme vom Lärm der Welt oder von unseren eigenen Ängsten und Befürchtungen übertönt. Manchmal kommen uns unsere Erwartungen in die Quere, entweder wie seine Stimme klingen wird oder was wir von ihm hören wollen.

Einigen von uns wurde beigebracht, dass Gott die anklagende Stimme in unserem Leben ist, obwohl das nicht stimmt. Meistens zeigt er uns einfach, wie geliebt wir sind und was an den Umständen, in denen wir uns befinden, wahr ist. Er sagt uns selten, was wir tun sollen, aber er zeigt uns, was wir wissen müssen, um die richtige Entscheidung zu treffen.

Zuhören zu lernen braucht seine Zeit, und niemand von uns wird es jemals perfekt machen. Bitte ihn, dein Herz immer wieder auf seine Frequenz einzustellen, damit du ihn besser hören kannst.

Gott möchte, dass du so lebst wie Jesus – von jedem Wort, das aus seinem Mund kommt.

Der Mensch lebt nicht vom Brot allein, sondern von einem jeden Wort, das aus dem Mund Gottes hervorgeht (Mt 4,4).

23. Juli

Die wichtige Pause

Seit Tausenden von Jahren macht Jesus seine Stimme den Männern und Frauen bekannt, die sie hören wollen. Ich kann dir sagen, dass er mehr daran interessiert ist, dass du seine Stimme hörst, als du selbst.

Für mich bedeutet es einfach, dass ich mir eine Extra-Pause gönne, bevor ich mich kopfüber in die nächstbeste Idee stürze, und eine gewisse Zeit mit dem Vater innehalte. Ich frage: „Was willst du, Herr? Was wird dir die meiste Ehre bringen und was entspricht deinem Herzenswunsch?“

Dann halte inne und höre einfach zu. Mache das, wenn du im Auto sitzt, in der Warteschlange im Supermarkt stehst oder im Garten arbeitest. Es kommt selten vor, dass er sofort antwortet, aber in den folgenden Stunden oder Tagen wird sein Wille immer klarer.

Am besten wartest du, bis du ein Gefühl dafür hast, was er dir zeigen will, anstatt voranzupreschen, weil du denkst, du hättest es schon verstanden.

Und es wird keiner mehr seinen Nächsten und keiner mehr seinen Bruder lehren und sagen: Erkenne den Herrn! Denn es werden mich alle kennen, vom Kleinsten bis zum Größten unter ihnen (Hebr 8,11).

24. Juli

Wie er redet

Zu lernen, von jedem Wort zu leben, das von Gott kommt, war nie als Test deiner Geistlichkeit oder als Verdienstabzeichen für deine Reife gedacht ... es ist einfach die Art und Weise, wie der Vater möchte, dass seine Kinder leben. Wenn du merkst, dass du dich daran gewöhnt hast, ohne das zu leben, ist jetzt vielleicht ein guter Zeitpunkt, dich daran zu erinnern, wie sehr er in dein Leben involviert sein möchte.

Jesus wird dir zeigen, was er dir sagen will – durch eine Überzeugung in deinem Herzen, durch etwas, das du in der Bibel gelesen hast, durch einen Kommentar eines Freundes oder sogar eines Fremden, durch die Art und Weise, wie sich die Umstände entwickeln, oder durch eine Kombination all dieser Dinge.

Es gibt wenig Sicherheit, wenn man auf Gott hört. Paulus verglich es mit dem Blick durch einen trüben Spiegel. Wir erhaschen flüchtige Blicke, und wenn wir ihnen folgen, werden wir noch mehr flüchtige Blicke sehen.

Deshalb sind die Männer und Frauen, die ich kenne und die am besten auf Gott hören, auch die demütigsten Menschen, die mir bekannt sind. Anstatt zu sagen: „Gott hat mir dies und das gesagt“, sagen sie eher: „Mir ist neulich beim Beten ein Gedanke gekommen.“

Weise mir, HERR, deinen Weg, damit ich wandle in deiner Wahrheit; richte mein Herz auf das eine, dass ich deinen Namen fürchte! (Ps 86,11).

25. Juli

Das allumfassende Ja

John Beaumont, ein Lehrer aus Neuseeland, machte folgende Anmerkung, als wir uns unterhielten …

„Wenn wir einmal ‚Ja' zu Jesus gesagt haben, muss das für unser ganzes Leben gelten. Wir müssen dann nie wieder damit ringen, ob wir das tun, was er will oder nicht. Wenn das einmal entschieden ist, bleibt bei allem, was wir bedenken, nur noch die Frage: ‚Was will er?'"

Und wenn er es will, warum sollten wir etwas anderes wollen?

Wir überfrachten unseren Weg in Christus mit viel zu vielen Überlegungen. Macht das für mich Sinn? Welche Auswirkungen hätte es? Was werden die anderen denken? Macht es finanziell Sinn? Welches Prinzip soll mich dabei leiten? Die Beantwortung all dieser Fragen kann in der Tat mühsam sein, und viele von ihnen werden mich in die entgegengesetzte Richtung führen, als er es sich wünschen würde.

… Wer durchhält und den Sieg erringt, wer bis zuletzt nach meinem Willen lebt … (Offb 2,26 HFA).

26. Juli

Nicht unsere erste Überlegung

Wir werden von einem Vater geliebt, dessen Wege viel höher sind als unsere; seine Gedanken gehen weit über alles hinaus, was wir je erbitten oder uns vorstellen könnten. Warum sollten wir also denken, wir könnten seine Wege ergründen? Oft versuchen wir nur, eine Rechtfertigung für das zu finden, was wir sowieso tun wollen.

Seine Weisheit ist mir anfangs oft unangenehm. Seine Gedanken laufen meinen ersten Neigungen und meinen Selbstschutzstrategien fast jedes Mal zuwider. Warum sollte uns das überraschen? Er bietet seine Weisheit an, weil unsere nicht hilfreich sein wird.

Deshalb frage ich mich, wenn ich mich in einem inneren Streit ertappe, ob vielleicht einer seiner Gedanken in mich eingedrungen ist und mein natürlicher Verstand ihn abwehrt. Ich mag alle meine Gedanken. Wenn ich also mit mir selbst streite, ist es meistens er, gegen den ich mich wehre.

Sicherlich wird seine Wahrheit uns frei machen, aber sie bringt mich oft zuerst durcheinander. Wenn ich nicht aufpasse, kann ich mich selbst davon abbringen, ihm zu folgen, ohne es zu merken.

> *... so viel der Himmel höher ist als die Erde, so sind auch meine Wege höher als eure Wege und meine Gedanken als eure Gedanken* (Jes 55,9 ELB).

27. Juli

Unsere Gemeinschaft ist mit ihm

Die ersten Jünger(innen) konnten ihn tatsächlich sehen, berühren und seine Worte hören. Obwohl sie noch nicht wussten, dass es sich bei ihm um Gott selbst in Menschengestalt handelte, wussten sie, dass er etwas Besonderes war, und nahmen die Dinge, die er sagte und tat, in sich auf.

Und als er zu seinem Vater auffuhr und sie ihn nicht mehr sehen konnten, sehnten sie sich nicht nach der guten alten Zeit zurück, als Jesus noch bei ihnen war. Denn er war ja immer noch da, und sie wussten es.

Und sie wollten, dass ihre Jünger das dann auch wussten. Die meiste Zeit meines Lebens dachte ich jedoch, ihm zu folgen bedeute, ich müsse mich den Prinzipien und Ritualen des Christentums unterwerfen. Sicher, auch dort gab es Zeiten, in denen ich ihn erlebte, aber sie gingen immer in der Hektik religiöser Verpflichtungen und Aktivitäten unter, die mich eher ermüdeten als mich lehrten, in ihm zu leben.

Wenn ich das Neue Testament lese, bin ich erstaunt, wie sehr die Apostel die frühen Jesus-Nachfolger daran erinnerten, die Menschen in eine lebendige Beziehung zu Jesus einzuladen, die es ihnen ermöglichen würde, den Vater zu kennen und an seiner sich in der Welt entfaltenden Gnade teilzuhaben.

> *... was wir gesehen und gehört haben, das verkündigen wir euch, damit auch ihr Gemeinschaft mit uns habt; und unsere Gemeinschaft ist mit dem Vater und mit seinem Sohn Jesus Christus* (1 Joh 1,3).

28. Juli

Warum wollen wir nicht, dass die Menschen uns folgen?

Ich treffe häufig Menschen, die treue Älteste, Pastoren und Mitglieder von guten, religiösen Institutionen waren, die aber noch keine Ahnung davon haben, dass Gott zu ihnen sprechen kann und dass seine Liebe sie verwandelt.

Wenn ich heute auf meine Zeit als Pastor zurückblicke, sehe ich, dass ich Menschen davon abgehalten habe zu denken, sie könnten Jesus ohne mich folgen. Das wollte ich eigentlich nicht. Ich dachte, ich würde ihnen zeigen, wie sie ihm nachfolgen können, aber letzten Endes lernten sie nur, auf mich zu hören. Und das funktionierte nur so lange, wie sie das, was ich sagte, gut fanden. Wenn nicht, suchten sie sich einfach jemand anderen, der ihnen sagte, was sie hören wollten.

Als ich eines Tages mit einer Gruppe von Ältesten darüber sprach, wie man Menschen dazu befähigt, Jesus nachzufolgen, anstatt die Institutionen an seine Stelle treten zu lassen, fragte mich einer mit einem ungläubigen Gesichtsausdruck: „Du meinst, ich muss selbst lernen, wie ich ihm nachfolgen kann?“

Er hatte keine Ahnung, wie man sich an einer Beziehung zum himmlischen Vater und seinem Sohn erfreut, die einem in den dunkelsten Tagen Hoffnung und Orientierung gibt und zeigt, wie man in seiner Kraft leben kann, anstatt sich selbst abzumühen. Zu seiner Ehre war er jedoch sehr lernwillig.

Das Neue Testament ist voller Einladungen, ihm und nicht dem Diktat eines religiösen Programms zu folgen. Warum sollten wir den Menschen das nehmen, indem wir es durch unsere eigenen Programme ersetzen?

... Jesus Christus, der doch allein unser Herr und Herrscher ist (Judas 1,4 HFA).

29. Juli

Die Stimme eines Fremden

Jesus kennt jedes seiner Schafe mit Namen und führt sie mit seiner Stimme. Das scheint nicht allzu kompliziert zu sein. Er verbindet sich mit uns und wir folgen ihm. Er sagte, wenn sie mit seiner Stimme vertraut seien, würden sie keinem Fremden folgen.

Seine Schafe hören seine Stimme wirklich; man hat ihnen nur beigebracht, ihr nicht zu vertrauen. Wenn sie die Stimme eines Fremden hören, klingt diese für sie falsch, auch wenn sie nicht genau sagen können, warum. Aber dann werden sie oft dazu überredet, das zu ignorieren, von dem sie innerlich wissen, dass es wahr ist. Man wirft ihnen Unabhängigkeit, Arroganz und Rebellion vor, um sicherzustellen, dass sie sich wieder einfügen und keinen Ärger machen.

„Wer bist du, dass du glaubst, du könntest Gott kennen? Du hast nicht die Ausbildung, die wir haben, oder die Salbung. Kannst du Griechisch lesen? Willst du die ‚überlieferten Erkenntnisse' infrage stellen?"

So gut gemeint manches davon auch sein mag, es zerstört das Vertrauen der Menschen in Jesus als denjenigen, der sie führen, lehren, beschützen und befreien will, damit sie kraftvoll in und aus ihm leben können.

... einer ist euer Lehrer: Christus (Mt 23,10 LUT).

30. Juli

Eine Herde, ein Hirte

Die Leiter in der frühen Gemeinde halfen den Menschen zu lernen, wie sie mit dem lebendigen Jesus leben könnten, und untergruben diese Beziehung nicht, indem sie sich selbst an ihre Stelle setzten. Denn das verhindert nicht nur das geistliche Wachstum, sondern spaltet auch die Gemeinde wegen der unterschiedlichen Ansichten derjenigen, die meinen, sie würden ihre Herde führen.

Es freut mich, wenn Menschen mir sagen, dass etwas, was ich geschrieben oder gesagt habe, sie tief berührt hat – nicht, weil es neu für sie war, sondern weil es etwas zum Ausdruck brachte, was der Geist ihnen schon seit einiger Zeit gezeigt hatte. Vielleicht hatten sie nur Angst zu glauben, es könne wahr sein, weil all die religiösen Stimmen ihnen etwas anderes sagten.

In einer echter Gemeinschaft werden wir uns seiner Stimme immer bewusster werden und uns weniger von unserem Wunsch beeinflussen lassen, anderen zu gefallen, besonders denen, die in seinem Namen leiten, ohne die gleichen Prioritäten zu haben wie er.

Deshalb sagte Jesus, wir könnten eine Herde sein, wenn wir einen Hirten haben.

> *Ernenne niemanden zum Experten für dein Leben und lass dir von ihm sagen, was du tun sollst. Überlasse diese Autorität Gott; lass ihn dir sagen, was du tun sollst* (Mt 23,10 MSG).

31. Juli

Überall auf der Welt

Solange wir weiterhin Hunderttausende von Menschen haben, die behaupten, Leiter im Leib Christi zu sein, wird seine Familie weiterhin zersplittert sein.

Glücklicherweise hat sich das in den letzten Jahren geändert, da immer mehr Menschen gleichzeitig und spontan das Christentum als die Religion durchschauen, zu der es geworden ist, und lernen, wieder einfach Jesus nachzufolgen, auch wenn es den religiösen Erwartungen anderer Menschen gegen den Strich geht.

Ich hatte die Freude, Tausende dieser Menschen auf der ganzen Welt zu treffen. Sie scheinen im selben Abenteuer unterwegs zu sein wie ich, und wenn wir uns treffen, ist unsere Gemeinschaft unmittelbar, tief und mit Leben erfüllt. Und auch wenn viele dieser Menschen nicht in die traditionellen Strukturen passen, die man uns vererbt hat, sind sie nicht unabhängig oder rebellisch, wie andere sie gerne bezeichnen.

Diejenigen, die lernen, dem Lamm zu folgen, haben ein tiefes Verlangen nach authentischer Gemeinschaft mit anderen, eine bessere Auffassung von Leitung, die befähigt statt befiehlt, und den Wunsch, dass die Gemeinde in unserer Zeit als wahrer Abglanz von Gottes Herrlichkeit in der Welt hervorkommt.

Nennt auch niemand auf Erden euren Vater; denn einer ist euer Vater, der im Himmel ist (Mt 23,9).

1. August

Geistliche Stubenhocker?

Viele Menschen haben in einigen unserer religiösen Institutionen eine sie zufriedenstellende Gemeinschaft gefunden. Ich bin dankbar, dass sich Gottes Leben dort widerspiegelt.

Andere hingegen fanden diese Umgebung für ihren Glauben zu erdrückend und haben außerhalb von Institutionen einen lebendigeren Weg gefunden. Ich verstehe nicht, warum manche diejenigen, die keine religiöse Institution mehr besuchen, abwerten und sie als unabhängige geistliche Stubenhocker bezeichnen. Sie sagen, die Gemeinde Jesu Christi werde ohne die Unterordnung unter fähige Leiter, die sie vor Irrtümern bewahren und ihre Aktivitäten koordinieren, am Ende schwach und unwirksam sein.

Tatsächlich? Was sagt das über die Fähigkeit (oder sollten wir sagen Unfähigkeit?) Jesu aus, eine Herde nach seinem eigenen Herzen heranzuziehen und sie freizusetzen, gemeinsam zu leben und zu arbeiten, wie er es wünscht? Und warum sollten wir auf diejenigen hören, die kein Vertrauen in die Fähigkeit Jesu haben, das zu tun?

Diejenigen, die sie verurteilen, haben den Leib Christi noch nicht erlebt, den ich erlebt habe, und der überall auf der Welt Gestalt annimmt. Die Leute, die dazugehören, wachsen in der Abhängigkeit von Jesus und folgen nicht den Programmen eines menschlichen Leiters oder einer Denomination. Sie werden durch sein Leben gewaltig verändert und haben einen unglaublichen Einfluss auf die Welt.

Und auch wenn davon in den Medien nicht viel berichtet wird, sorgt die Gesamtheit des einfachen Gehorsams dieser Gläubigen dafür, dass Gottes Reich in der Welt auf eine Weise bekannt wird, die institutionelle Formen nicht zum Ausdruck bringen können.

Warum können wir uns nicht über all die Wege freuen, auf denen Jesus sich in der Welt zu erkennen gibt?

Lasst nicht zu, dass die Leute euch so etwas antun und euch auf ein Podest stellen. Ihr habt alle einen einzigen Lehrer und seid alle Klassenkameraden (Mt 23,10 MSG).

Die untergeordnete Herde

Thomas Friedman, der politische Kolumnist der New York Times, hat vor einigen Jahren ein Buch mit dem Titel „The Lexus and the Olive Tree" (dt. „Der Lexus und der Olivenbaum") geschrieben. Darin beschreibt er eine grundlegende Machtverschiebung von den politischen Führern der Nationalstaaten hin zu dem, was er die „elektronische Herde" nennt – Millionen von Einzelanlegern, die jeden Morgen aufwachen, ihren Computer einschalten und mit Aktien und Währungen handeln, um ihren persönlichen finanziellen Gewinn zu erzielen.

Friedman behauptete, dieser Trend sei so tiefgreifend, dass sich die eigentliche Macht bereits von den Regierungen und politischen Führern zu entfernen beginnt. Mit der Zeit werden die Staaten nicht mehr in der Lage sein, ihre Währung oder Wirtschaft erfolgreich zu beeinflussen, denn wenn die „elektronische Herde" davon Wind bekommt, wird sie über Nacht zu besseren Anlagen fliehen.

Ihre Macht ergibt sich aus der Summe ihrer Handlungen, nicht aus einer Koordination zwischen ihnen, und doch strukturieren sie unsere Welt wirtschaftlich um. In letzter Zeit ist mir dieses Buch wieder in den Sinn gekommen – als Gleichnis für das, was geistlich in der Familie des Vaters geschieht.

Jesus zieht sich seine eigene, ihm untergeordnete Herde heran, also diejenigen, die einfach auf den Hirten eingehen – eine Tat nach der anderen, eine Person nach der anderen und in jeder Situation, wie sie kommt.

Wer ist also ein vertrauenswürdiger und kluger Diener, dem der Herr sein Haus und die Versorgung seiner Familie anvertrauen kann? Wenn der Herr zurückkommt und feststellt, dass der Diener seine Aufgabe zu seiner Zufriedenheit erfüllt, ist der Diener glücklich zu schätzen. Ich versichere euch: Der Herr wird diesem Diener die Verantwortung für seinen gesamten Besitz übertragen (Mt 24,45-47 NLB).

Eine sehr lebendige Herde

Kannst du dir den Einfluss von Millionen einzelner Gläubiger auf der ganzen Welt vorstellen, die einfach den Impulsen folgen, die Jesus ihnen aufs Herz legt? Die Menschen, die ich kenne, geben mir jeden Tag einen Einblick in diese Realität. Ich höre unglaubliche Geschichten von Menschen, deren Leben sich verändert hat. Ich erlebe, dass Jesus Menschen für Aufgaben zusammenführt, die sie gemeinsam erledigen sollen.

Ich sehe auch, dass sich immer mehr Menschen darauf konzentrieren, das zu tun, um was Jesus sie bittet, anstatt große Programme oder Dienste aufzubauen, um die Aufmerksamkeit der Welt auf sich zu ziehen. Sie gehen dorthin, wohin er sie sendet, schließen sich mit anderen Gläubigen zusammen, die er zur gleichen Aufgabe ruft, und tun das alles ohne das Bedürfnis nach Macht, Selbstverherrlichung oder Bezahlung für ihren Dienst.

Das ist das Bild, das die Heilige Schrift zeichnet, und diejenigen, die mit ihm zusammenarbeiten wollen, werden nicht versuchen, ihn im Leben der Menschen zu ersetzen, sondern diese dazu befähigen, ebenfalls so zu leben.

Ich sitze heute hier, überwältigt von dem, was Jesus in unserer Welt tut, und muss bei dem Gedanken, dass es natürlich so sein würde, fast lachen. Er hat ja gesagt, er werde der Hirte sein, und alle würden ihm folgen, mit seinen Gesetzen in ihren Herzen geschrieben.

Er wollte nie, dass wir den Programmen von Menschen folgen, sondern dass wir lernen, ihm immer mehr zu vertrauen, dass er fähig ist, seinen Leib zu koordinieren und die Welt durch uns zu lieben.

Jetzt verlasse ich die Welt; ich lasse sie zurück in der Welt und komme zu dir. Heiliger Vater, bewahre sie in deinem Namen, den du mir gegeben hast, damit sie eins sind, so wie wir eins sind (Joh 17,11).

4. August

Sie ist kein Modell

Ich bin kein Mitläufer derer, die behaupten, sie würden Gottes bewährtes Modell für das Gemeindeleben kennen. Die Gemeinde ist kein Modell, sondern eine lebendige Familie, die auf der Erde lebt und in deren Zentrum der Herzschlag des Vaters steht.

Wenn wir uns darauf konzentrieren, einem Modell zu folgen (selbst einem guten), statt ihm selbst, verpassen wir dennoch, wie er diese Familie zusammenwebt. Wenn du eine Hausgemeinde, eine Zellgemeinde, eine sucherfreundliche Gemeinde oder eine „Kirche mit Vision“ anstrebst, anstatt ihm zu folgen, wirst du diejenigen verpassen, die in traditionelleren Gemeinden oder in gar keiner formellen Gruppe sind, mit denen du aber möglicherweise zusammenarbeiten sollst.

Die wichtige Frage ist, worum er dich bittet und mit wem du in dieser Phase deines Lebens gemeinsam unterwegs sein sollst. Glaube an die Überzeugungen, die Jesus dir immer mehr aufs Herz legt, und folge ihnen, so gut du kannst. Sei anderen gegenüber gnädig und lass ihn sein Bild in dir formen.

Mach dir keine Sorgen über die Fehler, die dir vielleicht passieren, und verurteile auch andere nicht dafür, wenn sie welche machen. Freue dich an den Freundschaften, die Gott dir in seiner Familie geschenkt hat, in welchem Umfeld auch immer er ihnen hilft zu wachsen.

Weil es ein Brot gibt, wird unsere Vielheit zu einer Einheit – Christus wird in uns nicht zersplittert. Vielmehr werden wir in ihm vereinigt (1 Kor 10,17 MSG).

5. August

Ein Volk wie kein anderes

Die Herrlichkeit des Lebens in Jesus liegt nicht darin, dass man die beste Formel findet, die man anwenden kann, die richtigen Prinzipien, an die man glaubt, oder sogar die emotionalsten Rituale, die man befolgt.

Es geht darum, Jesus als unseren älteren Bruder, treuen Hohepriester und Freund zu kennen. Lebe in dieser Beziehung und freue dich, wo auch immer er dich hinführt.

Ohne diese Freiheit sind wir nur ein Haufen Christen, die in langweiligen und kraftlosen religiösen Aktivitäten gefangen sind, die kein Leben bringen, geschweige denn uns helfen, die Welt um uns herum zu verändern.

Jesus kann an jedem Tag mit uns machen, was er will, und jeden, den er will, dazu bringen, unseren Weg zu kreuzen. Ist das nicht etwas, wofür es sich lohnt, jeden Morgen aufzuwachen?

Wir reduzieren Christus nicht auf das, was wir sind; er erhebt uns zu dem, was er ist (1 Kor 10,17 MSG).

6. August

Deiner Leidenschaft folgen

Viele, die behaupten, Jesus nachzufolgen, frönen nur ihrem Egoismus.

Anstatt immer mehr von seiner Gnade und Wahrheit an den Tag zu legen, werden sie arrogant und isoliert und sind so sehr von ihren eigenen Vorstellungen erfüllt, dass sie jeden in ihrer Nähe ersticken. Das sind aber nicht diejenigen, die ihn immer besser kennenlernen. Es sind diejenigen, die so auf die Religion reagiert haben, dass sie in ihren eigenen Egoismus zurückgefallen sind. Gott kann auch sie retten, wenn sie es leid sind, so zu leben.

Die Tatsache, dass Menschen die Wahrheit missbrauchen können, macht diese Wahrheit nicht zunichte. Ich schreibe nicht für diejenigen, die seine Freiheit als Vorwand benutzen wollen, um zu tun, wozu sie Lust haben. Ich schreibe, um diejenigen zu ermutigen, die Jesus leidenschaftlich kennenlernen und durch sein Leben verändert werden wollen.

Viele von denen, die sich von religiösen Aktivitäten freimachen, erleben, dass sie von einer tieferen Leidenschaft ergriffen und zu einem widerstandsfähigeren Glauben herausgefordert werden. Da er mit jedem Tag realer in ihnen wird, haben sie auch ein unwiderstehliches Verlangen, sich mit anderen zu verbinden, die den gleichen Hunger haben. Sie werden sie vielleicht nicht leicht oder schnell finden, aber mit der Zeit wird Jesus sie mit anderen verbinden.

Übe deine Freiheit aus, indem du Gott dienst, nicht indem du die Regeln brichst. Behandle jeden, dem du begegnest, mit Würde. Liebe deine geistliche Familie (1 Petr 2,16 MSG).

7. August

Merkmale der Verwandlung

Ich erlebe, dass viele Menschen auf der ganzen Welt lernen, sich jeden Tag mehr auf ihn zu verlassen. Ich habe mindestens sieben Eigenschaften erkannt, die in ihnen zunehmen, wenn sie lernen, dem Lamm zu folgen, wohin es auch geht:

- Sie leben aus der Tatsache, dass sie geliebt sind, nicht aus religiösen Erwartungen.
- Sie leben mit einem wachsenden Vertrauen in den Plan und die Macht des Vaters, nicht motiviert durch Angst.
- Sie leben, um dem Vater zu gefallen, nicht in der Tyrannei, ihre eigenen Pläne zu erfüllen.
- Sie vertrauen auf seine Fähigkeiten, nicht auf ihre eigenen Bemühungen.

- Sie leben im Hier und Jetzt und nicht in der Sorge, was die Zukunft bringen könnte.
- Sie leben in authentischen Formen von Gemeinschaft, nicht in isolierter Unabhängigkeit oder vorgefertigten Programmen.
- Sie leben großzügig und freundlich in der Welt und versuchen nicht, andere für ihre eigenen Ziele auszunutzen.

Wenn sich diese Leidenschaft in dir regt, dann schlage diese Richtung ein.

> *Aber ihr seid von Gott auserwählt – für die hohe Berufung der priesterlichen Arbeit und um ein heiliges Volk zu sein, Gottes Werkzeuge, die seine Arbeit tun und für ihn sprechen, die anderen von dem Unterschied zwischen Tag und Nacht erzählen, den er für euch gemacht hat – von nichts zu etwas, von abgelehnt zu angenommen* (1 Petr 2,9-10 MSG).

8. August

Das gänzlich ungeschützte Herz

Die folgende Erkenntnis aus dem Buch „Chasing Francis" von Ian M. Cron hat mir gut gefallen. Woran erkennst du, ob dein Herz von der Religion oder davon geprägt ist, dass du dich auf Jesus einlässt?

Er schrieb, dass ein Nachfolger Jesu ein gänzlich ungeschütztes Herz hat: „Es geht darum, gefährlich offen zu leben, alles zu offenbaren, was wir wirklich sind, und all das an Schmerz und Leid zu empfangen, was die Welt zurückgibt."

Der religiöse Mensch hat ein gut geschütztes Herz: „Es ist ein bewachter und misstrauischer Geist, der der Welt gegenüber verschlossen ist. Er sieht alles und jeden als potenzielle Bedrohung, als einen Feind, der einen Angriff vorhat. Er schirmt sich von der Welt ab."

Das habe ich auch auf meinem eigenen Weg festgestellt. Viele Jahre habe ich mein Herz geschützt, und erst in letzter

Zeit habe ich die Kraft und Freude eines zunehmend ungeschützten Herzens erfahren. Jesus will uns so verwandeln, dass wir ein gänzlich ungeschütztes Herz haben, damit wir authentisch und frei in der Welt leben können.

Ich bin das Licht, das in die Welt gekommen ist, damit alle, die an mich glauben, nicht länger in der Dunkelheit bleiben müssen (Joh 12,44 MSG).

9. August

Die Gnade eines verletzlichen Herzens

Sowohl die römischen Führer als auch die Pharisäer demonstrierten, dass ein gut geschütztes Herz unfrei macht. Es hat den Anschein, dass sowohl unser Fleisch als auch die routinemäßige religiöse Aktivität ein Herz hervorbringen, das sich um jeden Preis schützt. Du kannst es an deiner eigenen Starrheit erkennen, an einer verurteilenden Haltung dir selbst und anderen gegenüber und an einer Arroganz, die diejenigen verachtet, die deinen Glauben nicht teilen.

Aber je mehr du durch deine Beziehung zu Jesus verwandelt wirst, desto weicher wird dein Herz, sowohl dir selbst als auch anderen gegenüber. Das gänzlich ungeschützte Herz zeigt sich mit der Zeit mit einer Anmut und Schönheit, die die Art und Weise verändern wird, wie du mit dir selbst sprichst und wie du andere in der Welt behandelst.

Es ist die Frucht Jesu, die dich innerlich verändert und dich dazu befähigt, äußerlich mehr wie er zu leben. Wenn wir mit zunehmender Klarheit wissen, dass unsere Sicherheit in ihm größer ist als unser Bedürfnis, uns selbst zu beschützen, werden wir uns nicht mehr verteidigen müssen.

Mehr und mehr möchte ich die gefährliche Schönheit kennenlernen, die darin besteht, in der Welt zu leben und dabei sensibel zu sein für seine Gnade und für die Bedürfnisse der anderen um mich herum.

Wir setzen unsere Hoffnung auf den HERRN, er steht uns bei, ja, er ist der Schild, der uns schützt. Er erfüllt unsere Herzen mit Freude; wir vertrauen ihm, dem heiligen Gott. HERR, lass uns deine Liebe erfahren, wir hoffen doch auf dich! (Ps 33,20-22 HFA).

10. August

Ein Friede, der keinen Sinn macht

Auf dem Weg zum Flughafen für eine Reise nach Dallas erhielt ich einmal einen Anruf von einem Freund, auf den mehrere Umstände gleichzeitig einprasselten. Als er mir die Dinge beschrieb, die sich in seinem Leben abspielten, sagte er mir, er sei noch nie so verwirrt und persönlich beunruhigt gewesen über all das, was um ihn herum geschehe.

Keine seiner bisherigen Erfahrungen und Denkmuster schienen ihm zu helfen, besser zu verstehen, was vor sich ging. „Und doch“, sagte er, „habe ich noch nie so viel Frieden und Zuversicht erlebt, obwohl mein Leben so durcheinander ist.“

Er war ein bisschen verunsichert und wollte wissen, ob ich glaube, dass das nach Gott klingt.

Frieden inmitten einer Krise? Zuversicht im Angesicht der Unsicherheit?

Auf jeden Fall. Die Spuren Gottes sind überall zu sehen.

Und der Friede Gottes, der allen Verstand übersteigt, wird eure Herzen und eure Gedanken bewahren in Christus Jesus! (Phil 4,7).

11. August

Wo der Friede wirklich wohnt

Wenn du aus deinem natürlichen Verstand heraus lebst, fühlst du dich nur dann sicher, wenn du jedes Detail im Griff hast oder dir die Zukunft genau ausgerechnet hast.

Das Problem dabei ist nur, dass das meiste, was wir uns ausrechnen auf menschlicher Weisheit und falschen Annahmen beruht. Wenn diese uns im Stich lassen, was bleibt uns dann noch?

Unser natürlicher Verstand nährt sich von der Illusion, wir hätten die Kontrolle über unser Leben. Deshalb ist unser Verstand ruhig, wenn alles glattläuft, aber in Zeiten des Unglücks in Aufruhr. Wenn die Dinge aus dem Ruder laufen, geraten wir in Verwirrung und bezweifeln entweder Gottes Liebe zu uns oder dass wir gut genug waren, um sie zu verdienen.

Paulus schrieb über den Frieden, der alles Verstehen übersteigt: die Sicherheit, die Gott uns in ihm gibt, wenn die Stürme um uns herum toben. Wir können wissen, dass wir in ihm sicher sind, auch wenn wir nicht die geringste Ahnung haben, wie sich die Umstände entwickeln werden.

Zum Abschied gebe ich euch den Frieden, meinen Frieden, nicht den Frieden, den die Welt gibt. Erschreckt nicht, habt keine Angst! (Joh 14,27 GNB)

12. August

Sich im Hier und Jetzt auf ihn einlassen

Sheba ist eine Schäferhund-Labrador-Mischlingshündin mit einem überschwänglichen Temperament … manchmal zu überschwänglich. Obwohl sie eine schwere Hüftgelenksdysplasie hat und von Zeit zu Zeit Schmerzen hat, ist sie der glücklichste Hund, den wir je gehabt haben. Sie ist nicht sehr intelligent, aber sie lächelt immer, ist immer bereit, etwas

Lustiges zu unternehmen, und es macht Spaß, mit ihr zusammen zu sein. Nun ja, meistens jedenfalls.

Das, was ich bei ihr meisten hasse, ist, mit ihr spazieren zu gehen. Wir versuchen, ihr beizubringen, nicht an der Leine zu ziehen, sondern einfach neben uns herzulaufen. Obwohl wir eine fünf Meter lange Rollleine haben, zieht sie ständig, um noch weiter zu kommen. Es ist, als könne sie es kaum erwarten, die nächste Stelle zu erreichen. Aber wenn sie dort angekommen ist, versucht sie schon wieder, zur nächsten zu gelangen. Es ist wirklich verrückt. Sie kann keinen Ort richtig genießen, weil sie immer versucht, woanders hinzukommen.

Als ich eines Abends auf einem langen Spaziergang ungeduldig mit Sheba wurde und sie immer wieder zurückrief, weil sie an der Leine zog, wurde mir klar, dass sie mir ähnlicher ist, als ich zugeben möchte. Jesus ist zwar geduldig mit unserer Ungeduld, aber ich habe keinen Zweifel daran, dass er überglücklich ist, wenn wir ihm genug vertrauen, um ihn nicht dorthin zu ziehen, wo wir hinwollen.

Darum achtet genau auf eure Lebensweise! Lebt nicht wie Unwissende, sondern wie Menschen, die wissen, worauf es ankommt. Nutzt die Zeit ... (Eph 5,15-16 GNB).

13. August

Zufriedenheit ist keine Selbstzufriedenheit

Erst in den letzten Jahren habe ich begonnen, zufrieden mit dem zu sein, was der Vaters in mir und um mich herum tut. Die meiste Zeit meines geistlichen Lebens habe ich mich gegen Jesu Gegenwart in meinem Leben gewehrt. Ich habe immer versucht, ihn zur nächsten Sache zu drängen, statt im gegenwärtigen Augenblick bei ihm zu bleiben, in dem Wissen, dass er mich zu seiner Zeit weiterführt, nicht zu meiner.

Ich musste daran denken, wie viel mehr Spaß es machen würde, mit Sheba unterwegs zu sein, wenn sie neben mir bleiben würde. Ihr ständiges Zerren an der Leine und Ziehen an meinem Arm ist ermüdend und frustrierend. Ich frage mich, ob es Jesus auch so geht, wenn ich mit ihm unterwegs bin.

Zufriedenheit ist ein großes Geschenk in diesem Reich. Ich würde gerne an den Punkt kommen, an dem er bei mir keine Leine mehr braucht, weil ich nie weiter als ein paar Meter von ihm entfernt bin.

Sei nicht wie ein Pferd oder ein Maultier ohne Verstand! Mit Zaum und Zügel musst du sie bändigen, sonst folgen sie dir nicht! (Ps 32,9 HFA).

14. August

Der Gott, der sich an dich heranschleicht

Du müsstest wahrscheinlich in den Sechziger- und Siebziger-Jahren aufgewachsen sein, um die Überschrift zu verstehen. Damals war es angesagt, über die Namen Gottes aus dem Alten Testament, die das Wort „Jahwe“ als Vorsilbe enthielten, zu predigen. Zum Beispiel Jahwe-Jireh (der Gott, der versorgt), Jahwe-Rapha (der Gott, der dich heilt) und Jahwe-Tsidkenu (Gott, unsere Gerechtigkeit).

Eine Studentin aus Kalifornien entdeckte vor Kurzem ein weiteres Suffix. Dieses steht zwar nicht in der Bibel, aber sie schwört trotzdem, dass es echt ist. Sie spricht von „Jahwe-Tsnikki“.[1] Das musst du laut lesen, um es zu verstehen – Jahwe-Tsnikki, der Gott, der sich an dich heranschleicht.

Wie oft bist du der Führung des Herrn in einer Situation gefolgt, in der du dir sicher warst, wie sie ausgehen würde, und warst völlig schockiert, als du feststellen musstest, dass Gott etwas ganz anderes erreichen wollte?

Manchmal hat das bei mir zu einer Herausforderung geführt, die ich nicht kommen sah. Ein anderes Mal aber hat er sich

[1] Abgeleitet vom Englischen „to sneak“ = schleichen.

mitten im Chaos, das ich angerichtet hatte, an mich herangeschlichen, sich zu erkennen gegeben und sein Ziel trotzdem erreicht.

Gott donnert mit seiner Stimme wunderbar; er tut große Dinge, die wir nicht verstehen (Hiob 37,5).

15. August

Jahwe-Tsnikki

In der Bibel gibt es viele Hinweise auf „Jahwe-Tsnikki“ (den Gott, der sich an dich heranschleicht). Gott sagte Paulus, er werde einmal nach Rom gehen. Damals war Paulus sicherlich noch nicht klar, dass er als Gefangener dorthin gehen würde.

Gott schickte Petrus in das Haus des Kornelius, bevor Petrus eine Ahnung davon hatte, dass Gott diesen lästigen Heiden erlauben würde, gerettet zu werden! Und wer kann Josefs Traum vergessen, dass er über seine Brüder herrschen würde? Er ahnte nicht, dass dies erst geschehen würde, nachdem sie ihn entführt und in die Sklaverei verkauft hatten.

Ich habe keinen Zweifel daran, dass Gott uns manchmal hinterhältig erscheint, weil wir nicht wissen, was er wirklich in unserem Leben tut, aber ich liebe die Verspieltheit von „Jahwe-Tsnikki“! Was für ein großartiger Name für einen unglaublichen Vater, der uns immer wieder mit seinem absolut wunderbaren Charakter und seinen Pläne verblüfft, die nicht einmal durch unsere eigene Unwissenheit oder fehlgeleiteten Bemühungen vereitelt werden.

Würdest du etwas anderes von jemandem erwarten, dessen Wege viel höher sind als unsere?

... die Berge und Hügel sollen vor euch in Jubel ausbrechen und alle Bäume des Feldes in die Hände klatschen (Jes 55,12b).

Herausfinden, was wir wirklich wollen

Ich war in Florida und aß mit einem Mann zu Mittag, den ich ein paar Jahre zuvor kennengelernt hatte. Er war nach Florida gezogen, um Hauskirchen zu gründen, entdeckte aber dann, dass die Gemeinde noch viel wilder und wunderbarer war, als er es sich vorgestellt hatte.

Wir saßen in einem Restaurant namens Ford's Garage, und an der Wand vor mir prangte ein Zitat von Henry Ford: „Hätte ich die Leute gefragt, was sie wollen, hätten sie gesagt: schnellere Pferde." Er hatte sich etwas ausgedacht, das so viel besser war als das, was die Leute zu wollen glaubten, und sein Automobil eroberte die Welt.

Ich frage mich, wie viele unserer Gebete sich für Gott so anhören. Wir bitten ihn um das, was wir uns wünschen, ohne zu wissen, dass er Pläne für uns hat, die unser Vorstellungsvermögen übersteigen. Die meisten meiner Gebete drehten sich früher um mein eigenes Wohlbefinden oder mein Glück, während er Dinge im Sinn hatte, die mein Denken und Leben in der Welt radikal veränderten. Seine Ideen haben sich immer als so viel besser erwiesen als meine.

Das erinnert mich an meine Lieblingszeile aus dem Film „Bruce Allmächtig". Der Protagonist, der Gott darstellt, fragt: „Seit wann hat irgendjemand eine Ahnung von dem, was er will?" Wie wahr! Wir denken, wir wüssten es, aber dann nimmt Gott uns mit auf Abenteuer, die wir nie in Betracht gezogen hätten, und wir entdecken, dass das, was wir wirklich wollten, ganz anders ist als das, was wir dachten, dass wir es wollten.

Dem aber, der weit über die Maßen mehr zu tun vermag als wir bitten oder verstehen, gemäß der Kraft, die in uns wirkt, ihm sei die Ehre in der Gemeinde in Christus Jesus, auf alle Geschlechter der Ewigkeit der Ewigkeiten! Amen (Eph 3,20-21).

17. August

Eine unglückliche Überschätzung

Welch ein Geschenk wäre es, wenn ich jeden Tag den Unterschied zwischen Gottes Werk und meinem eigenen erkennen könnte – also einfach das tun zu können, was er mir zeigt, und zuzusehen, wie sich sein höherer Plan entfaltet!

Eines Abends traf ich mich in Tulsa mit den Leitern einer Gemeinde, die eine Country- und Western-Bar für ihre Versammlungen übernommen hatte. Während einer Fragerunde mit einigen ihrer Leiter wurde ich gefragt: „Was ist deiner Meinung nach das größte Hindernis, Jesus jeden Tag zu folgen?"

Sofort hörte ich meine eigene Stimme die Frage beantworten, bevor ich überhaupt die Chance hatte, meine Gedanken zu sammeln: „Dass wir unserer eigenen Fähigkeiten überschätzen."

Ich musste innehalten und selbst darüber nachdenken. Ich würde diese Antwort heute nicht mehr ändern. Wir alle sind von Benjamins Franklins Zitat verführt worden: „Hilf dir selbst, so hilft dir Gott." Die meisten Christen glauben tatsächlich, dass dieser Satz in der Bibel steht.

Ich bin immer wieder überrascht, wie leicht Gott mich etwas übernehmen lässt, das er beginnt. Und wie ein kleines Kind mit einem neuen Gerät, von dem es denkt, dass es schon weiß, wie man es benutzt, vermassle ich es am Ende meistens. Aber wie ein zärtlicher Vater findet er einen Weg, mein Chaos zu beheben und mir einen Neuanfang zu ermöglichen.

Denn wir sind die Beschneidung, die wir Gott im Geist dienen und uns in Christus Jesus rühmen und nicht auf Fleisch vertrauen (Phil 3,3).

Gottes Stimme eindringen lassen

Hast du schon mal Steine über einen See springen lassen? Du weißt schon, die schönen flachen, die zwei, drei oder hin und wieder vier Mal aufprallen, bevor sie untergehen? Manchmal denke ich, dass das Hören auf Gott damit vergleichbar ist. Es braucht ein paar Versuche, bis endlich „der Groschen fällt“. Vielleicht ist es das, was Gott mit mir macht. Es scheint, als würde er ständig sprechen, aber ich höre nicht wirklich zu.

Diesen Gedanken erhielt ich in einer E-Mail von jemandem, der gerade eine schwierige Zeit durchmacht. Ich mag diese Beschreibung. Bei mir ist es oft so.

Ich bekomme zunächst einen flüchtigen Eindruck von einem Gedanken, aber nicht genug, um ihn zu fassen. Dann, in einem Gespräch oder wenn ich etwas lese, taucht der Gedanke wieder auf. Schließlich fällt der Groschen und der Gedanke klärt sich und hat dann den Duft des Vaters an sich.

Vielleicht gehört dies zu dem, dass wir wie durch einen trüben Spiegel schauen, um die Stimme Jesu zu erkennen. Es braucht ein paar Blicke, bis wir eine Vorstellung davon bekommen, um was es geht. Vielleicht ist es das, was Paulus meinte, als er davon sprach, wir sollten die Stimme Gottes durch zwei oder drei Zeugen bestätigen lassen.

Wenn Gott will, dass du etwas weißt, wird er immer wieder auf dich zukommen, um dir zu helfen, seine Stimme zu erkennen. Viele sagen dann, Gott habe endlich zu ihnen gesprochen, aber in Wirklichkeit hat er schon die ganze Zeit gesprochen.

Gott antwortet immer, auf die eine oder andere Weise, auch wenn die Menschen seine Gegenwart nicht erkennen (Hiob 33,14 MSG).

Vertrauen oder nicht vertrauen

„Wie bringt ihr Gläubigen bei, einander zu vertrauen?", fragte meine Frau.

Den Reaktionen der Gesichter im Raum nach zu urteilen, hätte man meinen können, Sara hätte gefragt, ob sie Tiere geopfert hätten. Ich war verblüfft. Wir hatten die Tage vorher mit einer Gruppe von Menschen im Busch verbracht, etwa eine Stunde außerhalb von Melbourne in Australien, und waren von ihrem Sinn für Gemeinschaft berührt. Wir waren Zeugen ihrer Ehrlichkeit, ihrer Offenheit und ihres Dienstes füreinander geworden. Bestimmt hatten sie sich mit dem Thema Vertrauen auseinandergesetzt.

Schließlich meldete sich einer zu Wort: „An welcher Stelle lehrt uns die Schrift, einander zu vertrauen?"

Ich begann, die Tiefen meines Gedächtnisses zu durchforsten und ging jede Bibelstelle durch, an die ich mich erinnern konnte. Ich konnte aber keine finden.

Wie konnte das sein? Vieles von dem, was ich über die Kraft der christlichen Gemeinschaft gelehrt hatte, konzentrierte sich darauf, den Menschen zu zeigen, wie sehr sie einander brauchen, und ihnen dabei zu helfen, die Art von vertrauensvollen Beziehungen aufzubauen, die es ihnen ermöglichen, zusammenzuarbeiten.

Aber egal, was wir taten, es hielt nicht an. Das Vertrauen brach immer wieder zusammen, weil die Menschen ihre Verpflichtungen aufgaben, wann immer es ihnen passte. Wir sind schließlich unvollkommene Menschen, die Fehler machen und einander vor allem in kritischen Momenten im Stich lassen – deshalb hinterlassen viele gemeindlichen Konflikte oft eine Spur von zerbrochenen Freundschaften.

Die Heilige Schrift ermutigt uns, unser Vertrauen allein auf Gott zu setzen. Wenn wir also anderen Menschen oder der Gemeinde vertrauen, enttäuschen uns unsere Erwartungen. Den Menschen kann man nicht trauen, aber sie können lernen zu lieben. Jesus ist die einzige Person, die unser Vertrauen verdient.

> *Jesus hat ihnen nicht sein Leben anvertraut. Er kannte sie in- und auswendig und wusste, wie unzuverlässig sie waren. Er brauchte keine Hilfe, um sie zu durchschauen* (Joh 2,24 MSG).

20. August

Lerne stattdessen zu lieben

In den meisten Lehren tauchen drei Wörter auf, die die Wichtigkeit des Gemeindelebens beschreiben: Verbindlichkeit, Rechenschaft und Vertrauen. Ich habe sie oft benutzt, um den Menschen zu erklären, wie sie am Gemeindeleben teilnehmen können. Erst in letzter Zeit ist mir klar geworden, wie sehr ich mich geirrt habe.

Der Begriff „Verbindlichkeit“ wird im Neuen Testament überhaupt nicht verwendet. Im Alten Testament finden wir Hinweise darauf, dass wir unsere Wege dem Herrn anbefehlen sollen, und im Neuen Testament ist zweimal die Rede davon, dass Menschen sich der Gnade Gottes anvertrauen. All diese Aussagen beziehen sich jedoch eindeutig auf den Vater und sein Werk; es ist nicht die Rede davon, dass man sich gegenseitig oder der Kirche bzw. Gemeinde verpflichtet.

Ebenso richtet sich die „Rechenschaftspflicht“ in der Heiligen Schrift nur an Gott. Uns wird nicht gesagt, dass wir gegenseitig Rechenschaft ablegen sollen.

Wir werden auch nicht dazu ermutigt, einander zu „vertrauen“, wie es üblich ist. Vertrauen kann sich zwischen Menschen entwickeln, wenn sie die Vertrauenswürdigkeit ihrer Liebe auf lange Sicht unter Beweis stellen.

Man sagt uns, wir sollten einander lieben, füreinander beten, die Lasten des anderen tragen, ehrlich über unsere Sünden sein, einander vergeben, einander dienen, uns gegenseitig zu

Liebe und guten Taten anspornen, freundlich zueinander sein und viele andere Dinge, aber uns wird nie gesagt, wir sollten verbindlich sein, Rechenschaft ablegen oder einer anderen Person vertrauen. Das zu tun, birgt das Risiko, missbraucht zu werden.

Geliebte, lasst uns einander lieben! Denn die Liebe ist aus Gott, und jeder, der liebt, ist aus Gott geboren und erkennt Gott (1 Joh 4,7).

21. August

Sich dem Wort zuwenden

Alle Hinweise auf Vertrauen und Glauben in der Heiligen Schrift richten sich fest und ausschließlich auf Gott. Wenn er derjenige ist, dem wir unser ganzes Vertrauen schenken, was bleibt dann noch übrig, um es einem anderen Gläubigen zu schenken?

Interessant, nicht wahr? Worte, die wir für wichtige Bausteine des Gemeindelebens halten – wie Vertrauen, Verbindlichkeit und Rechenschaft – gehören noch nicht einmal zum Fundament, das Jesus für die Gemeinde gelegt hat. Warum sind sie dann so wichtig für uns?

Jahrhundertelang haben religiöse Führer sie benutzt, um Menschen an ihre Programme und Pläne zu binden: „Vertraust du der Leitung hier nicht?" „Wenn du wachsen willst, musst du dich verbindlich für das einsetzen, was Gott unter uns tut." „Du musst irgendwo angeschlossen sein, damit du Rechenschaft ablegen kannst."

Die Gemeinschaft des Neuen Testaments lebt nicht von unserem Vertrauen zueinander, sondern von unserem Glauben an den Vater. Jesus hat uns zwei Anweisungen gegeben: Liebt Gott und liebt euch gegenseitig. Wenn wir das tun, werden wir alle seine Ziele für unser Leben erfüllen und die Grundlage für die liebenswerteste Gemeinschaft bilden, die Menschen miteinander haben können.

Das gebiete ich euch, dass ihr einander liebt (Joh 15,17).

22. August

Hüte dich vor jedem, der verlangt, dass du ihm vertraust

Niemand, der dein Vertrauen einfordert, ist darauf aus, dir zu helfen. Menschen, die dich um Geld betrügen wollen, Politiker und missbrauchende Onkel sagen dir, dass du ihnen vertrauen sollst. Selbst wohlmeinende Menschen, die glauben, dass es dir hilft, wenn du ihnen vertraust, werden dich irgendwann enttäuschen und dich verletzt zurücklassen.

Persönliche Verletzungen sind eine schmerzhafte Erinnerung an missbrauchtes Vertrauen und hoffentlich eine Warnung, es nicht noch einmal zu tun. Das heißt nicht, dass du in deinem Leben keine Menschen triffst, die nicht vertrauenswürdig sind, aber sie werden sich dein Vertrauen dadurch verdienen müssen, dass sie ständig bereit sind, ihr Leben für dich hinzugeben. Sie werden es nie von dir verlangen, weil sie wissen, dass du es früh genug erkennen wirst.

Wie sehen also gesunde Beziehungen zu anderen aus?

Ein Mann aus Australien hat es am besten ausgedrückt: „Es sieht so aus, Wayne: In meiner Beziehung zu dir will ich nicht, dass du *mir* mehr vertraust, sondern ich will dir helfen, dem Vater zu vertrauen, wie du es noch nie getan hast. Wenn du das Gleiche mit mir tust, dann haben wir Gemeinschaft. Wenn ich dich ermutige und du mich nicht ermutigst, dann darf ich dir dienen, was auch eine Freude ist. In jedem Fall werde ich nicht betrogen, denn ich vertraue darauf, dass der Vater mir alles gibt, was ich brauche." Das ist ein Mann, dem ich zu vertrauen begann.

Wehe denen, die nach Ägypten hinabziehen, um Hilfe [zu suchen], und sich auf Pferde verlassen und auf Streitwagen vertrauen, weil es so viele sind, und auf Reiter, weil sie sehr stark sind, aber auf den Heiligen Israels nicht schauen und den HERRN nicht suchen! (Jes 31,1).

23. August

Das schönste Mädchen der Welt

Verbindlichkeit, Rechenschaftspflicht und Vertrauen sind institutionelle Begriffe, die für das Überleben jeder Institution notwendig sind, da die Menschen sich anpassen müssen, um effektiv zusammenarbeiten zu können.

Die Gemeinde Jesu Christi ist jedoch keine auf Konformität basierende Institution. Sie ist eine „Transformationsgemeinschaft", in der Menschen die Freiheit haben, zu wachsen, zu entdecken und herauszufinden, wie sehr die Liebe die Art und Weise verändern kann, wie Menschen miteinander umgehen.

Bedauerlicherweise unterscheiden viele Menschen nicht genau zwischen der Gemeinde, wie Gott sie sieht, und den Institutionen, die darum herum entstanden sind. Sie sind nicht dasselbe.

Gott sieht die eine Gemeinde als die Gesamtheit aller Menschen, die zu ihm gehören. Er schaut nicht auf das Versagen der Institutionen oder die Schwächen ihrer Leiter oder Anhänger, sondern sieht sie als die Braut, die er für seinen Sohn zubereitet. Er betrachtet die Gemeinde mit großer Zuneigung, Sehnsucht und Bewunderung.

Gene Edwards, ein bekannter Autor, hat die Gemeinde „das schönste Mädchen der Welt" genannt. Ich liebe diese Beschreibung; die Gemeinde aus dieser Perspektive zu verstehen, wird uns davor bewahren, zynisch und sarkastisch gegenüber dem zu werden, was Gott so sehr liebt.

... gleichwie auch der Christus die Gemeinde geliebt hat und sich selbst für sie hingegeben hat ... (Eph 5,25).

24. August

Die Gemeinschaft des Vaters

Jesus sprach über Gott als eine Gemeinschaft: Vater, Sohn und Geist sind völlig vereint und teilen ihre Liebe, Weisheit und Arbeit in der Schöpfung miteinander.

In seiner letzten Nacht mit den Jüngern lud Jesus seine Anhänger in genau diese Gemeinschaft ein. *„An jenem Tag werdet ihr erkennen, dass ich in meinem Vater bin und ihr in mir und ich in euch"* (Joh 14,20). Er wollte die Freundschaft, die er mit ihnen hatte, nach der Auferstehung auf den Vater und den Heiligen Geist erweitern.

Stell dir vor, dass du an der Gemeinschaft der Dreieinigkeit teilhaben kannst – nicht nur mit ihnen, sondern auch mit anderen Gefährten, die ebenfalls lernen, ihm zu folgen. Das ist der Hunger, der in den Herzen seiner Anhänger schlägt. Sie wollen oder brauchen nicht unbedingt den ganzen Schnickschnack unserer kirchlichen Institutionen oder das parteiische Verhalten, das damit einhergeht.

Egal, ob du eine Gemeinde besuchst oder nicht, halte Ausschau nach den Menschen in deiner Umgebung, die Authentizität, Gnade und einen Fokus auf Jesus an den Tag legen, wofür auch dein Herz schlägt. Daran erkennst du die Gemeinde, die Jesus baut.

Verbringe Zeit in Gemeinschaft mit Menschen, denn dadurch können Gläubige in eine Einheit hineinfinden und der Welt seine Herrlichkeit zeigen.

Und ich habe ihnen deinen Namen verkündet und werde ihn verkünden, damit die Liebe, mit der du mich liebst, in ihnen sei und ich in ihnen (Joh 17,26).

25. August

Gemeindeleben nach Art des Vaters

Wenn du lernst, in der Gemeinschaft des Vaters, des Sohnes und des Heiligen Geistes zu leben und andere um dich herum anzunehmen, die das auch tun, wird die Liebe des Vaters in dir überschwappen – fast ohne dass du dich anstrengen musst – und dich dazu bringen, den Gläubigen Liebe, Gebet, Vergebung, Einsicht, Geld, Hilfe und alles andere, was sie brauchen mögen, zukommen zu lassen.

Nur aus dieser Fülle heraus und im Vertrauen darauf, dass Gott unsere Bedürfnisse stillt, können wir austeilen, ohne zu erwarten, dass andere etwas erwidern, bzw. ohne den Wunsch, ihre Reaktion zu manipulieren.

Das ist das Wesen von Gemeinschaft: Gläubige, die einander freigiebig lieben und helfen, wo sie können, ohne den Zwang, andere dazu zu bringen, es auf unsere Weise zu tun.

Wer aber die Güter dieser Welt hat und seinen Bruder Not leiden sieht und sein Herz vor ihm verschließt — wie bleibt die Liebe Gottes in ihm? (1 Joh 3,17).

26. August

Eine andere Art von Zeichen

Eine der schockierendsten Lektionen, die ich in meinen frühen Jahren als Christ lernen musste, war, dass vieles, was damals darüber gelehrt wurde, wie man Gottes Willen erkennt, mich in Wirklichkeit von ihm wegführte.

Wie ein Reisender auf einer Straße hörte ich sein Rufen, aber wenn ich in die entsprechende Richtung schaute, sah ich nur Gefahren, Risiken und potenzielle Konflikte auf mich zukommen. Und wenn ich mich dann umdrehte, sah ich nur Bequemlichkeit, Belohnung und Sicherheit.

Wie leicht war es für mich doch, mich davon zu überzeugen, dass seine Stimme aus dieser attraktiveren Richtung komme. Doch wenn ich mich in diese Richtung aufmachte, stellte ich fest, dass Gottes Stimme leiser und mein geistliches Leben trockener und leerer wurde.

Man kann leicht die Heilige Schrift verdrehen, um andere und sich selbst zu überzeugen, dass die Nachfolge Jesu zu Bequemlichkeit, Beliebtheit, finanziellen Belohnungen oder Sicherheit führt.

Ich hatte nie darüber nachgedacht, dass oft diejenigen, die nicht wissen, wie sehr ihr Vater sie liebt, gerade nach diesen Dingen streben. Also verfolgte ich wie sie mein Eigeninteresse und dachte, dass es auch das von Gott sein müsse. Lange Zeit konnte ich nicht herausfinden, was mich vom Weg abgebracht hatte.

Aber das Tor, das zum Leben führt, ist eng und der Weg dorthin schmal. Nur wenige finden ihn (Mt 7,14 GNB).

27. August

Die Anhaltspunkte, die wir verwenden

Offensichtlich brauchte ich bessere Anhaltspunkte, um seine Führung zu erkennen.

Wenn wir Gottes Stimme nur dann gehorchen, wenn es einfach ist, uns den Beifall anderer bringt oder wir finanziell davon profitieren, wird unser geistliches Leben trocken, leer und langweilig.

Es bietet zwar die Illusion von Freude, kann uns aber nicht in die Realität führen, die nur aus dem Vertrauen erwächst, dass wir von ihm geliebt und umsorgt werden, und nicht aus unseren eigenen Bemühungen.

Jesus hat uns ermahnt, das Leben im Reich Gottes warte auf diejenigen, die einen schmaleren Weg gehen, weg von ihren eigenen Interessen. In diesem Reich scheint alles umgekehrt zu funktionieren. Wenn du dein Leben retten willst, verlierst du es. Wenn du der Erste sein willst, musst du dich entscheiden, der Letzte zu sein.

Wenn du seine Führung von den falschen Anhaltspunkten abhängig machst, wirst du verwirrt sein, wenn er zu dir spricht, und versuchen, dir auszureden, ihm zu folgen. Es kann also nicht schaden, ab und zu einen Blick auf die Wegweiser entlang des Pfades zu werfen. Sie verraten dir, ob dich deine Reise auf dem schmalen Weg zu ihm führt oder zurück auf eine breitere Straße der Bequemlichkeit und Leichtigkeit.

Da sprach Jesus zu seinen Jüngern: Wahrlich, ich sage euch: Ein Reicher hat es schwer, in das Reich der Himmel hineinzukommen! (Mt 19,23).

28. August

Dem Drang nach Geschäftigkeit widerstehen

Früher dachte ich, für Gott eifrig zu sein, sei ein Verdienstabzeichen, das ich mit Stolz tragen könne. Es gab kein Ende der guten Dinge, die ich in Gottes Namen tun konnte. Überall betteln Menschen um Geld und Freiwillige, und es war leicht, sich in einem Wirbelwind von Aktivitäten zu verfangen und dabei zu verpassen, was es bedeutet, eine sich vertiefende Beziehung zu ihm aufzubauen.

Je unsicherer ich in meiner Beziehung zu ihm war, desto mehr Arbeit nahm ich auf mich, um das Gegenteil zu beweisen. Es ist oft wahr, dass die Menschen, die am meisten mit Religion beschäftigt sind, geistlich am unerfülltesten sind. Anstatt durch Gottes Leben verändert zu werden, sind sie oft reizbar und fordernd und nehmen die Menschen um sich herum nicht wahr. Sie verstehen nicht, dass religiöse Aktivitäten unseren Hunger dämpfen und unsere Leidenschaft, ihn kennenzulernen, beeinträchtigen können. Sie verfolgen das neueste Programm, praktizieren anspruchsvolle geistliche Übungen, lassen sich von Lehrern „füttern", die ihnen gefallen ... aber sie kommen dem, der sie so sehr liebt, nie näher.

Das sicherste Zeichen dafür, dass du den Weg gehst, den Gott für dich vorgesehen hat, ist eine sich ständig vertiefende Freundschaft mit ihm, in der du immer mehr in seiner Liebe ruhst. Du lernst sein Herz immer besser kennen und wirst immer mehr in sein Bild verwandelt.

Heute halte ich auf meinem Weg regelmäßig inne und frage mich, ob ich ihn jetzt besser kenne als noch vor ein paar Monaten. Lautet die Antwort nein oder bin ich mir nicht sicher darüber, dann überlege ich, was ich ändern kann. Er will nichts anderes, als dass du lernst, jeden Tag in ihm zu bleiben. Wenn du das tust, wird alles andere, was Gott für dich auf dem Herzen hat, erfüllt werden.

Wir alle aber, indem wir mit unverhülltem Angesicht die Herrlichkeit des Herrn anschauen wie in einem Spiegel, werden verwandelt in dasselbe Bild von Herrlichkeit zu Herrlichkeit, nämlich vom Geist des Herrn (2 Kor 3,18).

29. August

Blinde Führer

Niemand machte Jesus mehr zu schaffen als die Ältesten und Pharisäer in Jerusalem. Ihre einzige Priorität schien es zu sein, ihre wichtige Position zu schützen, aber das erschwerte ihnen den Umgang mit dem wundertätigen Lehrer aus Galiläa.

Zu sagen, dass sie die unaufrichtigsten Menschen waren, mit denen er zu tun hatte, wäre eine Untertreibung. Aus Angst vor den Menschen, die ihn unterstützten, verbargen sie ständig ihre wahren Motive und Handlungen.

In seinen letzten Worten an die Stadt Jerusalem, nur wenige Tage vor seinem Tod, entlarvte er sie als das, was sie wirklich waren: Heuchler, die das Werk des liebenden Gottes in eine

Religion verwandelt hatten, die sie für ihren eigenen Gewinn und ihre Selbstherrlichkeit instrumentalisierten.

Er nannte sie blinde Führer und stellte sie bloß, weil sie die Menschen von der Realität des Königreichs fernhielten: Sie liebten die Ehre der Menschen, sie machten Bekehrte, die sie nur in noch größere Knechtschaft lockten; sie verdrehten die Prioritäten; sie gaben nach außen hin vor, gerecht zu sein, während im Inneren das Böse wütete, und sie verherrlichten die Propheten der Vergangenheit, lehnten aber die Propheten ihrer Zeit ab. Das ist ein Weg, den man nicht gehen sollte.

Weh euch Gesetzeslehrern und Pharisäern! Ihr Scheinheiligen! Ihr reist um die halbe Welt, um auch nur einen einzigen Anhänger zu gewinnen, und wenn ihr einen gefunden habt, dann macht ihr ihn zu einem Anwärter der Hölle, der doppelt so schlimm ist wie ihr (Mt 23,15 GNB).

30. August

Der schlimmste Fluch

„Ihr Schlangenbrut!", nannte Jesus die Pharisäer. „Wie wollt ihr dem Gericht der Hölle entgehen?" (vgl. Mt 23.33). Sie verehrten die alten Propheten, sollten aber bald die töten, die Gott zu ihnen sandte. Jesus warnte sie, dass deshalb „alles gerechte Blut, das auf der Erde vergossen wurde", über sie kommen würde (vgl. Mt 23,35).

Was für ein Fluch! Er machte sie für die Ermordung aller rechtschaffenen Menschen seit dem Tag verantwortlich, an dem Kain seinen eigenen Bruder Abel erschlug. Er konnte schon sehen, dass die Folgen wie ein Feuersturm des Zorns über sie hereinbrechen und sie verschlingen würden.

Ein solcher Fluch scheint so gar nicht zu Jesus zu passen. Seine Botschaft der Liebe und Vergebung hatte das Land erobert und einige der sündigsten Menschen seiner Zeit zu ihm eingeladen.

Dennoch verurteilte er diese religiösen Führer auf das Schärfste. Hatte er sie völlig abgelehnt? So sieht es auf den ersten Blick aus, aber wir müssen genauer hinsehen. Anstatt sich über ihren bevorstehenden Untergang zu freuen, offenbarte er seine Liebe zu ihnen.

Wenn sie nur zu ihm kämen, würde er ihnen die ganze Schuld abnehmen.

Und als er näher kam und die Stadt sah, weinte er über sie und sprach: Wenn doch auch du erkannt hättest, wenigstens noch an diesem deinem Tag, was zu deinem Frieden dient! Nun aber ist es vor deinen Augen verborgen (Lk 19,41-42).

31. August

Unter seinen Flügeln

Jesus wusste, dass der Feuersturm kommen würde. Das Böse war bereits dabei, seine Kräfte aufzustellen, um ihren Tempel zu zerstören und ihre Kinder zu vernichten. Jesus war gekommen, um sie zu retten, aber sie konnten es nicht sehen. Sie sahen ihn als Bedrohung, nicht als Retter.

Sie lehnten sein Erscheinen ab und planten nun, ihn zu töten. Sie hatten schon immer die Boten abgelehnt, die Gott schickte, um sie zu sich zurückzurufen. Obwohl viele in der Menge nur wenige Tage später seine Kreuzigung forderten, wollte er sie retten. Er hatte sie unter seine Fittiche genommen, wie eine Henne ihre Küken sammelt, damit er für sie das Feuer aushalten konnte.

„Aber ihr wart nicht willig." Das Ende der Geschichte war tragisch für diejenigen, die an diesem Tag um Jesus herumstanden. Da sie nicht bereit waren, zu ihm zu kommen, mussten sie das Feuer selbst bis zu seinem tragischen Ende ertragen.

Was braucht es, damit Küken unter die Flügel ihrer Mutter kommen, wenn Panik ausbricht und es nicht sehr sicher aussieht? Was kostet es einen Vogel, dass er bei seinen Jungen bleibt, während das Feuer immer näher kommt und seinen Kopf und Rücken versengt? Was muss geschehen, damit *Gott selbst* die Wut des Zorns, den unsere Sünden verdient haben, erträgt und bis zum Ende durchhält, damit die Menschen unter seinen Fittichen gerettet werden können?

Er tat es, aber sie waren nicht bereit. Sehr traurige Worte! Sei immer bereit. Egal, wie sehr du denkst, dass du es besser weißt – wenn Gott kommt, um dich zu retten, laufe zu ihm.

Was wollt ihr tun am Tag der Rechenschaft und wenn der Sturm hereinbricht, der von ferne kommt? Zu wem wollt ihr um Hilfe fliehen? (Jes 10,3).

1. September

Liebe, die die Lüge entlarvt

Sieh dir an, wie sehr unsere Wahl für oder gegen Christus der von Adam und Eva im Garten gleicht.

Hätten diese der Liebe ihres Schöpfers zu ihnen vertraut, wären sie nicht auf die Lüge Satans hereingefallen. Gott hat ihnen nichts vorenthalten, sondern sie vor einer echten Gefahr gewarnt, die sie zerstören wollte. Sobald sie jedoch an seiner Liebe zu ihnen zweifelten, blieb ihnen nur noch ihre eigene Klugheit, die sich aber als völlig unzureichend erwies.

Die Führer in Jerusalem standen vor der gleichen Entscheidung. Würden sie auf ihre eigenen religiösen Methoden vertrauen, um sich selbst zu retten, oder würden sie Gottes Wirken in Jesus vertrauen? Vergessen wir nicht, dass es sich hier nicht um zügellose Männer handelte, die ihre Leidenschaften durch äußerlich sündige Handlungen auslebten. Nein, die Täuschung bei ihnen war ganz ähnlich der von Adam und Eva. Diese Männer versuchten, gottesfürchtig zu sein, zumindest dachten sie das. Sie befolgten komplizierte Rituale und Traditionen, weil sie dachten, sie würden dadurch wie Gott werden. Sie verschmähten die Freuden der Welt, um sich seine Anerkennung zu verdienen – aber gut zu sein, war niemals gut genug.

Hätten sie auf Gottes Liebe zu ihnen vertraut, dann hätten sie es nicht nötig gehabt, Christus, Stephanus oder Jakobus zu töten.

Auch wir stehen vor der gleichen Wahl. Vertrauen wir nicht auf die Liebe unseres Vaters zu uns, müssen wir auf das Beste zurückgreifen, was wir tun können, um uns zu retten. Egal, wie rechtschaffen wir nach außen hin erscheinen, es wird uns Gott nicht näherbringen. Vertrauen wir uns selbst statt ihm, hat das die Konsequenz, dass wir immer noch außerhalb seines Gartens sind und uns selbst durchschlagen müssen.

Deshalb haben auch wir unser Vertrauen auf Jesus Christus gesetzt, um durch das Vertrauen auf ihn bei Gott Anerkennung zu finden und nicht durch Erfüllung des Gesetzes; denn mit Taten, wie sie das Gesetz verlangt, kann kein Mensch vor Gott bestehen (Gal 2,16 GNB).

2. September

Der schlimmste aller Sünder

Paulus, der früher Saulus genannt wurde, wurde schon als er aufwuchs als Pharisäer ausgebildet. Alles in seinem Leben entsprach ihrem Verhaltenskodex. Später konnte Paulus sagen, niemand sei ihm in seinem Eifer für Gott und seiner fehlerlosen Leistung unter dem Gesetz gleichgekommen.

Dreck!

So nannte Paulus sein leistungsorientiertes Leben unter dem Gesetz. Es war ein Rühmen im Fleisch, sagte er, und dieses Fleisch hatte ihn nicht gerettet. Es hatte seine Sünde nur immer mehr zugedeckt. Obwohl er zu seiner Zeit einer der gerechtesten Männer zu sein schien, war er in Wirklichkeit der schlimmste aller Sünder – ein Lästerer, Verfolger und Gewalttäter.

Wir dürfen seine Einschätzung hier nicht als bloße Demut eines gütigen Menschen verstehen. Paulus wollte, dass wir wissen, dass Selbstgerechtigkeit das Einzige ist, was schlimmer ist als Ungerechtigkeit. Das Problem mit der Gesetzlichkeit ist nicht die Angst davor, zu versagen, sondern die Arroganz, die entsteht, wenn man denkt, man sei gut darin.

> *Ja, ich erachte es noch alles für Schaden gegenüber der überschwänglichen Erkenntnis Christi Jesu, meines Herrn. Um seinetwillen ist mir das alles ein Schaden geworden, und ich erachte es für Dreck, auf dass ich Christus gewinne* (Phil 3,8-9 LUT).

3. September

Seine uneingeschränkte Geduld

Ich habe Menschen getroffen, die überzeugt waren, sie hätten viel zu viele Fehler gemacht, als dass Gott noch etwas mit ihnen zu tun haben wolle. In ihren Augen waren sie wie Ausschussware, die nicht mehr zu reparieren war.

Ihnen stelle ich eine einfache Frage: „Hast du schlimmere Dinge getan als Paulus, bevor er Christus kannte?“ Er nannte sich selbst den schlimmsten aller Sünder, weil er Gottes Leute getötet hatte in der Annahme, Gott wolle es so.

Aber selbst in diesem Zustand schüttete Gott seine Gnade über Paulus aus und begegnete ihm, um ihm zu zeigen, wie sehr er von dem Gott, gegen den er wirkte, geliebt wurde. Laut Paulus tat Gott dies, um allen anderen seine grenzenlose Geduld demonstrieren zu können.

Wenn Gott den am meisten Verlorenen retten konnte, können wir alle sicher sein, dass wir nicht außerhalb seiner

Reichweite sind. Egal, für wie unbrauchbar du dich hältst, die offenen Arme des Vaters sind dir immer noch zugewandt.

Deshalb hatte er gerade mit mir Erbarmen und wollte an mir als Erstem seine ganze Geduld zeigen. Er wollte mit mir ein Beispiel aufstellen, was für Menschen künftig durch den Glauben – das Vertrauen auf ihn – zum ewigen Leben kommen können (1 Tim 1,16 GNB).

4. September

Eine echte Bedeckung

Scham will zugedeckt werden.

Fast jeder versucht, sein Versagen zu verbergen, um sich selbst zu schützen. Wir haben Ausreden für uns selbst und schieben die Schuld auf andere. Wir tratschen über andere Menschen, um uns selbst besser zu fühlen. Wir strengen uns an, mehr zu erreichen als die anderen, um uns ihnen überlegen zu fühlen.

Wir suchen sogar nach religiösen Institutionen, die uns bestätigen, damit wir die Zweifel, die uns bedrängen, ignorieren können. Das ist der Grund, warum Beziehungen in religiösen Umgebungen so schmerzhaft werden können: Menschen müssen andere niedermachen, um sich selbst besser darzustellen.

Nach dem Sündenfall versuchten auch Adam und Eva, sich zu verstellen. Sie schoben die Schuld auf die Schlange („Sie hat mich verführt"), aufeinander („Es war die Frau") und sogar auf Gott („Die Frau, die du mir gegeben hast"). Doch ihre Scham war so überwältigend, dass sie sich zum ersten Mal mit etwas bedeckten und sich voreinander nicht mehr sicher fühlten.

Dummerweise wählten sie ihre Unterwäsche aus der Feigenblatt-Kollektion. Gott erbarmte sich und schuf für sie praktischere und bequemere Alternativen aus Tierfellen. Das war nicht nur ein Akt der Barmherzigkeit, sondern auch eine prophetische Veranschaulichung. Das Blut, das an diesem Tag vergossen wurde, um sie zu bedecken, deutete auf einen zukünftigen Tag hin, an dem der Tod Jesu für uns alle die Bedeckung sein würde, die wir wirklich brauchen.

Jetzt müssen wir unsere Scham nicht mehr verstecken.

Fürchte dich nicht, denn du wirst nicht beschämt werden! Schäme dich nicht, denn du sollst nicht zuschanden werden; denn du wirst die Schande deiner Jugend vergessen ... (Jes 54,4).

5. September

Die Feigenblatt-Kollektion

Wenn du deine Bedeckung im Werk Christi findest, verschwinden die lähmenden Auswirkungen der Scham.

Du wirst feststellen, dass du dir deine Fehler eingestehen kannst, dich schnell entschuldigst und dir und anderen leichter verzeihen kannst. Mit solchen Freunden ist es eine Freude, zusammen zu sein. Sie versuchen nicht immer, sich selbst zu schützen. Sie haben keine Freude an Klatsch und Tratsch, und du wirst anderen nicht die Schuld geben, um von dir abzulenken.

Frei zu sein von Verdammnis, Scham und der Angst, was andere von einem denken könnten, ist eine große Freiheit. Es ist Frucht des zunehmenden Vertrauens in sein Wirken in dir, und ja, das braucht Zeit, bis wir uns voll darauf einlassen können.

Wenn mich Schwierigkeiten bedrängen, ist es leichter zu glauben, dass Gott nicht für mich ist. Aber das ist nur die Stimme der Schlange, die mir ins Ohr flüstert: „Wenn Gott dir nicht gibt, was du glaubst, dass du es brauchst, solltest du es dir vielleicht selbst holen."

Es ist leicht, unserer eigenen Weisheit zu vertrauen, und deshalb tun wir es oft, bevor wir es überhaupt merken. Wenn du merkst, dass du versuchst, dich selbst zu retten, ist das ein guter Zeitpunkt, dich wieder in seine Bedeckung zu begeben.

Sucht den HERRN, solange er zu finden ist; ruft ihn an, während er nahe ist! (Jes 55,6).

In den nächsten Tagen wollen wir uns ansehen, wie Jesus den Sturm auf dem See Genezareth für seine verängstigten Jünger beruhigte (vgl. Mt 8,23-27). Diese kleine Geschichte birgt sehr viele Schätze in sich.

6. September

Warum bist du so ängstlich?

Jesus sah in ihre panischen Augen und stellte ihnen eine einfache Frage. „Warum habt ihr solche Angst?"

Warum?

Weil.

Weil sie so weit vom Ufer entfernt waren. Weil ihr Boot in einem Moment von einer wütenden Welle in die Luft geschleudert wurde und im nächsten in ein Wellental stürzte, wo weitere Wellen über die Seite schwappten und sie aus dem Boot zu reißen drohten. Weil sie im Strudel zu kentern und zu sterben drohten.

Gewiss, diese Befürchtungen mochten jetzt, wo der Himmel wieder klar war, der Wind kaum noch flüsterte und nur noch die kleinsten Wellen gegen die Bordwand schlugen, albern erscheinen, aber woher hätten sie wissen sollen, dass er dem Sturm befehlen konnte oder würde, sich zu beruhigen? Woher hätten sie wissen sollen, dass sie am Ende doch sicher sein würden?

Sicherlich waren die Umstände so, dass jeder vernünftige Mensch Angst gehabt hätte.

Es sei denn ...

Es sei denn, sie blickten auf jemanden, der sicherer als der Wind und mächtiger als die Wellen war und der sie mehr liebte, als jedem von ihnen bisher bewusst war.

Seid stark und mutig! Fürchtet euch nicht und lasst euch nicht vor ihnen grauen, denn der HERR, dein Gott, geht selbst mit dir; er wird dich nicht aufgeben, noch dich verlassen! (5 Mose 31,6).

7. September

Ihr Kleingläubigen!

Während sie sich im Sturm fürchteten, nannte Jesus sie: „Ihr Kleingläubigen".

Ich hätte zu gerne seinen Gesichtsausdruck gesehen, als er das tat. Ich glaube nicht, dass es die wütende Zurechtweisung war, die unsere Filmversionen daraus machen. Könnte es nicht sein, dass er es mit einem Schmunzeln in der Stimme sagte, während er die Haare von Matthäus zerzauste?

Das vermute ich, denn dies war eine Lektion – kein Test. Er wollte, dass sie hier etwas begreifen.

Mit „Kleinglaube" wollte Jesus nicht ausdrücken, wie viel Glauben sie hatten. Denn als er ein anderes Mal darauf hinwies, wie klein ihr Glaube sei, baten die Jünger ihn, ihren Glauben zu mehren. Er antwortete, selbst ein Glaube, der so klein ist wie ein Senfkorn, könne Berge versetzen.

Wenn es ihm also nicht um die Menge (an Glauben) ging, dann muss es etwas anderes gewesen sein.

Wenn du darauf vertraust, dass ein Boot dich hält, wirst du dich nur sicher fühlen, wenn es ruhig im Wasser liegt. Lernst du dagegen, dein Vertrauen auf die Liebe und Fürsorge des Vaters für dich zu setzen, dann ist es egal, was Wind und Meer dir entgegenschleudern können.

Da sprach er zu ihnen: Was seid ihr so furchtsam, ihr Kleingläubigen? Dann stand er auf und befahl den Winden und dem See; und es entstand eine große Stille (Mt 8,26).

8. September

Lernen zu vertrauen

Damit wir frei sind, Gott zu vertrauen, müssen wir dem, was wir nicht sehen, mehr vertrauen als dem, was wir sehen. Nichts ist für uns schwieriger zu lernen. Wir sind physische Wesen, denen es leichter fällt, den greifbaren Dingen in Zeit und Raum zu vertrauen als der Liebe des Vaters zu uns.

Ist unser Vertrauen auf die Umstände letztlich nicht ein Vertrauen in uns selbst?

Bevor der Sturm kam, vertrauten die Jünger auf die Fähigkeiten der Fischer unter ihnen. Sie waren sich sicher, dass sie das Meer bei jedem Wetter befahren konnten. Sie hatten das schon ihr ganzes Leben lang getan. Sie hatten keine Angst, da sie sich ihrer selbst sicher waren. Aber als der Sturm seine volle Wucht erreichte, wussten sie, dass sie überfordert waren.

Wir machen das Gleiche, nicht wahr? Wir kümmern uns um uns selbst, so gut wir können. Solange alles so funktioniert, wie wir es wollen, sind wir zufrieden. Aber wenn die Krise kommt, wird unser fehlgeleiteter Glaube entlarvt. Wir sind nicht so gut gerüstet, wie wir dachten.

Unser Blick richtet sich dann nicht nur auf die Umstände, die um uns herum wüten, sondern auch auf unsere eigene Unfähigkeit, mit ihnen umzugehen. Das ist der perfekte Punkt, um Gott darum zu bitten, dass er dich lehrt, ihm zu vertrauen, und dass das, was unsichtbar ist, realer wird als das, was ist.

Es ist aber der Glaube eine feste Zuversicht auf das, was man hofft, eine Überzeugung von Tatsachen, die man nicht sieht (Hebr 11,1).

8. September

Größer als unsere Misserfolge?

Ich frage mich, ob die Jünger ähnlich wie die Menschen waren, mit denen ich in Krisen zusammen war. Wenn Menschen sich unsicher fühlen, suchen sie nach einem Schuldigen: „Wir hätten näher am Land bleiben sollen!“ „Warum haben wir nicht ein größeres Boot genommen?“ „Wer hatte eigentlich die Idee, heute mit dem Boot rauszufahren?“

Sobald du anfängst, jemanden zu suchen, dem du in einer Krise die Schuld geben kannst, verlierst du jede Hoffnung. Wie kann ich Gott mit etwas vertrauen, wenn ich es selbst verschuldet habe? Wir können hundert Dinge aufzählen, die wir anders hätten machen können, und alle sind nur Ausreden dafür, warum wir ihm jetzt nicht vertrauen können.

Vertrauen auf Gott auf der Grundlage unserer eigenen Leistung ist immer noch Vertrauen auf uns selbst. Wenn Gott nur den Vollkommenen hilft, welche Hoffnung haben wir dann? Wenn wir uns das Recht verdienen müssen, auf den Vater zu vertrauen, dann glauben wir am Ende doch nur an uns selbst. Das funktioniert, solange das Wetter mitspielt, aber wenn der Sturm über uns hereinbricht, sind wir verloren.

Gott sei Dank werden wir von einem Gott geliebt, der größer ist als unser eigenes Versagen.

Als ich von allen Seiten bedrängt war, schrie ich zum Herrn um Hilfe. Er erhörte mich und machte mich frei. Der Herr steht mir bei; nun fürchte ich nichts mehr. Was könnte ein Mensch mir schon tun? (Ps 118,5-7 GNB).

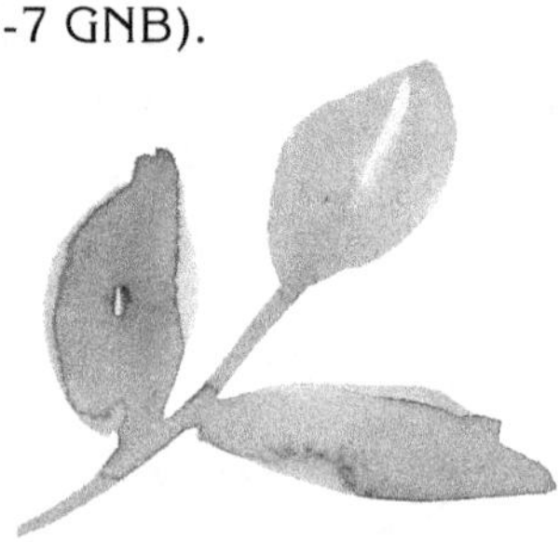

10. September

Setze deinen Glauben auf etwas Großes

Jesus wollte, dass seine engsten Freunde ans Ende ihrer selbst kommen, damit sie allein auf den Vater vertrauen würden.

Egal, wie sehr sie sich bemühten, es gelang ihnen nie. Selbst in der Nacht, als Jesus verhaftet wurde, war Petrus sicher, dass seine Liebe zu seinem Freund jede Versuchung, Jesus zu verleugnen, überwinden würde. Aber es kam anders. Sobald es brenzlig wurde, knickte er ein, weil seine Ängste seinen Glauben überwältigten.

Du weißt, wie das ist, nicht wahr? Wenn es dir wie mir geht, hast du wahrscheinlich viele Geschichten erlebt, in denen du dich wirklich seiner Fürsorge hättest anvertrauen sollen, aber stattdessen auf deine Ängste gehört hast. Wie Petrus blicken wir auf unsere Treulosigkeit zurück und weinen. Schuldzuweisungen und Anklagen verschlingen jedes Vertrauen, das wir haben, dass Gott in unserem Leben wirken wird.

Aber unser egozentrischer Glaube lässt jede Prüfung und Schwierigkeit als Beweis dafür gelten, dass wir entweder nicht gut genug sind oder dass sich Gott nicht genug um uns kümmert. Beides wird uns Angst machen. Und beides macht uns zu kleingläubigen Menschen, weil dieser Glaube auf etwas so Kleines ausgerichtet ist – auf uns selbst!

Siehe, Gott ist meine Rettung. Ich vertraue ihm und habe keine Angst. Er, der Herr, ist meine Stärke und ich lobe ihn; er wurde mein Retter (Jes 12,2 NLB).

11. September

Warum bist du so ängstlich?

Gott lädt uns in eine Beziehung zu ihm ein, die viel realer ist als alle Umstände, denen wir begegnen.

Statt auf Wind und Wellen zu schauen, oder unsere Unfähigkeit, damit umzugehen, sehen wir ihn inmitten von allem. Wir wissen vielleicht nicht, wie er unsere Probleme lösen wird, aber wir können sicher sein, dass uns niemand mehr liebt als er. Und während sich sein Werk in unserem Leben entfaltet, ist kein Umstand ein Grund zur Angst.

Wie können wir dahin kommen?

Falsche Frage! Wenn wir sie stellen, beweisen wir damit nur, dass wir immer noch auf uns selbst schauen.

Wie bei dem Sturm in Galiläa ist es nicht wichtig, was *wir* tun können. Was zählt, ist, was *er* tun wird. In Zeiten der Angst habe ich ein einfaches Gebet: „Vater, was von deiner Liebe ist mir noch nicht bewusst? Wenn es mir bewusst wäre, wäre ich jetzt nicht ängstlich."

Es ist ein Gebet, das er immer erhört, wenn auch selten sofort, und er sagt mir noch nicht einmal, was ich wissen muss. Aber wenn ich angesichts meiner Situation immer wieder auf ihn schaue, wächst mein Vertrauen, bis ich in seiner Liebe ruhe. Egal, was mir in diesem Leben begegnet, wenn ich sehe, was er in mir und um mich herum tut, selbst in den schwierigsten Umständen, erstaunt mich das absolut.

GOTT, der Herr, ist meine Kraft; er macht meine Füße denen der Hirsche gleich und stellt mich auf meine Höhen! (Hab 3,19).

Manchmal muss man einfach neu anfangen

Nikodemus war ein religiöser Leiter, der Jesus in der Dunkelheit der Nacht aufsuchte. Er wusste, dass die Wunder Jesu ein Beweis dafür waren, dass Gott mit ihm war, und Nikodemus wollte Teil seines Reiches sein. Aber er hatte keine Ahnung, was ihn das kosten würde.

Vielleicht wollte Nikodemus ein paar Anweisungen, die er befolgen sollte, neue Regeln, die ihn in das Leben von Jesus einweihen würden. Aber Jesus bot keine an. Er sagte Nikodemus einfach, er müsse noch einmal geboren werden. Dieser Gedanke ließ Nikodemus den Kopf schwirren, als er sich vorzustellen versuchte, wie er, ein alter Mann, ein zweites Mal geboren werden könnte.

Nikodemus brauchte keine körperliche Wiedergeburt, sondern eine geistliche.

Er dachte, er wüsste alles über Gott, und er gehörte damals zur obersten religiösen Führung. Offensichtlich wusste er eine Menge. Aber das, was er wusste, half ihm nicht, da ihm das richtige Fundament fehlte, um alles zu verstehen.

Um die Wirklichkeit des kommenden Reiches sehen zu können, brauchte er eine Wiedergeburt durch den Geist. Er musste alles, was er zu wissen glaubte, beiseitelegen und als kleines Kind, das von Jesus abhängig ist, neu anfangen.

Unser Fleisch ist nicht in der Lage, irgendetwas, was mit diesem Reich zu tun hat, zu erkennen, anzunehmen oder zu erstreben, egal wie gut unsere Absichten sind. Es steht im Widerspruch zu allem, wie unser Fleisch reagieren möchte.

Was aus dem Fleisch geboren ist, das ist Fleisch, und was aus dem Geist geboren ist, das ist Geist. Wundere dich nicht, dass ich dir gesagt habe: Ihr müsst von Neuem geboren werden! (Joh 3,6-7).

Vom Wind des Geistes geleitet

Jesus bot Nikodemus eine völlig andere Art zu leben an, nicht einen anderen Leistungsmaßstab. Er stellte fest, dass er eine Wiedergeburt des Geistes brauchte, die seine geistlichen Sinne öffnen würde, um die Realität des Geistes Gottes erkennen zu können.

Jesus sagte, dieser Geist sei wie der Wind, der wehe, wo er wolle, aber es sei für uns schwer zu erkennen, woher er komme und wohin er gehe. Dann fügte er hinzu: „So ist es mit jedem, der aus meinem Geist geboren ist."

Ich kann mich noch daran erinnern, als ich diese Worte in meiner Kindheit zum ersten Mal hörte. Ich verstand, dass der Geist wie der Wind sein kann, den wir nicht definieren oder kontrollieren können. Aber was wollte Jesus damit über uns sagen? Wenn wir wirklich vom Wind des Geistes geleitet wären, wäre es dann für die Menschen genauso schwer zu verstehen, warum wir tun, was wir tun?

Als ich diese Worte als junger Teenager zum ersten Mal hörte, wusste ich nicht einmal, was sie bedeuteten. Aber sie erfüllten mein Herz mit einem unwiderstehlichen Ruf nach Geheimnis und Abenteuer, dem ich bis heute folge.

Der Wind weht, wo er will, und du hörst sein Sausen; aber du weißt nicht, woher er kommt und wohin er geht. So ist jeder, der aus dem Geist geboren ist (Joh 3,8).

14. September

Das Etikett ist nicht die Realität

Der Begriff „wiedergeboren" wird heute oft synonym zum Begriff „evangelikal" verwendet, um eine konservative Form des Christentums für rechtmäßig zu erklären und den Glauben anderer in Frage zu stellen, die nicht das gleiche Etikett verwenden.

Wir haben einen Begriff, den Jesus benutzt hat, um Menschen in sein Reich einzuladen, in den am meisten spaltenden Begriff der Christenheit verwandelt und damit bewiesen, dass wir völlig missverstanden haben, was Jesus damit sagen wollte.

Wollte Jesus sein Reich durch ein Glaubensbekenntnis definieren, wäre dies die Zeit gewesen, es zu sagen. Könnten wir das Reich Gottes erleben, indem wir an bestimmten Ritualen oder Sakramenten teilnehmen oder uns der Ethik eines gottgefälligen Lebens verschreiben, hätte Jesus uns das gesagt.

Jesus hat die Religion des Alten Bundes nicht verbessert, sondern eine neue Art zu leben angeboten, die für den natürlichen Verstand undefinierbar und unverständlich ist. Nur weil wir den Begriff verwenden, heißt das nicht, dass wir uns auf seine Realität eingelassen haben.

Jesus antwortete und sprach zu ihm: Wahrlich, wahrlich, ich sage dir: Wenn jemand nicht von Neuem geboren wird, so kann er das Reich Gottes nicht sehen! (Joh 3,3).

15. September

Über die Wiedergeburt

In der Religion, die Nikodemus so gut kannte, würde es nie den lebensverändernden Glauben finden, den er suchte.

Wiedergeboren zu werden, bedeutete, dass er in Bezug auf geistliche Dinge alles ablegen musste, was er zu wissen glaubte, und lernen musste, durch den Atem des Geistes zu leben. Jesus wusste, dass das für einen Mann, der so tief in der Religion verwurzelt war, schwierig sein würde, und Nikodemus' darauffolgendes Ringen mit den Worten Jesu zeigte, wie Recht er hatte.

Und so ist es auch bei uns. Je mehr wir in religiösen Aktivitäten geschult wurden, desto schwieriger ist es, das Reich

Gottes als das zu erkennen, was es wirklich ist. Millionen von Menschen auf der Welt behaupten heute, wiedergeboren zu sein, aber sie haben nicht die geringste Ahnung, wer Jesus ist oder wie sie in seiner Realität leben können.

Sie bekennen sich vielleicht zu christlichen Überzeugungen, folgen einer christlichen Ethik und praktizieren christliche Rituale, aber sie wissen nicht, wie sie sich vom Wind seines Geistes leiten lassen und von ihm verändert werden können.

Die Wiedergeburt ist ein echter Prozess, der unsere Augen und unser Herz für eine andere Welt öffnet, die die materielle Welt, an die wir gewöhnt sind, hinfällig macht.

Ihr glaubt mir ja nicht einmal, wenn ich von irdischen Dingen rede! Wie also werdet ihr mir dann glauben, wenn ich von himmlischen Dingen spreche? (Joh 3,12 HFA).

16. September

Du hast nicht die Kontrolle

Der Geist weht, wo er will.

Niemand kontrolliert den Wind, auch nicht mit unseren verbesserten Technologien. Er wird von Kräften gesteuert, die viel größer sind, als die Menschheit sie beeinflussen kann. Es gibt Zeiten, in denen wir uns wünschen, er möge aufhören oder in eine andere Richtung wehen, aber wir können nichts dagegen tun.

Der Wind ist zwar unsichtbar, aber du kannst ihn trotzdem hören, auf deiner Haut spüren und seine Auswirkungen auf deine Umgebung sehen.

Hast du dich noch nie gefragt, woher der ganze Wind kommt und wohin er geht? Was für eine hervorragendes Bild, um das Wirken des Geistes zu beschreiben!

Er ist wie der Wind, und kann nicht vom Menschen kontrolliert werden. Der Strom der göttlichen Wirklichkeit wirbelt in und durch jede deiner Erfahrungen. Du kannst ihn nicht zwingen, das zu tun, was du willst, aber du kannst lernen, dich von ihm leiten zu lassen und ein wichtiger Teil dessen zu werden, was er in der Welt tut.

Du weißt nicht, wann der Wind seine Richtung ändert. Du siehst nicht, wie sich ein Kind im Mutterleib entwickelt. Genauso wenig verstehst du, was Gott tut (Pred 11,5 GNB).

17. September

Eine andere Motivation

Warum werden seine Anhänger wie der Wind?

Sie leben aus anderen Beweggründen als die Welt um sie herum. Während alle anderen in ihrem eigenen Interesse handeln, leben sie aus einer anderen Motivation heraus.

Solche Leute haben mich früher verrückt gemacht. Als ich Pastor war, störte es mich, dass einige der geistlichsten Männer und Frauen, denen ich begegnete, nicht so in unser Programm passten, wie ich es gerne gehabt hätte. Sie waren nicht an den Leitungspositionen interessiert, die ich ihnen in Aussicht stellte, und wollten Angebote zum Dienst nicht annehmen, von denen ich dachte, sie würden ein Segen für sie sein. Es verwirrte mich ständig, welche Entscheidungen sie trafen.

Vielleicht waren sie ja doch nicht so geistlich, wie ich dachte.

Ich fand jedoch heraus, dass sie auf eine höhere Frequenz gestimmt waren. Als ich einem von ihnen meine Frustration zum Ausdruck brachte, antwortete er: „Ich weiß nicht, ob ich es erklären kann, aber eines Tages wirst du es verstehen." Seine Antwort gefiel mir überhaupt nicht, bis ich fünf Jahre später fast genau die gleichen Worte zu einer Gruppe von Ältesten sagte, die mich als ihren nächsten Pastor anwerben wollten.

Ich weiß inzwischen diejenigen zu schätzen, die sich anders verhalten als die meisten Menschen, weil etwas tief in ihrem Inneren sie zu etwas Höherem ruft. Sie sind die faszinierendsten

Leute, die ich kenne, und haben einen unglaublichen Einfluss auf die Menschen um sie herum.

Odem, komme von den vier Windrichtungen und hauche diese Getöteten an, dass sie lebendig werden! (Hes 37,9).

18. September

Gerade genug, um unglücklich zu sein

Als ich aufwuchs, sagte mein Vater oft, die meisten Menschen würden gerade genug vom Christentum mitbekommen, um unglücklich zu sein. Damit meinte er, sie würden zwar die richtige Lehre, die Ethik und die Rituale kennen, hätten aber nie Jesus selbst kennengelernt. Sie verpassen die Schönheit des Lebens mit Jesus und rackern sich ab, die Erwartungen zu erfüllen, die er vermeintlich an sie hat.

Mein Vater verbrachte fast dreißig Jahre in diesem Elend, bevor er entdeckte, wie erfüllend eine Beziehung zu Jesus sein kann.

Jesus nachzufolgen, ist ein Leben der Liebe, nicht ein Leben der Verpflichtungen. Wenn wir uns auf seine Liebe zu uns eingelassen haben, können wir aus seiner Zuneigung leben, nicht aus dem Abrackern.

Was wir über Gott wissen, ist nicht annähernd so wichtig, wie seine Zuneigung zu uns zu kennen und andere in gleicher Weise zu lieben. Paulus sagte Timotheus, er solle sich das vor allem dann vor Augen halten, wenn sich die Gläubigen mehr mit Lehrstreitigkeiten beschäftigten, als in Liebe zu leben.

Wenn du lernst, im Überfluss geliebt zu werden und andere überschwänglich zu lieben, wird dir das helfen zu entdecken, wie du dich vom Wind leiten lassen kannst.

Was wir euch nahelegen, dreht sich ganz einfach um die Liebe – Liebe, die nicht von Eigennutz und einem gefälschten Glauben verunreinigt ist; ein Leben, das offen für Gott ist (1 Tim 1,5 MSG).

19. September

Als Vielgeliebte leben

Wir alle wissen, dass wir dazu tendieren, eigennützig zu leben, und danach streben, unseren Nutzen zu maximieren oder unseren Schmerz in den gegebenen Umständen zu minimieren. Wir haben gelernt, auf diese Weise in der Welt zu überleben. Der Wind, den Jesus Nikodemus offenbarte, basiert nicht auf Eigennutz, sondern auf Liebe, die ihr Leben für das Wohl eines anderen einsetzt.

Das ist es, was sein Volk in der Welt auszeichnet. Wir verstehen, wenn Menschen das tun, was für sie am besten ist, und nach Macht und Vergnügen streben, oft auf Kosten anderer. Menschen können sogar ihre Religion für egoistische Zwecke nutzen. Jesus hat die Pharisäer deswegen entlarvt, als sie erklärten, ein Teil ihres Besitzes sei „Gott gewidmet" und sie müssten ihn deshalb nicht mit anderen Bedürftigen teilen.

Liebe verdrängt die Macht des Eigennutzes und das Streben nach Macht über andere. Wie kannst du selbstsüchtig leben, wenn sich das negativ auf jemanden auswirkt, der dir wichtig ist? Die Liebe bietet uns eine Fülle von besseren Möglichkeiten, um seine Herrlichkeit in der Welt zu verbreiten.

Menschen, welche die Liebe des Vaters kennen, werden gnädig, großzügig und gütig in der Welt leben.

Wer viel geliebt wird, wird auch viel lieben.

Hüte dich vor den Leidenschaften, die einen jungen Menschen in Gefahr bringen. Bemühe dich um Gerechtigkeit, Glauben, Liebe und Frieden, zusammen mit allen, die sich mit reinem Gewissen zum Herrn bekennen (2 Tim 2,22 GNB).

20. September

Der Geist der Wahrheit

Ich dachte immer, dass man als Christ wächst, indem man neue Wahrheiten erkennt und sie in die Praxis umsetzt. Mir wurde beigebracht, meine Predigten so zu strukturieren, dass sie am Ende eine wirkungsvolle Anwendung enthalten.

Es hat lange gedauert, bis ich gemerkt habe, dass das nicht funktioniert. Wie viele von uns haben schon einmal eine kraftvolle Predigt gehört oder ein inspirierendes Buch gelesen und versucht, sich die Botschaft zu eigen zu machen und sich vorzunehmen, sie zu leben – und dann versagt? Wir machen uns Vorwürfe, weil wir uns nicht genug bemüht haben, und haben am Ende nur einen weiteren Leistungsstandard, an dem wir unser Versagen messen.

Deshalb hat Jesus seinen Geist hinterlassen, um seine Nachfolger in alle Wahrheit zu führen. Veränderung geschieht selten dadurch, dass wir ein Prinzip lernen und es anwenden; sie kommt in Zeiten, in denen wir uns entscheiden müssen, wenn der Geist uns zu Entscheidungen führt, die sein Werk in uns zum Ausdruck bringen.

Das können wir nicht selbst tun, wie Algebra oder Latein zu lernen. Jesus forderte Nikodemus auf, nicht zu denken, er müsse jetzt einen neuen Katalog an Informationen lernen, sondern zu lernen, in der Liebe zu leben. Das würde seine Lebensweise so stark verändern, dass es die Menschen in seinem Umfeld verblüffen würde.

Aber wenn der Freund kommt, der Geist der Wahrheit, wird er dich an der Hand nehmen und dich in die ganze Wahrheit führen, die es gibt (Joh 15,13 MSG).

21. September

Ein törichtes Unterfangen

Jedes Mal, wenn ich denke, ich hätte verstanden, wie Gott arbeitet, verblüfft er mich wieder damit, wie anders er im Vergleich zu mir denkt.

Er tut oft das Gegenteil von dem, was ich tun würde. Er verlangt von mir, dass ich nachgebe, wo ich mich lieber durchsetzen würde. Er hat sich oft plötzlich und auffällig von den Plänen verabschiedet, von denen ich hoffte, dass er sich damit identifizieren würde.

Früher hat mich das frustriert. Jetzt nicht mehr. Ich habe mich endlich mit der Tatsache abgefunden, dass er nichts so machen würde wie ich. Ich bin davon überzeugt, dass er alle Dinge gut macht, auch wenn er sie nicht so macht, wie ich es gerne hätte. Und ich bin überzeugt, dass ihm zu folgen die einzig wahre Art zu leben ist.

Das Streben nach einer Formel, die seine Rechtschaffenheit hervorbringt, mir ein neutestamentliches Gemeindeleben bietet oder sogar mein Vertrauen wachsen lässt, ist ein törichtes Unterfangen. Es wird immer wieder scheitern, bis ich am Ende erkenne, dass diese Wirklichkeit nur durch eine wachsende Freundschaft mit ihm zustande kommt.

Je besser ich ihn kenne und je mehr ich erkenne, dass er um mich herum am Werk ist, desto freier werde ich, ihm zu vertrauen und in seinem Reich zu leben.

Doch ich habe Angst, es könnte euch etwas von eurer reinen und schlichten Hingabe an Christus abbringen, so wie Eva von der Schlange getäuscht wurde (2 Kor 11,3 NLB).

Wenn andere es nicht verstehen

Ich bin davon überzeugt, dass mein Bedürfnis, seinem Geist zu folgen und wiedergeboren zu werden, keine einmalige Erfahrung ist, sondern eine tägliche Entscheidung, meine Erwartungen an die Art und Weise, wie die Dinge sein sollten, abzulegen, meinen eigenen Wünschen und Absichten zu misstrauen und meinen Geist auf das Wehen seines Geistes und die Wahrheit seines Wortes einzustellen.

Dort, wo ich heute in der Erneuerung durch seinen Geist lebe, werde ich mich mit wachsender Freude und Freiheit von diesem Wind leiten lassen. Ich werde seine Spuren an den rauen Stellen des Lebens erkennen und in der Lage sein, mit dem, was er in mir vorhat, zu kooperieren.

Wenn ich aus meinem selbstsüchtigen Ehrgeiz, meiner religiösen Leistung oder meiner natürlichen Weisheit heraus lebe, werde ich mit Fragen kämpfen, auf die es keine Antwort gibt, und auf eine Weise handeln, die andere verletzt. Das habe ich so satt.

Auch wenn ich heute weit davon entfernt bin, es perfekt hinzubekommen, möchte ich nicht anders leben – heute mehr als gestern und morgen mehr als heute. Und der einzige Weg, wie ich das tun kann, ist, mich immer tiefer in ihn hineinzuversetzen und darauf zu achten, in welche Richtung der Wind weht, und ihn zu nutzen.

Ich weiß, dass einige der wichtigsten Menschen in meinem Leben nicht verstehen können, was ich tue oder warum. Aber das beunruhigt mich nicht, weil ich weiß, dass Jesus uns gewarnt hat, dass es so sein würde.

Wenn Gott in dir lebt (und das tut er, so sicher wie er in Jesus lebte), wirst du von diesem toten Leben befreit (Röm 8,11 MSG).

23. September

Ihm folgen, nicht einer Sache

Jedes Mal, wenn wir uns entscheiden, einem geistlichen Modell, der Erfolgsformel eines anderen oder einem noch so gut gemeinten Plan zu folgen, werden wir am Ende von unserer eigenen begrenzten Weisheit bestimmt.

Die Einladung zu diesem Reich besteht darin, einer Person zu folgen. Jesus gibt uns nicht den Weg; er ist der Weg. Er hat nicht das Leben, sondern er ist das Leben. Er sagt nicht nur die Wahrheit, sondern ist die Wahrheit selbst. Alles, was mit seinem Reich zu tun hat, beginnt und endet in ihm, und wir erleben das durch eine wachsende Freundschaft mit ihm.

Das ist für Menschen, die von ihrer religiösen Erfahrung enttäuscht wurden, oft am schwersten zu erkennen. Sofort suchen sie nach einer anderen Art, Gemeinde zu bauen, oder nach einem anderen Guru, dem sie folgen können.

Sie stürzen sich gleich wieder in eine andere Form religiöser Leistung, anstatt zu lernen, wie sie ihn einfach kennenlernen können.

Jesus antwortete: „Ich bin der Weg und die Wahrheit und das Leben. Niemand kommt zum Vater außer durch mich ... (Joh 14,6).

24. September

Den Wind in eine Schachtel packen

Hast du schon mal versucht, den Wind in eine Schachtel zu stopfen? Das ist absurd, oder? Du würdest es nicht einmal versuchen. Du kannst Luft in eine Schachtel tun, aber sobald sie dort ist, ist sie kein Wind mehr.

Hoffentlich erkennen wir endlich, dass unsere Versuche, Gottes Wirken zu kontrollieren, absurd sind. Dann hören wir vielleicht auf, unsere Energie zu vergeuden, Gott in die von uns bevorzugten Bahnen zu lenken oder die Ergebnisse zu kontrollieren, die wir von ihm erwarten.

Er weht, wo er will, und wir haben nur die Wahl, ihm zu folgen oder nicht. Wenn wir versuchen, Gott dazu zu bringen, das zu segnen, was wir von ihm wollen, erscheint er uns deshalb eher weit weg wie ein Konzept, als dass er nahe bei uns ist.

Wer aus dem Geist geboren ist, verliert seine Verankerung in der zeitlichen Welt, in der die Sehnsucht nach Sicherheit, Geborgenheit und Stabilität befriedigt werden muss. Er wird dann auch wie der Wind und steht ihm in jedem Moment zur Verfügung, um zu tun, um was er ihn bittet.

Als Jesus Nikodemus sagte, er müsse wiedergeboren werden, forderte er ihn unter anderem dazu auf, das Wirken des Geistes nicht mit Schachteln einzuengen, da sich sein Geist nicht eindämmen lässt.

Unterdrückt nicht den Geist und unterdrückt nicht diejenigen, die ein Wort vom Meister haben (1 Thess 5,19 MSG).

25. September

Den Impulsen gehorchen

Der Glaube erwächst nicht aus der Theologie, sondern aus der Beziehung.

Das heißt nicht, dass Theologie unwichtig ist, sondern nur, dass etwas über Gott zu lernen und ihn zu kennen zwei verschiedene Dinge sind. Wenn wir nur Theologie lernen, dann vertrauen wir auf unsere Theologie, was aber nicht das ist, was Gott im Sinn hat.

Schon in den frühesten Tagen unseres Glaubenslebens zeigt er uns, wie wir uns auf das einlassen können, was er uns immer tiefer offenbaren möchte, und er lehrt uns, ihm zu folgen. Ich weiß nicht, wie ich es anders beschreiben soll, als dass wir einfach den Impulsen folgen, die er uns in den Sinn oder ins Herz gibt. Vielleicht offenbart er dir etwas über sich selbst, lädt dich ein, Zeit mit ihm zu verbringen, legt dir nahe, die Bibel zu lesen, oder führt dich dazu, jemand anderem zu dienen oder ihn zu ermutigen.

Zu lernen, diese Impulse zu erkennen und auf sie einzugehen, wird uns helfen, zwischen unseren und seinen Wünschen zu unterscheiden. Diese Impulse beginnen selten damit, dass wir zu großartigen Aufgaben berufen werden, sondern sie zeigen uns, wie wir unsere weltlich orientierten Eigeninteressen hinter uns lassen und auf ganz alltägliche Weise anderen dienen können.

Für viele Menschen mag das nach Gefühlsduselei klingen. Ich höre diese Einwände oft von denen, die sich von einem Leben in Gott bedroht fühlen, das sie mittels ihrer geistlichen Übungen und Doktrinen nicht kontrollieren können. Aber sie liegen völlig falsch. Es geht hier um ein kreatives Miteinander von Kopf und Herz, um Gott und seine Wege zu erkennen.

Das Herz ohne den Kopf kann zu gut gemeintem Chaos führen; der Kopf ohne das Herz wird die Lehre über die Liebe stellen und andere mit seiner Arroganz zerstören.

Deshalb haben wir seitdem nicht aufgehört, für euch zu beten. Wir bitten Gott, dass sein Geist euch mit Weisheit und Einsicht erfüllt und ihr auf diese Weise seinen Willen immer besser erkennt (Kol 1,9).

26. September

Woher weiß ich es?

Wie unterscheide ich also seine Impulse von meinen eigenen Gedanken? Die meisten Impulse, die ich von seinem Geist erhalte, sind einfache Möglichkeiten, die Menschen um mich herum zu lieben und ihnen zu dienen. Ich mache mir keine großen Sorgen, dass ich dabei etwas falsch mache. Es hat nicht viele Nachteile, anderen zu dienen.

Um ein gewisses Maß an Klarheit für eine größere Sache zu haben, um die Jesus mich bittet, suche ich nach vier Dingen, die übereinstimmen sollten:

1. Ich bekomme mit der Zeit eine intuitive, wachsende Überzeugung davon, wie er mich führen möchte.
2. Es entspricht der Wahrheit und dem Geist der Heiligen Schrift darüber, wie Gott wirkt.
3. Wenn ich mit anderen Brüdern und Schwestern darüber spreche oder Bücher von Menschen lese, deren Weg ich bewundere, werde ich bestätigt.
4. Ich beobachte, ob meine Umstände sich entsprechend entwickeln.

Wenn all diese Stimmen im Einklang sind, habe ich mehr Vertrauen, dass ich ihm folge. Aber weißt du was? Manchmal liege ich trotzdem falsch.

Deshalb verwenden Menschen, die aus dem Geist geboren sind, selten Formulierungen wie „Gott hat mir gesagt, ich soll … " und sprechen stattdessen von dem, was sie wahrnehmen. Sie haben sich oft genug geirrt, um nicht so anmaßend zu sein, selbst wenn sie sich sehr sicher sind.

Ich habe schon oft gedacht, Gott hätte meine Pläne abgesegnet, nur um später festzustellen, dass es die ganze Zeit nur meine eigene Idee war. Aber ich bin trotzdem bereit, am nächsten Tag aufzustehen und ihm zu folgen, so gut ich kann.

Und obwohl ich bereit bin, die Konsequenzen meiner Fehler auf mich zu nehmen, weiß ich auch, dass er meine Fehler in seine Pläne einbinden kann.

> *Der aber die Herzen erforscht, weiß, was das Trachten des Geistes ist; denn er tritt so für die Heiligen ein, wie es Gott entspricht. Wir wissen aber, dass denen, die Gott lieben, alle Dinge zum Besten dienen* (Röm 8,27-28).

Beflügelt sein

Aus dem Geist geboren zu sein, hat nichts mit einem Lebensübergabegebet oder dem Sprechen in Zungen zu tun. Es bedeutet, dass wir von einem Windhauch emporgehoben werden, der vom Vater selbst kommt, und dass wir lernen, seinen Einsichten mehr zu vertrauen als unserem menschlichen Verstand und unseren Rechtfertigungen.

Es bedeutet, dass wir nicht alles wissen müssen, um den nächsten Schritt zu tun, den er uns aufs Herz gelegt hat, und dass wir nicht mehr für den Applaus der Menge spielen müssen. Es bedeutet, dass wir endlich frei sind, unser Bedürfnis nach Kontrolle aufzugeben und zu wissen, dass seine Pläne viel besser sind.

Es bedeutet, dass wir die Lügen der Scham und die Leistungsorientiertheit, die uns von ihm wegführen, ablegen und unsere Sicherheit in seiner Zuneigung zu uns finden. Das allein wird es ihm ermöglichen, uns weiterhin zu verändern.

Es bedeutet, endlich zu erkennen, dass unsere selbstsüchtigen Ziele gegen seine Pläne mit uns und anderen um uns herum arbeiten, und dass wir sie in dem wachsenden Vertrauen, dass er es besser weiß als wir, ablegen. Es bedeutet zu wissen, dass er alle Dinge gut macht.

Er wird den Tod auf ewig verschlingen. Und GOTT, der Herr, wird die Tränen abwischen von jedem Angesicht und die Schmach seines Volkes hinwegnehmen von der ganzen Erde (Jes 25,8).

28. September

Das Abenteuer der Liebe

Was für eine große Freiheit, wenn ich erkenne, dass ich nie die Macht oder die Weisheit hatte, Gottes Pläne zu verwirklichen!

Wer hätte gedacht, dass der Verlust des Vertrauens in mich selbst mich dazu befreien würde, abhängiger von ihm zu leben und dankbarer zu sein, wenn ich seine Hand am Werk sehe?

Was für eine Freude, in den ungewissen Abenteuern des Lebens aufzuwachen und sich nicht zu sorgen, was heute passieren könnte, da er bei mir ist!

Wie hätte menschliches Bemühen das jemals schaffen können? Es ist ein Geschenk von ihm.

Diese Art zu leben, ist nicht etwas, das du erreichen musst. Der Versuch, es zu erreichen, wird dich nur frustrieren.

Gottes Wirken in uns ist eine Realität, in die du dich fallen lassen kannst, wenn dein Vertrauen auf ihn wächst.

Wir beten dafür, dass ihr die Kraft habt, lange durchzuhalten – nicht die Kraft des Zähneknirschens, sondern die Kraft der Herrlichkeit, die Gott gibt. Es ist die Stärke, die das Unerträgliche erträgt und in Freude übergeht … (Kol 1,11-12 MSG).

29. September

Warten im Nebel

„Wenn die Schrift etwas Wichtiges sagt, ist sie sehr klar. Wenn es nicht klar ist, ist es normalerweise nicht wichtig, zumindest nicht für mich heute.“

Das habe ich von einem Mann aus Neuseeland gelernt, der fast sein ganzes Leben lang die Heilige Schrift gelehrt hat. Daran werde ich immer wieder erinnert, wenn mir jemand eine Frage zu einer der obskureren Bibelabschnitte stellt. Früher dachte ich, es gäbe für alles eine logische Erklärung und wir müssten sie kennen. Wir sind frustriert über das Unerklärliche, fürchten das Ungewisse und fühlen uns verloren, wenn unsere Pläne aus dem Ruder laufen. Wenn du auch so gedacht hast, wird es dir nicht leichtfallen, in Jesu Reich zu leben.

Ein Mann, der mir kürzlich schrieb, sagte, er fühle sich wie in einem dichten Nebel. „Wenn andere mich bitten, mich zu erklären, fehlen mir die Worte, um verständlich zu beschreiben, wo ich mich auf meiner Reise befinde. Mein Herz versteht es, aber mir fehlen einfach die Worte. Mir schwirrt der Kopf vor Verdammnis, wenn die Leute meinen, ich sollte ‚etwas tun'. Aber ich warte darauf, dass sich der Nebel lichtet und vertraue darauf, dass das passiert."

Er hat so viel von dem ausgedrückt, was Sara und ich in den ersten Tagen dieses Weges erlebt haben. Unsere Herzen zogen uns in seine Realität hinein, während unser Verstand und oft auch unsere Freunde versuchten, uns in die menschliche Logik und Argumentation zurückzuziehen. Diejenigen, die das Gefühl haben, etwas erklären zu müssen, was sie nicht verstanden haben, oder einfach nur etwas zu tun, um die Schuldgefühle auszugleichen, dass sie nicht genug tun, haben dem Reich Jesu viel Schaden zugefügt.

Im Nebel geschehen wunderbare Dinge. Warten und Vertrauen scheinen so aussichtslos zu sein, aber es gibt keinen Ort, an dem wir mehr gestärkt werden, dem Drang zu widerstehen, selbst herauszufinden, was für uns am bequemsten wäre, anstatt, was uns am lebendigsten macht.

Harre auf den HERRN! Sei stark, und dein Herz fasse Mut, und harre auf den HERRN! (Ps 27,14).

30. September

Entspannt in der Ungewissheit

Die meiste Zeit unseres Lebens leben wir im Nebel. Wir haben nur genügend Licht und Gnade für den heutigen Tag, aber nicht für all die Ungewissheiten und unerklärlichen Sorgen, die vor uns liegen. Je länger ich diesen Weg gehe, desto wohler fühle ich mich, wenn ich nicht weiß, was vor mir liegt. Ich brauche nicht für alles eine Erklärung; es reicht, dass er mit dabei ist. Er wird sie mir mitteilen, wenn ich sie wirklich brauche, nicht unbedingt, wenn ich sie will.

Wenn du Jesus folgst, wirst du dich in unsicheren Situationen wohler fühlen, weil dein Vertrauen einfach aus der Tatsache kommt, dass er bei dir ist. Du bist den Menschen keine Erklärung schuldig, die für sie Sinn ergibt. Du kannst einfach sagen: „Ich habe das Gefühl, dass Gott in mir etwas ein wenig anders macht, und ich werde ihm eine Weile folgen und sehen, wohin das führt. Ich hoffe, du kannst mich in dieser Zeit lieben, denn meine Liebe zu dir hat sich nicht verändert."

Alle unsere langfristigen strategischen Pläne waren sowieso nur unsere Pläne und haben uns ein falsches Gefühl von Sicherheit gegeben. Denn wie oft haben sie sich tatsächlich so entwickelt, wie wir dachten?

Wir folgen Jesus einen Tag nach dem anderen. *Was gibst du mir heute? Was verlangst du von mir? Habe ich genug?*

Gott ist da, auch im Nebel, gerade in den Momenten, in denen wir uns am einsamsten fühlen. Und es ist die Stille unserer Untätigkeit, in der er uns in sein Werk hineinzieht. Diese Erfahrung habe ich gemacht. Sie hat mir eine größere Welt eröffnet, in der es keine Verurteilung und keine Ängste mehr gibt, weil ich gelernt habe, ihm zu folgen und nicht meiner eigenen Weisheit und meinen Schlussfolgerungen.

> *Fürchte dich nicht, denn ich bin mit dir; sei nicht ängstlich, denn ich bin dein Gott; ich stärke dich, ich helfe dir auch, ja, ich erhalte dich durch die rechte Hand meiner Gerechtigkeit!* (Jes 41,10).

Teil 4: Andere lieben

1. Oktober

Die unwiderstehliche Kraft

Es wird viel Zeit und Energie darauf verwendet, Christen davon zu überzeugen, ihren Glauben mit den Verlorenen zu teilen. Was für ein Kontrast zu den ersten Gläubigen, die Gottes Liebe in sich trugen, selbst als sie mit Peitschen geschlagen, mit Steinen beworfen oder mit dem Tod bedroht wurden.

Sie sagten ihren Peinigern: „Wir können nicht anders, als über das zu reden, was wir gesehen und gehört haben."

Da sie mit der größten Kraft des Universums in Verbindung gekommen waren, konnten sie es nicht für sich behalten, selbst wenn sie wussten, dass es sie das Leben kosten könnte.

Das ist das Wesen der Liebe Gottes. Sobald du sie einmal erfahren hast, wirst du sie nicht mehr horten können. Wenn sie echt ist, wird sie durch uns ihren Weg zu anderen finden, selbst zu den unpassendsten Zeiten.

Alle Bemühungen der Welt können sie nicht zurückhalten.

Denn es ist uns unmöglich, nicht von dem zu reden, was wir gesehen und gehört haben! (Apg 4,20).

2. Oktober

Liebe ist kein Befehl

Ich bin damit aufgewachsen, Liebe als ein Gebot zu sehen. Schließlich ist es das neue Gebot, das Jesus uns gegeben hat. Ich dachte, das würde bedeuten, dass ich nett zu anderen sein musste, auch wenn mir nicht danach war.

Deshalb versuchte ich, mitfühlend mit den Menschen umzugehen, auch wenn ich kein Mitgefühl für sie hatte. Es war eine Sache, es für andere Gläubige zu tun, aber uns wurde auch gesagt, dass wir unsere Feinde lieben sollen. Die meisten meiner Versuche, Gottes Liebe weiterzugeben, wurden davon angetrieben, dass ich mich verdammt fühlte, wenn ich es nicht tat, aber nicht aus echter Fürsorge.

Wenn wir uns mehr davon leiten lassen, dass wir denken, wir müssten Christus gehorchen, als davon, dass die anderen ihn brauchen, lieben wir sie nicht wirklich. Wahrscheinlich ist das für sie offensichtlicher als für uns, aber statt sich geliebt zu fühlen, fühlen sie sich von denen ausgenutzt, die sich nur Anerkennung verdienen wollen.

Das ist das Problem mit der Liebe als Gebot. Wenn sie nicht in deinem Herzen ist, kannst du nur so tun, als würdest du lieben, aber das ist nicht dasselbe. Doch damit ist die Geschichte noch nicht zu Ende. Wenn es uns an Liebe fehlt, können wir sie nur bei ihm finden.

Was das Zusammenleben und den Umgang miteinander angeht, brauchst ihr mich nicht, um euch zu sagen, was ihr tun sollt. Gott hat es euch schon gezeigt. Liebt einfach einander! ... Macht weiter so, und werdet immer besser darin (1 Thess 4,9 MSG).

3. Oktober

Lernen zu lieben

Solange wir Liebe als eine Verpflichtung ansehen, werden wir weit hinter dem zurückbleiben, was Jesus uns vermitteln wollte. Liebe bedeutet nicht, so zu tun, als ob man sich kümmert, sondern sich tatsächlich zu kümmern. In meiner Beziehung zu Gott fällt es mir immer leichter, diesbezüglich ehrlich zu sein.

Manche Menschen sind leicht zu lieben, und du merkst schon beim ersten Treffen, dass du dich um ihr Wohlergehen sorgst. Bei anderen ist es schwieriger, sie zu lieben, weil es in ihrem oder unserem Leben Bruchstellen gibt, die uns auf die Palme bringen.

Mein Nachbar traf mich eines Sonntagmorgens mit seinem dreijährigen Kind vor meiner Tür und beschimpfte mich für etwas, das ich nicht getan hatte. Er war in der Nachbarschaft als Tyrann bekannt, der jeden ausnutzte, wann immer er konnte. Jedes Mal, wenn ich an seinem Haus vorbeiging, dachte ich an ihn und wusste, dass Gott wollte, dass ich lerne, ihn zu lieben.

„Ich liebe ihn nicht", sagte ich zu Gott, als ob er es nicht wüsste. „Ich weiß, dass du das willst. Ich weiß, dass du ihn liebst. Bring mir bei, was ich nicht weiß, Vater, über dich oder ihn, damit ich ihn so lieben kann, wie du es tust."

Das ist alles, was ich tun kann. Ja, ich konnte trotzdem nett und gütig zu ihm sein, wenn wir uns über den Weg liefen, aber ihn zu lieben ist etwas anderes. Leider verkaufte er sein Haus und zog weg, bevor ich ihn von ganzem Herzen lieben konnte. Ich war jedoch schon weit fortgeschritten und mein Herz war deutlich weicher geworden.

Dass sich die Liebe in unserem Leben entfaltet, kann nur mit der Quelle der Liebe beginnen – dem Vater selbst! Sobald wir einmal die Liebe erfahren haben, wie Gott sie definiert, werden wir nicht umhinkönnen, sie an andere weiterzugeben.

So, wie ich euch geliebt habe, liebt auch ihr einander. Daran werden alle erkennen, dass ihr meine Jünger seid – wenn sie eure Liebe zueinander sehen (Joh 13,34-35 MSG).

Die Quelle der Liebe

Großzügigkeit erzeugt Großzügigkeit.

Wenn Gott großzügig zu dir ist, wirst auch du großzügig zu anderen sein. Wenn Gott dir bestätigt, dass du für ihn wertvoll bist, wirst du das nicht bei anderen suchen. Wenn du weißt, dass Gott dir deine Fehler verzeiht, wirst du sie auch anderen verzeihen.

Die meiste Zeit meines Lebens habe ich jedoch nicht mit einem großzügigen Gott gelebt. Es schien, als sei er sehr geizig mir gegenüber. Er erhörte meine Gebete nicht so, wie ich es mir wünschte, und er versorgte mich nicht so, wie ich dachte, dass er es tun sollte. An den meisten Tagen hatte ich das Gefühl, dass ich kaum genug hatte, um den Tag zu überstehen, und dass ich es verlieren könnte, wenn ich es nicht festhalten würde. Unnötig zu erwähnen, dass ich anderen gegenüber nicht sehr großzügig war.

Erst später stellte ich fest, dass ich ein falsches Bild von Gott hatte. Der religiöse Gott, den ich zu besänftigen versuchte, schien mir gegenüber nicht großzügig zu sein, weil ich ihn nicht dazu bringen konnte, dass er mich in meinen Plänen unterstützte. Ich bat ihn, meine Pläne zu segnen, aber er lud mich in seine Liebe ein, um seine Pläne für mich genießen zu können.

Als ich meine Pläne aufgab und versuchte, ihm zu folgen, entdeckte ich, wie großzügig dieser Gott ist. Er gibt mir im Laufe eines jeden Tages immer das, was ich brauche. Nein, er gibt uns keinen sechsmonatigen Vorrat an Gnade, aber weil er bei uns ist, muss ich nicht mehr befürchten, nicht genug zu haben.

Und was ich weggebe, schmälert seltsamerweise nicht das, was ich von ihm erhalte.

Er hat die Macht, euch so reich zu beschenken, dass ihr nicht nur jederzeit genug habt für euch selbst, sondern auch noch anderen reichlich Gutes tun könnt (2 Kor 9,8 GNB)

Konformität ist keine Liebe

Warum ist es für Menschen in kirchlichen Organisationen so schwer, einander wirklich zu lieben? Organisierte Gruppen gleiten fast immer in die Konformität ab, um zu funktionieren.

Jemand gibt die Erwartungen für die Gruppe vor, und die Leute entscheiden sich, ob sie dabei mitmachen oder gehen. Die Konformität zwingt uns von Anfang an, die gleichen Dinge auf die gleiche Weise zu tun und gleich zu denken. Dadurch wird angeblich unsere Identität gewahrt.

Konformität führt jedoch nicht dazu, dass Christus in seinem Volk zum Ausdruck kommt, es sei denn, du hast die irrige Vorstellung, dies geschähe, indem du mir „aus Liebe" das aufzwingst, was du für das Beste für dich hältst. Jesus dagegen forderte uns auf, wirklich zu lieben, was den Menschen den Raum gibt zu wachsen und sich zu verändern, anstatt sie in eine bestimmte Form zu pressen.

Konformität ist keine Liebe. Hier wird eine falsche Vorstellung von Liebe als Waffe benutzt: Wenn du tust, was ich will, werde ich dich gut behandeln, und wenn du es nicht tust, werde ich mich von dir distanzieren. Jemanden zu lieben, bedeutet aber, dass du dich so sehr um ihn kümmerst, dass du ihn dabei begleitest, wenn er entdeckt, wie Jesus in ihm zum Ausdruck kommt.

Wenn wir wollen, dass sich der Leib Christi heute in der gemeinschaftlichen Herrlichkeit zeigt, die seiner Zusammenarbeit und Kooperation entspringt, dann muss Jesus unser einziger Fokus sein und die Liebe zu anderen unsere einzige Motivation.

Ich gebe euch ein neues Gebot: Liebt einander! Ihr sollt einander lieben, wie ich euch geliebt habe (Joh 13,34 NGÜ).

6. Oktober

Eine Liebe, die seine Herrlichkeit demonstriert

Du musst nicht mit jemandem übereinstimmen, um ihn zu lieben. Du musst ihn nur verstehen und dich um ihn kümmern.

Zu viele Christen denken, sie hätten alle Weisheit, die sie brauchen, und jeder, der nicht ihrer Meinung ist, sei eine Bedrohung für ihre Welt. Es braucht nur eine solche Person, um die Freiheit zu zerstören, gemeinsam zu leben, zu lieben und zu wachsen.

Solange wir nicht genügend Brüder und Schwestern haben, deren Leidenschaft für die Wahrheit ihre Berufung, andere zu lieben, nicht übertrifft, wird der Leib Christi in der Welt weiterhin zersplittert und schwach sein. Und solange sie nicht den Mut haben, denen liebevoll die Stirn zu bieten, die spalterisch sind und verlangen, dass alle so denken wie sie, wird die Liebe unter uns nicht gedeihen können.

Aber dort, wo wir uns in unseren Überzeugungen unterscheiden und uns trotzdem gegenseitig ehren können und wo wir feiern können, dass der Einzelne seinem Gewissen treu bleibt, auch wenn wir anderer Meinung sind, werden wir Beziehungen entdecken, die seine Herrlichkeit auf der Erde demonstrieren werden.

An eurer Liebe zueinander werden alle erkennen, dass ihr meine Jünger seid (Joh 13,34-35 GNB).

7. Oktober

Kein Zwang zur Konformität

Auf meinem Weg ist mir aufgefallen, dass diejenigen, die am meisten in Gottes Wahrheit verankert sind, keinen Zwang verspüren, andere daran anzupassen. Sie wissen, dass die Wahrheit eine ganz eigene Kraft hat und dass ihre großzügige Haltung in Bezug auf die Wahrheit die Menschen eher dazu bringt, sie anzunehmen, als wenn man ihnen seine Meinung um die Ohren haut.

Wie sehr sehne ich mich nach dem Tag, an dem der Leib Christi nicht auf der Grundlage der falschen Einheit menschlicher Konformität zusammenkommen kann, sondern auf der Grundlage einer Liebe, die größer ist als all unsere Meinungsverschiedenheiten, und mit einer demütigen Haltung, die es erlaubt, dass wir unsere Differenzen offen diskutieren, ohne dass andere verletzt werden.

Dann brauchen wir keine sogenannten Leiter mehr, die den Frieden durchsetzen müssen oder uns dazu bringen, so zu tun, als seien wir einer Meinung, weil nur eine Meinung geäußert werden darf.

Die Wahrheit zu kennen, ist für uns alle wichtig, aber die Wahrheit lässt sich am besten in Liebe und nicht unter Zwang vermitteln. Wenn wir dies praktizieren, werden die Menschen in der Welt erkennen, dass Jesus das Geschenk des Vaters war und dass auch sie an seiner Herrlichkeit teilhaben können.

Brüder und Schwestern, im Namen von Jesus Christus, unserem Herrn, rufe ich euch auf: Seid einig! Bildet keine Gruppen, die sich gegenseitig bekämpfen! Haltet in gleicher Gesinnung und Überzeugung zusammen! (1 Kor 1,10 GNB).

8. Oktober

Die gemeinsame Reise

Als ich Pastor war, war eine meiner großen falschen Vorstellungen, eine Beziehung zu Gott würde aus einem effektiven Gemeindeprogramm erwachsen. Inzwischen ist mir aber klar, dass genau das Gegenteil der Fall ist.

Eine Beziehung zu Gott aufzubauen, ist ein persönliches Anliegen. Menschen können jahrelang in Gottesdiensten sitzen und nie herausfinden, was es für sie bedeutet, mit Gott zu leben. Wenn wir unser Herz nicht für ihn öffnen und lernen, ihm zu folgen, werden wir die Kraft des Lebens der Gemeinde nie erfahren.

Stattdessen wird die Gemeinde zu unserem Ersatz für das, was wir in Gott nicht finden, und das wird nicht nur uns ständig enttäuschen, sondern auch andere frustrieren. Wir können das Leben Jesu mit anderen teilen, aber wir können niemals Gott für andere sein.

Deshalb gibt es heute eine Bewegung, in der Gott die Menschen zu sich zurückruft. Viel zu lange haben wir auf Gruppen oder begabte „Leiter“ geschaut, um das zu bekommen, was der Vater uns geben wollte. Das liegt daran, dass er zuerst der Mittelpunkt unseres Lebens sein will. Erst dann sind wir in der Lage, die gesunden Beziehungen zu anderen zu finden, die uns ermutigen, in seiner Realität zu leben.

Nur auf Gott wartet still meine Seele; von ihm kommt meine Rettung. Nur er ist mein Fels und mein Heil, meine sichere Burg; ich werde nicht allzu sehr wanken (Ps 62,1-2).

9. Oktober

Freude an Beziehungen

Menschen die Freiheit zu geben, ihren eigenen Weg in Christus zu entdecken, macht religiöse Leiter nervös. Sie befürchten, dass Menschen, die ein kraftvolles Leben in Gott finden, die Zusammenkünfte mit anderen Gläubigen meiden werden.

Zugegeben, sie empfinden viele religiöse Aktivitäten vielleicht als nicht so ansprechend, aber Gott hat in uns alle einen Wunsch nach echter Gemeinschaft gelegt. Dieser Wunsch kann durch unsere Abwehrmechanismen aufgrund vergangener Verletzungen und Missbrauchs ausgelöscht werden, aber man kann die Liebe des Vaters nicht erleben, ohne den zunehmenden Hunger zu haben, dieses Leben mit anderen zu teilen.

Paulus sagte, dass jeder von uns einen flüchtigen Blick davon sieht, wer der Vater ist, und eine oder zwei Facetten dessen, was in seinem Universum wahr ist, aber die Gemeinde ist „die Fülle dessen, der alles in jeder Weise erfüllt" (vgl. Eph 1,23).

Du kannst in deiner eigenen begrenzten Beziehung zu ihm leben, wenn du willst, aber warum solltest du das? Ich will so viel mehr; ich will auch wissen, wie Jesus sich anderen zu erkennen gibt. Authentische Gemeinschaft ist in der heutigen Zeit vielleicht nicht leicht zu finden, aber höre nicht auf, nach anderen zu suchen, mit denen du den Weg gemeinsam gehen kannst, und höre nicht auf, Gott zu fragen, mit wem du in dieser Zeit deines Lebens unterwegs sein sollst.

Vielleicht fällt es dir leichter, die Menschen zu finden, die Gott dir gibt, damit du sie liebst, als eine organisierte Gruppe, die deine Leidenschaft teilt.

Alle Gläubigen waren aber beisammen und hatten alle Dinge gemeinsam (Apg 2,44).

10. Oktober

Im Hier und Jetzt lieben

Jesus hatte die erstaunliche Fähigkeit Menschen zu lieben, die Dinge taten, die er nicht guthieß, und ihnen zu vergeben, ohne ihr Vergehen zu verharmlosen. Er stellte sich gegen die falsche Spiritualität der Pharisäer und lud Prostituierte in sein Reich ein.

Manchmal sind wir versucht zu denken, Liebe sei einfach, dass wir nett sind, statt echt zu sein. Es fällt uns leicht, jemandem gegenüber zu lächeln und Liebe vorzutäuschen, während wir uns später die Freiheit nehmen, ihn mit Klatsch und Tratsch niederzumachen.

Liebe ist eine Realität. Sie bedeutet, dass du die Fürsorge für eine andere Person über deine eigenen Bedürfnisse stellst und entdeckst, was sie am meisten braucht, um in den Bannkreis des Gottes zu geraten, der sie liebt. Sie folgt nicht einer Reihe von Prinzipien, sondern reagiert im Hier und Jetzt, um die Situation, in der du dich befindest, zu seiner Ehre zu verändern.

Wir können nicht auf diese Weise lieben, ohne dass er die Liebe zuerst in unser Herz legt und uns zeigt, wie wir sie im Hier und Jetzt zeigen können. Am besten lernst du das, indem du beobachtest, wie er in verschiedenen Situationen mit dir umgeht.

Umsonst habt ihr es empfangen, umsonst gebt es! (Mt 10,8).

11. Oktober

Ist Liebe ein Gefühl?

Für viele Menschen ist Liebe ein Gefühl. Ich merke das, wenn sie sagen, sie würden einfach nicht spüren, dass Gott sie liebt. Und doch tut er es, bis in den Kern ihres Seins.

Geliebt werden und sich geliebt fühlen sind zwei verschiedene Dinge. Jeder, der in einer Ehe lebt, kann bezeugen, dass unser Partner bzw. unsere Partnerin manchmal nicht die Liebe spürt, die wir für ihn bzw. sie empfinden. Es ist möglich, dass Menschen die Liebe verpassen, die direkt vor ihrer Nase liegt, weil sie nicht in einer Verpackung kommt, die sie kennen oder wollen.

Seine Liebe zu uns und unsere Liebe zu ihm muss über Gefühle hinausgehen und uns auf einer viel tieferen Ebene berühren als die Launenhaftigkeit unserer Gefühle. Liebe ist eine Realität. Manchmal fühlen wir sie, manchmal nicht.

Das heißt nicht, dass er nicht möchte, dass wir seine Liebe einigermaßen regelmäßig spüren, aber es hilft uns, auf ihn einzugehen, auch wenn wir sie einmal nicht spüren. Anstatt aufgrund unseres mangelnden Gefühls an seiner Liebe zu zweifeln oder uns anzustrengen, sie zu verdienen, ist es viel besser, ihn zu bitten, uns seine Liebe so zu offenbaren, wie er es will, und darauf zu achten, wie er dann in unserem Leben wirkt.

Seine Liebe steht fest; wir müssen nur dahin kommen, dass wir sie sehen können. Der Ausgangspunkt ist immer der: Ich bin geliebt und erwarte, es zu erleben. Pass aber auf, dass du nicht in diese Falle tappst: Ich bin nicht geliebt, es sei denn, er beweist es.

Gnade, Barmherzigkeit und Friede sei mit euch von Gott, dem Vater, und von dem Herrn Jesus Christus, dem Sohn des Vaters, in Wahrheit und Liebe! (2 Joh 1,3).

12. Oktober

Alles, was du tun musst, ist zu lieben

Unsere neuen Nachbarn waren keine Christen und ließen uns unmissverständlich wissen, dass sie „dieses Jesus-Zeug" nicht von uns „in den Hals gestopft" haben wollten.

Wir versicherten ihnen, wir würden nur dann mit ihnen über Jesus sprechen, wenn sie uns darum bitten würden.

„Das werden wir nie!", antworteten sie.

Als wir sie besser kennenlernten, fanden wir heraus, warum. Ihr vorheriges Haus lag neben einem Kirchengebäude. Diese Kirche wollte das Gebäude unbedingt vergrößern und war unerträglich in ihrem Versuch, das Ehepaar zum Umzug zu bewegen. Die Leute parkten in ihrer Einfahrt, zertrampelten ihre Blumen und marschierten sogar eines Nachts singend um das Haus. Weil sie schon älter sind, hat sie das fast zu Tode erschreckt.

Sie hatten sich viele Jahre lang gewehrt und waren nicht bereit nachzugeben. Als sie sich schließlich doch umzogen, waren sie verbittert darüber, wie sie behandelt worden waren, und lehnten jeden Gedanken, dass es Gott geben könnte, ab.

Weißt du, was uns schließlich die Tür zu diesem älteren Ehepaar öffnete? Eines Tages erfuhr ich, dass sie zu krank waren, um ihre Zeitung vom Briefkasten zu holen, und bis zum Abend warten mussten, wenn ihr Sohn sie ihnen nach der Arbeit brachte. Ich sagte ihnen, ich würde ihnen ihre Zeitung gerne jeden Morgen bringen, wenn ich meine auch hole.

Nachdem ich das vier Jahre getan lang hatte und dabei viele Gesprächen mit ihnen hatte, baten sie mich schließlich, ihnen von dem Jesus zu erzählen, den ich kenne. Und beide beschlossen, ihm zu folgen.

... ihn zu lieben mit ganzem Herzen und mit ganzem Verständnis und mit ganzer Seele und mit aller Kraft und den Nächsten zu lieben wie sich selbst, das ist mehr als alle Brandopfer und Schlachtopfer! (Mk 12,33).

13. Oktober

Die Liebe kommt zuerst

Jesus sagte: „*Wenn jemand mich liebt, so wird er mein Wort befolgen*“ (Joh 14,23a).

Ich dachte immer, Jesus habe damit gemeint, wenn ich ihn wirklich liebte, würde ich immer seinen Prinzipien folgen. Das habe ich sogar anderen Leuten beigebracht, wenn sie Probleme hatten, etwas zu tun, was in der Bibel steht. „Wenn du ihn liebst, wirst du es tun.“

Aber das taten sie nicht. Sie wählten oft ihren eigenen Weg und hofften auf Vergebung. Aber um ehrlich zu sein, konnte auch ich nicht immer dem gerecht werden, was ich wusste. Ich dachte, ich würde ihn lieben, aber mein Handeln und meine Reaktionen bewiesen oft, dass ich es nicht tat, zumindest nach meiner Interpretation dieses Verses.

Inzwischen weiß ich, dass er das so nicht gemeint hat. Das ist die Art und Weise, wie religiöse, leistungsorientierte Menschen diese Verse interpretieren. Was er sagen wollte, ist, dass wir, wenn wir immer wieder entdecken, was es bedeutet, ihn zu lieben, am Ende auch sein Wort befolgen werden. Das beweist nicht, dass wir ihn lieben, aber wenn wir ihn lieben, werden wir auch die Früchte sehen, die unserem freiwilligen Gehorsam entspringen.

Das hat Paulus gemeint, als er sagte, dass „in der Liebe das ganze Gesetz erfüllt ist“ (vgl. Gal 5,14). In Christus konzentrieren wir uns nicht auf die Einhaltung von Geboten, was uns immer scheitern lässt. Stattdessen lernen wir, in seiner Liebe zu leben, und wenn wir das tun, werden wir ihm bis ans Ende der Welt folgen.

Gott aber beweist seine Liebe zu uns dadurch, dass Christus für uns gestorben ist, als wir noch Sünder waren (Röm 5,8).

14. Oktober

Eine so mächtige Liebe

Paulus war ein Mann, der bis an die Spitze der religiösen Institution seiner Zeit aufgestiegen war, bevor er auf der Straße nach Damaskus der Liebe Jesu begegnete.

Er wusste, was es heißt, Gott und das Missfallen seiner Mitmenschen zu fürchten, so sehr, dass er sein Leben nach den strengsten Regeln ausrichtete. Aber die Macht der Liebe kannte er bis zu jenem Tag nicht.

Als er entdeckte, dass der Herr von allem *der* Jesus war, dessen Anhänger er verfolgte, erwartete er sicher, vernichtet zu werden. Aber so kam es nicht. Dieser Jesus, den er verfolgte, liebte ihn trotz allem, und das erwies sich als die stärkste Kraft, der Paulus je begegnet war.

Er hatte es verdient zu sterben und entdeckte, dass Jesus das bereits für ihn getan hatte. Diese Liebe veränderte ihn. Er brauchte nichts mehr zu fürchten, nichts mehr zu verdienen und niemanden mehr zu kontrollieren. Sein Leben war von einer so großen Liebe überwältigt worden, dass ihm nichts anderes übrig blieb, als jeden Tag entsprechend dem zu leben, wozu ihn diese Liebe bewegte.

Die Liebe Christi hat mich zu solchen extremen Handlungen geführt. Seine Liebe hat das erste und letzte Wort in allem, was wir tun (2 Kor 5,14 MSG).

15. Oktober

Keine andere Motivation

Jeden Tag werden wir von einer Vielzahl von Beweggründen manipuliert, von denen einige sogar göttlich erscheinen. Es gibt Erwartungen, die man an uns stellt, Ängste, die uns antreiben, Begierden, die uns locken, und Schuldgefühle, die uns plagen.

Sobald wir der Liebe Christi begegnen, kann uns nichts davon mehr beherrschen.

Wenn du dich das nächste Mal in einer Situation hin- und hergerissen fühlst, kannst du folgenden einfachen Test anwenden: Überwältigt von Dankbarkeit für das, was er getan hat, und in der Gewissheit, dass er dich annimmt und für dich sorgt – zu welchen praktischen Taten lädt mich die Liebe ein?

Paulus schloss jede andere Motivation aus, und das sollten wir auch. Die Liebe ist der einzige Beweggrund, der in diesem Reich zählt, und das größte Geschenk des Kreuzes.

Bleibt in meiner Liebe!

Ohne dass dies täglich neu angefacht wird, gleitet unser geistliches Leben leicht in einen anstrengenden Trott von Anforderungen und Aktivitäten ab: Wir sind damit beschäftigt, viele Dinge für Gott zu tun, aber sein Leben und seine Freude fehlen uns völlig.

Legt also eure frühere Lebensweise ab! Ja, legt den ganzen alten Menschen ab, der seinen Begierden folgt! (Eph 4,22 GNB).

16. Oktober

Anderen helfen, geliebt zu leben

Es gibt viele Stimmen, die über die Liebe und Gnade unseres Vaters sprechen und darüber, dass wir seit dem Kommen Jesu ganz anders im Vater leben können. Ich freue mich, dass kein Einzelner diese Sache anführt und dass viele Menschen im Stillen die Macht der Liebe entdecken.

Aber es kommt nicht darauf an, über die Liebe zu schreiben und zu reden, sondern sie tatsächlich zu praktizieren. Geliebt leben, zeigt sich in deinen Beziehungen – nicht nur in denen, die dir nützen, sondern auch gegenüber denen, die du als die Unwürdigsten oder Unwichtigsten ansiehst, und sogar denen, die du für deine Feinde hältst.

Ich bin davon überzeugt, dass sich die Tiefe unseres Charakters vor allem daran zeigt, wie wir mit denjenigen umgehen, die anderer Meinung sind als wir, obwohl wir sicher sind, dass wir Recht haben. Gehen wir freundlich mit ihnen um? Geben wir ihnen die Möglichkeit, sich einzubringen, und gewähren wir ihnen die gleiche Gnade, die wir anderen anbieten?

Wie Jesus sagte, ist es völlig inkonsequent, wenn diejenigen, die große Liebe und Vergebung erfahren haben, andere an der Gurgel packen und verlangen, dass sie alles zurückzahlen.

Lebe diese von Gott geschaffene Identität so aus, wie unser Vater es uns gegenüber tut, nämlich großzügig und gütig, selbst wenn wir uns am schlimmsten benehmen (Lk 6,35-36 MSG).

17. Oktober

Wer viel geliebt wird, liebt viel

Was ich daran liebe, wenn wir geliebt leben, anstatt nur darüber zu reden, ist, dass es eine Verwandlung bringt. Diejenigen, die viel geliebt werden, lieben andere in guten und in schlechten Zeiten. Sie schätzen die Beziehung immer höher als ihre eigene Meinung.

Das kannst du nicht durch ein Prinzip lernen, sondern indem du Gottes Zuneigung im tiefsten Inneren deiner Seele empfängst. Solange du nicht weißt, dass du geliebt bist, wirst du in jede religiöse Aktivität und jede Leistungstretmühle hineingezogen, die es gibt, in der Hoffnung, dass du das Richtige tun kannst, um dir diese tiefe Zuneigung des Vaters zu verdienen.

Vater, ich weiß, dass ich nichts tun kann, um deine Zuneigung zu verdienen. Zeig mir, wie geliebt ich bin. Lehre mich, meine Feinde zu lieben und zu geben, ohne etwas dafür zu erwarten.

Ich sage euch: Liebt eure Feinde. Helft und gebt, ohne eine Gegenleistung zu erwarten. Ihr werdet es nie bereuen, das verspreche ich euch (Lk 6,35-36 MSG).

18. Oktober

Ein von Liebe gesäumter Weg

Letzte Woche schrieb mir eine Frau und erzählte mir, wie Gott sie aus einer geistlichen Gebundenheit befreit hat, die aus dem langanhaltenden Missbrauch seitens ihrer Eltern resultierte. Er hatte ihr einfache Schritte gezeigt, die sie immer mehr von deren Einfluss befreiten.

Ich kenne außerdem eine Frau, die sich seit mehr als dreißig Jahren um Aids-Kranke kümmert, nur weil Gott sie gebeten hatte, sich um ihren schwulen Ex-Mann zu kümmern, der an dieser schrecklichen Krankheit erkrankt war und im Sterben lag. Ich kenne einen Mann, der in einem mehrheitlich schwulen Bürgerchor in einer konservativen Stadt mitsang, weil Gott ihn bat, diesen Leuten Gottes Liebe zu zeigen, während andere Christen in der Stadt sie öffentlich beschimpften.

Ich kenne tiefe und lebensverändernde Beziehungen, die nur deshalb entstanden sind, weil jemand zum Telefonhörer gegriffen oder einen Besuch gemacht hat, weil er dachte, der Anstoß dazu sei von Gott gekommen. All diese Dinge und die Früchte, die daraus erwachsen, sind das Ergebnis unglaublich kleiner Entscheidungen, etwas zu tun, das Gott auf ihr Herz gelegt hatte.

Hacke nicht auf anderen herum, stürze dich nicht auf ihre Misserfolge oder kritisiere ihre Fehler – es sei denn, du willst genauso behandelt werden. Verurteile nicht diejenigen, denen es schlecht geht; diese Härte kann ein Bumerang sein.

Sei nachsichtig mit den Menschen, und du wirst das Leben viel einfacher finden (Lk 6,37-38 MSG).

19. Oktober

Die nächste Person vor dir

Was wäre, wenn wir einfach anfangen würden, die Menschen zu lieben, die Gott uns jeden Tag vor die Nase setzt? Kannst du dir vorstellen, was sich daraus an Möglichkeiten, Diensten und sogar wachsender Gemeinschaft ergeben würde?

Ich glaube, wir haben das alles falsch verstanden. Jesus hat uns nicht gebeten, Dienste oder Projekte zu gründen. Er selbst hat ja auch keine gegründet.

Er hat uns nicht gebeten, große Dinge für ihn zu vollbringen oder Ruhm und Reichtum zu suchen.

Er bat uns einfach, die nächste Person zu lieben, die Gott uns in den Weg stellt. Das führte zu einigen seiner unglaublichsten Momente: Er sprach mitten in der Nacht mit einem Pharisäer, fand eine beschämte Frau an einem Brunnen, vergab einer Ehebrecherin, die andere steinigen wollten, und sprach mit Pilatus über einige weltbewegende Tatsachen.

Das wird reichen, damit die ganze Welt weiß, dass wir zu ihm gehören – und dass dies auch für sie möglich ist.

Wenn du dein Leben verschenkst, wirst du erleben, dass du es zurückerhältst. Du erhältst es aber nicht nur zurück, sondern bekommst noch einen Bonus und Segen obendrauf. Geben, nicht nehmen, ist der Weg. Großzügigkeit erzeugt Großzügigkeit (Lk 6,37-38 MSG).

20. Oktober

Gemeinschaft finden

Menschen fragen mich oft, wie sie eine Hausgemeinde gründen oder sich mit anderen Gläubigen in ihrer Umgebung auf einem mehr beziehungsbasierten Weg verbinden können. Viele waren frustriert, als sie in der Vergangenheit versuchten, eine gute Gemeinde oder eine gesunde Kleingruppe zu finden. Man kann zwar im Internet Menschen in seiner Umgebung finden, denen ähnliche Dinge am Herzen liegen, aber das ist vielleicht nicht der beste Weg.

Ich ermutige die Menschen inzwischen, einfach jeden Tag auf ihren Vater zu hören und die Menschen zu lieben, die Gott ihnen in den Weg stellt. Das hat für Sara und mich bei unseren drei letzten Umzügen funktioniert. Wir kamen zu einer Fülle von lokalen Beziehungen, die einfach dadurch entstanden sind, dass wir uns für die Menschen um uns herum interessierten und andere entdeckten, die eine Leidenschaft für den Gott haben, den wir lieben.

Um das zu finden, musst du nichts gründen und nirgendwo beitreten, es sei denn natürlich, Jesus sagt dir das.

Ich bin mehr denn je davon überzeugt, dass alles, was Gott in der Welt tun will, daraus entsteht, dass wir lernen, in seiner Liebe zu leben und auf ihn zu hören, während wir durchs Leben gehen. Auf diese Weise können die Möglichkeiten, Gemeinde zu leben, in unserem Leben organisch wachsen, eher als durch die künstlichen Mittel, dass man andere organisiert, fördert und manipuliert.

Deshalb, meine lieben, lieben Freunde, bleibt standhaft. Und haltet euch nicht zurück. Stürzt euch in die Arbeit des Meisters und seid euch sicher, dass nichts, was ihr für ihn tut, eine Verschwendung von Zeit oder Mühe ist (1 Kor 15,58 MSG).

21. Oktober

Ich werde dich in dieser Sache nicht allein lassen

„Ich könnte es nicht ertragen, wenn du das alleine durchmachen müsstest."

Das erste Mal hörte ich diese Worte von einem guten Freund, der mich durch die schmerzhafteste Erfahrung meines Lebens begleitete. Wir hatten zuvor wunderbare Zeiten miteinander verbracht, aber dann zog er sich aus unserer Beziehung zurück. Ich vermisste ihn, dachte aber, er müsse wohl seine Gründe haben.

Ich war so gesegnet, dass wir mitten in einer schwierigen Situation wieder Kontakt zueinander fanden.

Eines Tages fragte ich ihn, warum er so lange verschwunden war. „Ich konnte sehen, dass du schlimm verletzt werden würdest, und ich konnte es einfach nicht mit ansehen."

Ich weiß, dass er einen ähnlichen Verrat erlebt hatte wie ich und wie schmerzhaft es für ihn gewesen wäre, meinen mitzuerleben. Ich lachte: „Aber jetzt bist du hier, wo es am schlimmsten ist."

„Ich weiß", sagte er mit einer Grimasse. „Ich konnte es nicht ertragen, dich das alleine durchmachen zu lassen."

Ich kenne keine bessere Definition für Gemeinschaft. Es geht nicht immer nur um Spaß und Spiel. Die Liebe lässt die

Menschen nicht allein durch ihre dunkelsten Tage gehen. So schmerzhaft es auch ist, jemandem dabei zuzusehen, die Liebe lässt uns nirgendwo anders sein als direkt an seiner Seite.

Der HERR aber ist es, der selbst vor dir hergeht, er wird mit dir sein und wird dich nicht aufgeben, noch dich verlassen; fürchte dich nicht und erschrick nicht! (5 Mose 31,8).

22. Oktober

Echtes Mitgefühl nimmt sich des Leidens anderer an

Bei der Beerdigung meines Bruders vor einigen Jahren stand einer seiner besten Freunde auf und erzählte, er habe es nicht ertragen können, meinen Bruder zu besuchen, als dieser im Endstadium von Multipler Sklerose war. Er wollte ihn so in Erinnerung behalten, wie er war, nicht wie er geworden war. Und doch war das die Zeit, in der mein Bruder ihn am meisten gebraucht hätte.

Echtes Mitgefühl nimmt sich des Leidens anderer an. Wir sind da, wenn es jemandem am schlechtesten geht, weil er uns braucht.

Ein gutes Beispiel dafür war der 11. September 2001, als die Ersthelfer in das *World Trade Center* rannten, während alle anderen versuchten, es zu verlassen. Mitgefühl bedeutet, da zu sein, wenn es unglaublich schwierig, schmerzhaft oder sogar gefährlich ist – nicht weil uns die Umstände gefallen, sondern weil wir die Person lieben, die sich in dieser Situation befindet.

Niemandem macht es Spaß, Menschen durch ihre dunkelste Nacht zu begleiten, aber bei der Liebe geht es nicht um unsere Bequemlichkeit. Ich weiß vielleicht nicht, was ich tun oder sagen soll, um zu helfen, aber die Liebe sagt: „Ich kann dich das nicht allein durchstehen lassen!"

Und als Jesus ausstieg, sah er eine große Volksmenge; und er hatte Erbarmen mit ihnen, denn sie waren wie Schafe, die keinen Hirten haben (Mk 6,34).

Finde deinen Weg zur Liebe

John Lynch ist einer der Autoren von „Bo's Cafe", einem der besten Bücher, die ich je gelesen habe, wenn es darum geht, die Zerrissenheit in einer Ehe zu überwinden und sich wirklich auf die Gnade einzulassen. Als er einmal auf dem Weg zu einer Hochzeit war, postete er dies in Facebook:

> Ich führe heute Abend eine weitere Trauung durch. Ich wünsche mir immer, ich könnte den beiden eine DVD mit dem zeigen, was auf sie zukommt – wie sie sich gegenseitig zutiefst verletzen, egoistisch versuchen zu gewinnen, dem anderen die Schuld dafür geben, dass ihr Leben nicht funktioniert, dass sie weglaufen wollen ... bis sie am Boden zerstört zu Gott rufen und lernen, dem neuen Leben zu vertrauen, das er ihnen geschenkt hat. Dann beginnen sie, sich gegenseitig zu beschützen, zu lieben und zu genießen. Er liebt sie wie verrückt. Er wird es möglich machen.

Später hat er es wieder gelöscht. Das ist sicherlich nicht die Art von Bild, mit dem man sich in der Hochzeitsnacht beschäftigen möchte, aber es ist trotzdem wahr! Sara und ich fühlen jedes Mal etwas Ähnliches, wenn wir ein junges Paar sehen, das als neuer Pastor in einer großen Gemeinde eingesetzt wird. Sie freuen sich so sehr über die Chance, die sich ihnen bietet, aber sie haben keine Ahnung, wie brutal sie dabei verletzt werden können.

Die Menschen, die uns am nächsten stehen, können uns am schlimmsten verletzen, vor allem unser Ehepartner. Die Ehe ist die wichtigste Beziehung, in der wir wirklich lernen können, selbstlos zu leben, denn du kannst dich nicht vierundzwanzig Stunden am Tag verstecken.

Wahrscheinlich ist es gut, dass niemand von uns weiß, wie viel Schmerz damit verbunden ist, sonst würden wir uns nie auf diesen Weg begeben, um zu lernen, was wir wissen müssen, um echte Freiheit zu finden.

Tut nichts aus Selbstsucht oder nichtigem Ehrgeiz, sondern in Demut achte einer den anderen höher als sich selbst (Phil 2,3).

24. Oktober

Du musst nicht nach Liebe suchen

Die meisten von uns haben in ihrer Kindheit erfahren, dass es einfacher ist, Menschen zu manipulieren, damit sie uns geben, was wir wollen oder glauben zu verdienen, als sie dazu zu bringen, uns zu lieben. Selbst Menschen, die uns sagen, dass sie uns lieben, beweisen oft durch ihr Verhalten, dass sie uns nur in dem Maße „lieben“, wie wir tun, was sie wollen.

Wir können nichts tun, damit andere uns lieben. Wenn du dir die Liebe eines anderen erst verdienen musst, ist es keine Liebe, sondern nur eine gegenseitige Erfüllung von Bedürfnissen. Es ist gut, dass Gott dich bereits so sehr liebt, wie es nur möglich ist. Wir müssen nicht um seine Liebe kämpfen.

Und wenn uns das immer klarer wird, brauchen wir auch nicht mehr zu versuchen, andere dazu zu bringen, uns zu lieben. Jesus hat uns nicht gesagt, dass wir uns Liebe von anderen holen sollen, sondern dass wir andere lieben sollen.

Gehe also nicht in den Tag hinein und suche die Liebe, nach der du dich sehnst, bei anderen. Suche nach Möglichkeiten, die anderen in deinem Leben zu lieben. Ob sie es erwidern oder nicht, es gibt keine freiere Art zu leben, als freigiebig zu lieben und darauf zu vertrauen, dass Gott dir die Liebe schenkt, die du für den heutigen Tag brauchst – egal, ob du sie direkt von ihm bekommst oder ob er sie dir durch einen wichtigen Menschen in deinem Leben weitergibt.

Endlich aber seid alle gleich gesinnt, mitfühlend, voll brüderlicher Liebe, barmherzig, gütig! (1 Petr 3,8).

Gebunden durch unser Bedürfnis nach Bestätigung

Als die Religiösen zur Zeit Jesu ihn tadelten, weil er sich nicht an ihre Regeln hielt oder ihre Autorität nicht respektierte, ließ er sich nicht beirren. Er folgte eher der Stimme seines Vaters als dem eifersüchtigen Geschrei seiner bedrohten Landsleute.

Eine der schwierigsten Hürden, die es für alle, die in einem religiösen Umfeld aufgewachsen sind, zu überwinden gilt, ist das Bedürfnis, von der Anerkennung anderer zu leben. Menschen, die in Religion gefangen sind, benutzen Anerkennung, um Menschen zu manipulieren. Wenn du dich ihnen anpasst, überschütten sie dich mit Anerkennung und Zustimmung. Wenn nicht, machen sie dir Vorwürfe und beschuldigen dich, in der Hoffnung, dich so einzuschüchtern, dass du in ihrem System bleibst.

Jesus wies darauf hin, dass die Pharisäer ständig die Anerkennung der Menschen suchten, um ihre Identität bestätigt zu bekommen und ihr Gefühl der Überlegenheit zu sichern. Paulus erinnerte die Galater daran, dass sie Jesus nicht nachfolgen könnten, wenn sie darauf aus wären, von den falschen Leuten gelobt zu werden.

Unser Bedürfnis nach Anerkennung rührt von unserer Unsicherheit her. Jesus wusste, wer er war, woher er kam und wohin er ging. Niemand konnte ihn manipulieren. Er ließ sich nicht von falschen Vorstellungen leiten, die auf dem Bedürfnis beruhten, von anderen Menschen geliebt zu werden.

Er hatte die Liebe und die Anerkennung des Vaters und brauchte deshalb niemanden sonst. Wenn du selbst in dieser Realität wächst, wirst du nicht nur resistenter gegen Manipulationsversuche, sondern es fällt dir auch leichter zu erkennen, was wahr und was falsch ist.

Rede ich denn jetzt Menschen oder Gott zuliebe? Oder suche ich Menschen zu gefallen? Wenn ich allerdings den

Menschen noch gefällig wäre, so wäre ich nicht ein Knecht des Christus (Gal 1,10).

26. Oktober

Mit Ablehnung umgehen

Wenn du von anderen abgelehnt wirst, weil du Christus wirklich nachfolgen willst, kannst du dich laut Jesus glücklich schätzen.

Wenn du jedoch abgelehnt wirst, weil du arrogant, verbittert oder destruktiv bist, dann ist das eine ganz andere Sache. Rühme dich nicht der Probleme, die du selbst verursacht hast. Rühme dich dagegen des Lebens und der Liebe Jesu, dann wird Ablehnung nur ein weiteres Werkzeug in seinen Händen sein, um dich ihm ähnlicher zu machen.

Ich weiß, wie beängstigend und schmerzhaft es sein kann, auf diese Weise Freundschaften zu riskieren, aber es ist der einzige Weg, ihm zu folgen und zu wissen, wer deine wahren Freunde sind. Manche Menschen in deinem Leben wollen dich nur für ihre eigenen Bedürfnisse benutzen. Wahre Freunde werden deine Leidenschaft für Jesus unterstützen, auch wenn sie den Weg, den er dich führt, nicht verstehen.

Um in seiner Fülle zu leben, müssen wir ihm folgen, anstatt uns der Masse anzupassen – egal, ob es sich dabei um diejenigen handelt, die in der Welt gefangen sind, oder um diejenigen, die durch religiöse Ansprüche gefangen gehalten werden.

Selig seid ihr, wenn ihr geschmäht werdet um des Namens Christi willen, denn der Geist, der ein Geist der Herrlichkeit und Gottes ist, ruht auf euch (1 Petr 4,14 LUT).

Verrat ist nicht das Ende

Mein guter Freund Tom Mohn sagt, Verrat sei eines dieser erstaunlichen Dinge, die Gott benutzt, um sein Leben in uns zu formen. Ich weiß, dass es sich nicht so anfühlt. Es fühlt sich eher wie das Ende an, wenn jemand, den du liebst und von dem du dachtest, er liebe dich, sich entschließt, dass sein eigenes Wort bedeutungslos ist und dass du für ihn weniger wert bist als das, was er erreichen kann, indem er dich anlügt oder über dich lügt.

Ich habe das mit drei verschiedenen Menschen in meinem Leben durchgemacht und es ist das absolut Schlimmste. Das erste Mal hat es mich alles gekostet – mein Engagement in einer Gemeinde, die ich mitgegründet und mitaufgebaut hatte, mein Gehalt, meine Krankenversicherung, mein Ansehen in einem Ort und unzählige Freundschaften, die ich schätzte. Mir wurde nicht einmal eine Abfindung angeboten, sondern nur eine Lawine von Lügen über meine Familie.

Diese Tage waren die dunkelsten, die Sara und ich je erlebt haben. Wir dachten, wir würden in dieser Sache Jesus folgen, aber wir waren uns dessen nicht mehr sicher. Jesus sagte uns: *„Ihr sollt euch jedes Mal glücklich schätzen, wenn Menschen euch herabsetzen oder hinauswerfen oder Lügen über euch reden, um mich zu diskreditieren“* (Mt 5,11 MSG).

Ich weiß, das klingt verrückt. Das tat es auch, als mein Vater mir diese Worte ein paar Wochen nach diesem Verrat vorlas. Aber ich begann, sie in mein Herz zu lassen und mich als gesegnet zu betrachten, auch wenn es sich nicht so anfühlte. Dieser Prozess hat dazu geführt, dass wir Gott tiefer kennengelernt haben, und er hat uns einige erstaunliche Türen geöffnet, die wir sonst nie gefunden hätten.

Ein Verrat ist nicht das Ende der Fahnenstange. Er kann uns auch andere Möglichkeiten eröffnen, die wir sonst vielleicht verpasst hätten.

Wäre es mein Feind, der mich verhöhnt, dann könnte ich es noch ertragen. Würde mein erbitterter Gegner sich über mich erheben, so wüsste ich ihm aus dem Weg zu gehen. Aber du bist es, mein Vertrauter, mein bester und engster Freund! (Ps 55,13-14).

28. Oktober

Die Freunde, die du dir aussuchst

Es ist oft wahr, dass wir wie die Menschen werden, mit denen wir unsere Zeit verbringen.

Hast du bemerkt, wie sehr dein Herz die Dinge dieser Welt begehrt, wenn du mit Menschen zusammen bist, die für diese Dinge leben?

Das Gleiche gilt für diejenigen, die auf ewige Dinge ausgerichtet sind. Echte Gemeinschaft hilft uns zu sehen, wie Gott in unserem Leben wirkt, und wird uns mit einer größeren Leidenschaft für das erfüllen, was ewigen Wert hat. Sie hilft dir, dich auf das echte Leben einzulassen, anstatt dich von der Geschäftigkeit dieser Welt und den vielen Vergnügungen verführen zu lassen, die sie anbietet, um uns wieder in ihre Fänge zu locken.

Und selbst unsere Gespräche mit anderen Gläubigen können in politische Dispute, uralte theologische Kontroversen, Spekulationen über die Endzeit oder den Versuch, das richtige Gemeindemodell zu finden, abgleiten.

Wähle deine engsten Freunde also mit Bedacht. Finde Menschen, die das Ewige im Blick haben, und du wirst dich inmitten einer echten und inspirierenden Gemeinschaft wiederfinden. Sie werden dich nicht nur in Gottes Gegenwart erfrischen, sondern du wirst auch entdecken, dass er dich zu einer Oase des ewigen Lebens für solche macht, die von unserer kaputten Welt gebeutelt sind.

Man benutzt Stahl, um Stahl zu schärfen, und ein Freund schärft den anderen (Spr 27,17 MSG).

Ein Leitbild

Ich möchte bedeutsame Gespräche mit engagierten Menschen führen.

Ich weiß nicht, wer diese Worte zuerst geschrieben hat, aber er hat sie als Leitbild für sein eigenes Leben formuliert. Ich habe es auch zu meinem gemacht. Sie fangen den Schrei meines eigenen Herzens perfekt ein.

Es gibt nichts Besseres, als mit Menschen, die sich intensiv engagieren, ein tiefes Gespräch zu führen. Das könnte eine gute Definition für Gemeinschaft sein.

Davon hatte ich in meiner Jugend nicht viele. Ich ging in Gespräche mit einer Menge meiner Ziele hinein – Dinge, die ich erreichen wollte – und ich bin mir sicher, dass die Leute sich dabei eher manipuliert als geliebt fühlten.

Jetzt möchte ich einfach nur einen sicheren Ort bieten, an dem Menschen erkennen können, was sie erkennen müssen, fragen, was sie fragen müssen, und hinterfragen, was sie hinterfragen müssen. Inzwischen bin ich mehr daran interessiert, ihr authentisches Selbst zum Vorschein zu bringen, als meine eigenen Pläne zu verfolgen – auch wenn dies schwierig und konfliktreich sein kann.

Das sind Gespräche, die Bedeutung haben. Wenn ich zu so etwas in der Lage bin, kann ich dazu beitragen, die zerbrochenen Herzen zu heilen, die Verwundeten zu verbinden, die Ausgestoßenen zu lieben und die Gefangenen zu befreien.

Sei weise, wenn du unter Fremden lebst und arbeitest … Nutze jede Gelegenheit. Sei freundlich in deinem Reden. Das Ziel ist es, in einem Gespräch das Beste in anderen hervorzubringen, nicht, sie herabzusetzen oder auszugrenzen (Kol 4,5-6 MSG).

30. Oktober

Das Beste im anderen zum Vorschein bringen

Folgende E-Mail habe ich von jemandem bekommen, dem ich kürzlich auf einer Reise begegnet bin.

> Danke, dass du neulich mit mir gesprochen hast. Ich bin nach Hause gegangen und habe über alles, was wir besprochen haben, nachgedacht. Ich fühlte mich irgendwie ein bisschen mehr im Reinen mit meiner Situation. Ich ging mit einer anderen Einstellung zur Arbeit und hatte einen viel besseren Tag. Ich hatte das Gefühl, dass Gott mir gesagt hat, dass er meine Gebete bald erhören wird, dass ich durchhalten soll und dass er an der Lösung arbeitet.
> Dieser Weg ist so erstaunlich. Ich wusste nicht mehr, was ich erwarten sollte. Ich nahm an, Gott würde in einigen Bereichen unseres Lebens schweigen, doch im Gespräch mit dir wurde mir klar, dass das nicht der Fall ist. Ich fühlte mich so geliebt und wie eine reifere Person behandelt, anstatt wie ein neuer Christ.
> Ich bekomme jetzt Fleisch und viel weniger Milch. So hatte ich das noch nicht gesehen und es hat mir mehr Freiheit gegeben. Es hat mich dazu gebracht, mehr auf seine Führung und seine Anweisungen zu achten …

Wenn es das ist, was Gemeinschaft im Leben eines Menschen bewirkt, wer würde sich dann nicht bei jeder Gelegenheit danach sehnen?

> *Und egal, was du sonst noch anziehst, ziehe die Liebe an. Es ist ein einfaches, universell einsetzbares Kleidungsstück. Verzichte nie darauf …* (Kol 3,14 MSG).

Du hast keine Ahnung

Wir beendeten gerade mit meiner Tochter Julie und den Enkelkindern unser Essen in meinem Lieblingsgrillrestaurant, als ich ein junges Paar bemerkte, das am Tisch hinter Sara saß, sich gegenseitig liebevoll ansah und offensichtlich begeistert von seinem einjährigen Kind war, das in einem Hochstuhl am Ende des Tisches saß. Ich war gerührt von der Liebenswürdigkeit dieser jungen Familie.

Ich wies Sara auf sie hin und schlug vor, dass wir ihre Rechnung bezahlen. Das machen wir gelegentlich, seit ich vor fünfundzwanzig Jahren einmal in einem Eiscafé in einen Streit um die Bezahlung einer Rechnung verwickelt war. Als unsere Gastgeber sich damals durchsetzten und darauf bestanden, die Rechnung zu bezahlen, bezahlte ich als Zeichen der Kapitulation die Rechnung eines jungen Paares auf der anderen Seite des Restaurants.

Seitdem bezahlen Sara und ich gelegentlich die Rechnung für zufällige Fremde. Deshalb sagte ich der Kellnerin, ich wolle die Rechnung für diese Familie neben uns bezahlen. Sie fragte, ob ich anonym bleiben wolle, was wir normalerweise tun, aber dieses Mal schien es nicht wichtig zu sein.

Als sie fertig waren, standen sie auf und gingen ohne einen Blick an unserem Tisch vorbei. Sie wussten es noch nicht. Sie suchten aber wohl die Kellnerin auf, denn zwei Minuten später tippte mir jemand auf die Schulter. Ich schaute überrascht hoch und sofort brach die junge Mutter in Tränen aus.

Ich stand auf und stellte mich vor. Sie umarmte mich und konnte mir gerade noch ins Ohr flüstern: „Sie haben ja keine Ahnung! Sie haben ja keine Ahnung!“ Als sie sich wieder gefangen hatte, sagte sie: „Der kleine Junge lag Sonntagnacht mit hohem Fieber im Krankenhaus. Wir hätten ihn fast verloren.“ Sie brach wieder in Tränen aus. Jetzt kamen auch mir die Tränen. „Sie haben keine Ahnung, was das für uns bedeutet, dass Jemand das wusste.“

Sara und ich verließen das Restaurant mit heiteren Herzen. Wie schön war es, Teil von so etwas zu sein, und zu erleben, wie jemand von Gott geliebt wurde, ohne dass wir es ihnen sagen mussten? Julie sagte, ihre Kinder hätten den ganzen Weg nach Hause darüber gesprochen und wissen wollen, was wir getan hätten und warum die Frau an Opas Schulter geweint hatte!

Solange wir also noch Zeit haben, wollen wir allen Menschen Gutes tun, besonders denen, die mit uns durch den Glauben verbunden sind (Gal 6,10 GNB).

1. November

Andere lieben als Schutz

Ich glaube nicht, dass mir schon mal jemand Blumen geschickt hat. Aber gestern bekam ich eine E-Mail von einem Freund in Oregon mit einem Bild von zwei Rosensträußen. Er war früher Pastor und kennt als ehemaliger Alkoholiker die dunkle Seite nur zu gut.

Seine E-Mail war mit „Warum ich zwei 95-Jährigen im Seniorenheim Blumen bringe" überschrieben.

> Ich tue diese Dinge nicht, um ein Loch in meiner Seele zu füllen, oder um einfach nur nett zu sein. Ich gebe und diene, damit ich nicht von dem Hass verzehrt werde, den ich um mich herum sehe, und nicht in Gefahr bin, zu dem zu werden, was ich in anderen sehe.
>
> Der Hass wuchert. Das Bild Gottes, das ich in mir trage, wird zerstört, wenn ich der Dunkelheit nachgebe. Im Laufe der Jahre haben mich viele gehasst, viele Male haben Menschen versucht, meine Karriere und manchmal auch mein Leben zu zerstören. Um meine eigene Seele zu retten, darf ich jedoch dem Hass nicht nachgeben.
>
> Zu dienen und zu geben ist für mich ein Lebensstil. Jesus sagte, dass wir unsere Feinde lieben sollen – nicht um unsere

moralische Überlegenheit zu beweisen, sondern damit uns nicht dieselbe Gesinnung vereinnahmt wie sie. Dafür brauche ich seine übernatürliche Hilfe. Dann kann ich mit Tiny Tim in Charles Dickens' *The Christmas Carol* sagen: „Möge Gott uns segnen, jeden von uns."

Die Liebe siegt. Jedes Mal. Besonders in mir.

Liebe Menschen, die es nicht verdienen, auch dort, wo du nicht dazu verpflichtet bist. Deine Welt wird sich verändern – Jesus hat das gesagt.

Vielmehr liebt eure Feinde und tut Gutes und leiht, ohne etwas dafür zu erhoffen; so wird euer Lohn groß sein, und ihr werdet Söhne des Höchsten sein, denn er ist gütig gegen die Undankbaren und Bösen (Lk 6,35).

2. November

Liebe eine Person nach der anderen

Ist es nicht interessant, dass du den ganzen Tag durch die belebten Straßen großer Städte wandern kannst, ohne dass jemand Notiz von dir nimmt, aber jeder, dem du auf einem Wanderweg begegnest, bemerkt dich nicht nur, sondern bleibt sogar stehen, um von dir zu erfahren, wo du warst und wohin du gehst?

Die Straße ist anonym – es sind Menschen, die es eilig haben, irgendwo anders hinzukommen. Es gibt viel zu viele Menschen, als dass man sie alle grüßen könnte, geschweige denn sich mit ihnen zu unterhalten. Man würde nie irgendwohin kommen.

Einsamkeit gedeiht unter großen Menschenmengen. Die Kameradschaft auf einem Bergpfad ist unmittelbar, auch wenn man sich wahrscheinlich nicht wiedersehen wird. In diesen kurzen Momenten können die Hilfe und Erfahrung, die zwei Menschen einander weitergeben, einen großen Unterschied machen.

Vielleicht hat Jesus uns deshalb aufgefordert, „*ein*ander" zu lieben. Gott liebt in der Einzahl. Er liebt dich nicht, weil er alle Menschen liebt und du zufällig ein Mensch bist. Er liebt dich, weil er noch keinen Menschen gefunden hat, den er nicht liebt.

Wir können nicht Massen von Menschen lieben, aber wir können lernen, den nächsten zu lieben, den er uns in den Weg stellt.

Den Einsamen gibt er ein Zuhause, den Gefangenen schenkt er Freiheit und Glück ... (Ps 68,6 HFA).

3. November

Wohin die Liebe dich führen kann

Ich bin erstaunt, zu welch aufopferungsvollen Taten die Liebe Menschen bewegt, ohne dass diese denken, es sei ein Opfer.

Vor einigen Jahren lernte ich eine Frau aus dem Mittleren Westen kennen, die sich scheiden ließ, nachdem ihr Mann ihr gesagt hatte, er sei schwul, habe Aids und wolle mit seinem Liebhaber zusammenleben. Ein paar Jahre später hatte sich die Krankheit verschlimmert und er und sein Partner waren damit überfordert. In der gleichen Zeit war diese Frau in Gottes Liebe gewachsen und hatte den Eindruck, Gott bitte sie, bei seiner Pflege zu helfen.

Genau das hat sie dann getan. Mit der Zustimmung ihres Mannes zog sie wieder ein – nicht als seine Ehefrau, sondern als seine Schwester – um ihm bei der Pflege zu helfen. Ich kann mir nicht vorstellen, was es sie gekostet hat, sich jemandem anzuvertrauen, der sie so tief verletzt hatte.

Ich denke nicht, dass ihr Gehorsam Gott gegenüber ein Maßstab für andere sein sollte, aber sie sprach immer davon, dass es eine der wichtigsten Erfahrungen ihres Lebens war. Mehr noch: Nach seinem Tod nahm sie weitere Aids-Patienten auf und pflegte sie in diesem Haus. In den letzten Jahrzehnten hat sie sich außerdem um Aids-Patienten sowohl in Amerika als auch in Südafrika gekümmert.

Ein Samariter aber kam auf seiner Reise in seine Nähe, und als er ihn sah, hatte er Erbarmen; und er ging zu ihm hin, verband ihm die Wunden und goss Öl und Wein darauf, hob ihn auf sein eigenes Tier, führte ihn in eine Herberge und pflegte ihn (Lk 10,33-34).

4. November

Das Evangelium weitergeben

Zu lernen, in Freiheit zu leben und Gott dabei zuzusehen, wie er Dinge auf eine viel bessere Art und Weise tut, als wir sie aus eigener Kraft jemals tun könnten, ist eine große Freude auf diesem Weg. Unsere evangelistischen Bemühungen sind oft konstruiert und manipulativ, weshalb nur wenige dazu bereit sind. Es ist jedoch viel besser, als eine Demonstration seiner Liebe in der Welt zu leben und auf die Gelegenheiten einzugehen, die er herbeiführt.

Wenn Evangelisation zur Pflicht wird und wir andere davon überzeugen müssen, dass sie im Unrecht sind, halten wir sie aufgrund unserer religiösen Motive doch nur auf Abstand. Aber wenn das Evangelium einfach aus unserem Leben herausfließt, weil wir andere auf einfache Weise lieben, ergeben sich erstaunliche Dinge. Die besten Gespräche, die ich über das Evangelium führe, entstammen dem Wunsch der anderen, nicht meinem.

Wenn wir auf seinen Impuls in unseren Herzen und auf den Hunger der Menschen, die uns begegnen, eingehen, können wir erleben, wie der Geist wirkt. Was er tut, ist erstaunlicher als alles, was wir aus eigener Anstrengung erreichen können.

Damit ermutigt uns der Geist, in diesem Reich frei zu leben. Er überzeugt uns davon, dass er auf eine Art und Weise wirkt, die wir mit unseren eigenen Kräften nicht ergründen können, und dadurch sind wir eher bereit, es ihn tun zu lassen.

Vergiss nicht, für uns zu beten, dass Gott Türen öffnet, um das Geheimnis Christi zu erzählen, auch wenn ich in diesem Gefängnis eingesperrt bin. Bete, dass ich jedes Mal, wenn ich den Mund aufmache, in der Lage bin, ihnen klar und deutlich Christus zu erzählen (Kol 4,2-4 MSG).

5. November

Eine lebenspendende Beschreibung des Zorns

Einmal erhielt ich eine E-Mail von einer Frau, die mich bat, Gottes Zorn für sie zu definieren. Ich antwortete ihr so:

> Gottes Zorn ist das verzehrende Feuer seiner Liebe, das die Macht der Sünde zerstören und uns in seine Liebe retten will. Gilt dieser Zorn einem reuelosen Sünder? Auf jeden Fall – in dem Wunsch, ihn zu erlösen und die Sünde, die ihn zerstört, wegzubrennen. Aber wenn er zu Christus kommt, hat dieser all das bereits für uns übernommen, sodass wir nicht länger Objekte des Zorns sind, sondern Kinder Gottes und Teil seiner Familie.
> Deshalb wird Gottes Zorn auch am Ende des Zeitalters kommen – um die Sünde zu vernichten und einen neuen Himmel und eine neue Erde zu schaffen. Aber stell dir ihn nicht als einen hasserfüllten Zorn vor; so ist es nicht. Er demonstriert, wie weit Gottes Liebe geht, um seine Schöpfung zu reinigen. Er ist wie eine Bärenmutter, die aus dem Wald kommt, um ihre Jungen zu beschützen. Wir sind die Jungtiere. Wir werden vom Zorn gerettet, nicht verschlungen.

Ihre Antwort brachte mich zum Lachen: „Das ist die lebenspendendste Beschreibung von Gottes Zorn, die ich je gehört habe."

Und warum sollte er nicht lebenspendend sein? Er ist nicht das Gegenteil von Gottes Liebe, sondern ein intensiver Ausdruck davon. Er ist das, was die zerbrochene Schöpfung heilt.

Und der auf dem Thron saß, sprach: Siehe, ich mache alles neu! (Offb 21,5).

6. November

Bestochen und bedroht

„Wenn du heute Nacht stirbst, bist du dir sicher, dass du in den Himmel kommst?" Viele Menschen kommen in dieses Reich, weil sie sich von den Qualen der Hölle bedroht fühlen. Wenn du die Menschen davon überzeugt hast, dass es sowohl den Himmel als auch die Hölle gibt und dass Gott entscheidet, wer wohin kommt, ist damit die Evangelisation erledigt.

Aber wie kann man eine liebevolle Beziehung zu einem Gott aufbauen, der einen sonst in die ewige Qual stürzen würde? Ist mit Gott etwas so verkehrt, dass wir mit Folter bedroht werden müssen, um zu ihm zu kommen?

Andere vertreten den gegenteiligen Ansatz zur Erlösung: „Gott hat einen wunderbaren Plan für dein Leben …" Und damit rufen wir Bilder von einem Gott hervor, der uns in Frieden, glücklich und frei von Leid hält, wenn wir ihm nur folgen.

Manche kommen also zu Gott in der Hoffnung, bei ihm das zu finden, was sie in der Welt nicht finden konnten. Aber das Ich steht immer noch im Mittelpunkt, die Freude wird immer noch nach unseren Vorstellungen definiert.

Wenn wir an die Menschen appellieren, in ihrem eigenen Interesse zu handeln, können diese beiden Einladungen kontraproduktiv für das Reich Gottes sein. Wenn Menschen sich aufgrund ihrer Angst vor Strafe oder ihrer Gier nach dem guten Leben für Gott entscheiden, verstärken wir damit nur ihre Ich-Bezogenheit.

Die Einladung Jesu war so: „Das Reich der Himmel ist nahe. Kehrt um und glaubt.“ Gottes Herrschaft ist da, und er ist so liebenswert, dass du deine eigene Agenda aufgibst, um auf seine einzugehen, wenn du ihn kennenlernst.

Wir haben es gesehen, wir haben es gehört, und jetzt erzählen wir es euch, damit ihr es mit uns erleben könnt, diese Erfahrung der Gemeinschaft mit dem Vater und seinem Sohn, Jesus Christus. Unser Grund, warum wir schreiben, ist ganz einfach: Wir wollen, dass ihr das auch erlebt. Eure Freude wird unsere Freude verdoppeln! (1 Joh 1,3 MSG).

7. November

Geliebt, nicht manipuliert

Es ist so befreiend, eine andere Person einfach so kennenzulernen, wie sie ist – und nicht als „Kandidat“ für eine Bekehrung.

Beim Golfen traf ich einen ledigen Mann, der Mitte fünfzig war und nicht an Gott glaubte. Er hatte eine Reihe von gesundheitlichen Problemen und war im Laufe der Jahre drogen- und alkoholabhängig gewesen. Ich verbrachte und verbringe immer noch manchmal Zeit mit ihm. Früher hätte ich eine Last gespürt, ihm gegenüber Zeugnis zu geben, aber der Vater hatte mich in dieser Hinsicht mit der Zeit verändert. Ich spürte diesen Druck überhaupt nicht mehr.

Bei unseren Begegnungen hatten wir bisher einige interessante Diskussionen über Gott, aber sie entstanden auf seine Initiative hin. Ich habe in dieser Hinsicht keine Absichten, nur eine einfache Liebe für ihn, von der ich spüre, dass sie ein Teil dessen ist, was Gott für ihn empfindet.

Eines Tages erzählte er mir, er habe bei unserer ersten Begegnung gleich etwas „Geistliches“ an mir gespürt. Daraus ergab sich ein wunderbares Gespräch darüber, wer Gott ist. Er war sehr offen, weil er sich geliebt fühlte und ich ihm nicht mit den Standardantworten kam.

Gott lebt in mir, und sein Licht wird nicht getrübt. Wenn ich darauf vertraue, dass er Türen öffnet, bin ich nicht auf bestimmte Ergebnisse angewiesen als Beweis, dass er in den Menschen wirkt. Ich muss sie nicht bis zur Ziellinie bringen – ich helfe ihnen nur, den nächsten Wegabschnitt zu sehen.

Wie der Vater mich geliebt hat, habe auch ich euch geliebt. Bleibt in meiner Liebe! (Joh 15,9 ELB).

8. November

Die einfachsten Dinge

Das ist das Abenteuer, mit dem ich jeden Morgen aufwache:

Ich liebe, wen auch immer Gott mir an diesem Tag vorsetzt. Ich folge jedem Impuls, den er mir gibt, um anderen zu zeigen, dass ich für sie da bin, und jedem Einblick, den er mir vielleicht geben möchte. Ich muss nicht meine eigenen Vorstellungen einbringen.

Beobachte, wie die Menschen dann vor Freude strahlen und wie dein eigenes Herz den kindlichen Geist zurückerobert, der jeden Tag als ein Abenteuer der Gnade sieht.

Ich lasse die Gespräche über Gott aus der Neugier der Menschen heraus entstehen, anstatt zu versuchen, eine Situation so hinzudrehen, dass sie sich bekehren. Der eine Ansatz öffnet die Türen weit, der andere schlägt sie zu, bevor die Menschen überhaupt die Chance haben, den Gott kennenzulernen, den du liebst.

Im Übrigen, ihr Brüder, freut euch, lasst euch zurechtbringen, lasst euch ermahnen, seid eines Sinnes, haltet Frieden; so wird der Gott der Liebe und des Friedens mit euch sein! (2 Kor 13,11).

Beziehungen bereichern uns

Als ich kurz nach meinem Studium eine Stelle in einer wachsenden Gemeinde antrat, warnte mich der Seniorpastor, ich solle dort keine Freundschaften schließen. Das würde nur zu Eifersucht führen.

Ich konnte das nicht. Ich kann nicht mit Menschen zusammen sein und sie nicht genießen. Jesus nannte seine Jünger Freunde, und das ist für mich die beste Art, das Leben mit Menschen zu teilen. Jetzt, nach über vierzig Jahren, haben Sara und ich ein reiches Erbe an Freundschaften aus jeder Phase unserer Reise. Einige davon erstrecken sich über vierzig, andere nur über ein paar Jahre. Da ich um die ganze Welt gereist bin und immer wieder bei Menschen zu Hause übernachtet habe, erstrecken sich diese Beziehungen über die ganze Welt.

Für mich ist Freundschaft kein Hindernis für den Dienst. Wenn überhaupt, dann fördert sie ihn. Menschen zu helfen, zu wachsen, geschieht organischer an ihrer Seite, wenn ich ein Freund bin, als wenn ich versuche ein sogenannter Experte zu sein. Und diese Beziehungen bieten uns die wahre Freude, an der Familie des Vaters teilzuhaben. Von Zeit zu Zeit tauchen verschiedene Personen auf und rufen uns an oder besuchen uns, dann machen wir immer genau da weiter, wo wir aufgehört haben, als wäre keine Zeit vergangen, seit wir uns das letzte Mal gesehen haben.

Die Zeit, die du heute in den Aufbau von Beziehungen mit anderen auf diesem Weg investierst, wird Früchte tragen, von denen du ein Leben lang zehren kannst.

Freunde lieben sich bei jedem Wetter, und Familien halten in allen möglichen Schwierigkeiten zusammen (Spr 17,17 MSG).

Ich sollte einfach besser zuhören ...

Meine Tochter war mit ihrer zweijährigen Tochter Aimee zum Abendessen zu Besuch. Ich spielte mit Aimee im Wohnzimmer, während meine Frau und meine Tochter in der Küche alles vorbereiteten. Als es an der Zeit war, den Grill anzuzünden, sagte ich Aimee, ich würde wieder zurückkommen und verließ den Raum.

Meine Gedanken waren schon ganz woanders, als ich Sara und Julie mit missbilligenden Blicken in meine Richtung aus der Küche kommen sah. „Kannst du das nicht hören?“, fragte meine Frau.

Ups! Da fiel mir ein, dass ich im Hinterkopf etwas gehört, mich aber nicht darauf konzentriert hatte. „Sie hat immer wieder ‚Opa, warte!‘ geschrien.“ Ich drehte mich um und da stand Aimee mit traurigen Augen, völlig verwirrt darüber, warum ich ihr nicht geantwortet hatte.

Ich versöhnte mich mit Aimee und nahm sie dieses Mal mit nach draußen, um zu beklagen, welchen Kummer ich ihr bereitet hatte. Als ich den Grill vorbereitete, nahm ich ein leises Lachen in meinem Hinterkopf wahr. „Wow! Ich weiß, wie sich das anfühlt!“

Es war mir sofort klar. Wie oft hat der Geist schon gerufen: „Wayne, warte!“, wenn ich mich daran gemacht hatte, eine meiner Ideen oder Pläne zu verfolgen. Es war eine sanfte Zurechtweisung, aber eine gute Erinnerung.

Ich muss wirklich besser zuhören. Ich will nicht, dass Aimee oder Gott sich vernachlässigt fühlen, weil ich zu geistesabwesend bin, um sie zu hören.

Gottes Stimme ... Ihr tut gut daran, euch auf sie zu konzentrieren. Sie ist das einzige Licht, das ihr in einer dunklen Zeit habt, in der ihr auf den Tagesanbruch und den Aufgang des Morgensterns in euren Herzen wartet (2 Petr 1,19-20 MSG).

Die Goldene Regel

Sie ist so einfach und überschreitet doch theologische, ethische und kulturelle Grenzen. Fast jede Religion hat eine ähnliche Aussage in ihren Schriften.

Jesus sagte uns, wir sollten andere so behandeln, wie wir selbst behandelt werden wollten. Ob sie dich im Gegenzug genauso behandeln oder nicht, darum geht es nicht.

Es entmutigt mich immer wieder, wenn Menschen zu den BridgeBuilder-Mediationen[1] kommen und dann ihre Argumente vorbringen, indem sie wütend und unausstehlich sind, andere fälschlicherweise beschuldigen, indem sie ihnen Gedanken oder Motive unterstellen, oder Menschen, die anderer Meinung sind als sie, einfach schlecht machen.

Wie anders wäre die Welt, wenn wir den Menschen die gleichen Rechte, den gleichen Respekt, die gleiche Freundlichkeit und das gleiche Verständnis zukommen lassen würden, wie wir es für uns selbst wünschen. Das musst du nicht in einem Kurs über Ethik oder Höflichkeit lernen. Wir wissen bereits, wie wir behandelt werden wollen – könnten wir das nicht auch unseren Mitmenschen gewähren?

Wenn wir das alle tun würden, würde sich die Welt verändern.

Das ist mein Anliegen: dass du dich mit dem ganzen Eifer eines Hirten um Gottes Herde kümmerst. Nicht, weil du es musst, sondern weil du Gott gefallen willst. Und dabei nicht kalkulierst, was es dir bringen könnte, sondern spontan handelst. Und auch anderen nicht sagst, was sie tun sollen, sondern ihnen liebevoll den Weg zeigst (1 Petr 5,1-3 MSG).

---

[1] Ein Mediationsdienst für Konflikte in Bezug auf die Religionsfreiheit im öffentlichen Bildungswesen, bei dem Wayne aktiv ist.

Tu es trotzdem

An der Wand des *Shishu Bhavan,* eines Kinderheims in Kalkutta, Indien, hing ein Schild. Darauf stand …

- Menschen sind unvernünftig, unlogisch und egozentrisch. Liebe sie trotzdem.
- Wenn du freundlich bist, könnten dir die Leute egoistische Hintergedanken vorwerfen. Sei trotzdem freundlich.
- Wenn du erfolgreich bist, wirst du einige falsche Freunde und echte Feinde gewinnen. Sei trotzdem erfolgreich.
- Das Gute, das du heute tust, wird morgen vergessen sein. Tue trotzdem Gutes.
- Ehrlichkeit und Offenheit machen dich verletzlich. Sei trotzdem ehrlich und offen.
- Was du über Jahre hinweg aufgebaut hast, kann über Nacht zerstört werden. Baue trotzdem.
- Menschen brauchen Hilfe, greifen dich aber an, wenn du versuchst, ihnen zu helfen. Hilf ihnen trotzdem.
- Letztendlich ist es eine Sache zwischen dir und Gott. Es war sowieso nie eine Sache zwischen dir und ihnen.

Lass nicht zu, dass die Handlungen anderer deine Menschlichkeit schmälern oder deine Liebe zum Erliegen bringen. Das ist sicher leichter gesagt als getan, aber tu es trotzdem.

> *… Wenn du deinen Feind hungrig siehst, kaufe ihm ein Mittagessen, oder wenn er durstig ist, hole ihm ein Getränk. Deine Großzügigkeit wird ihn mit Güte überraschen. Lass dich nicht vom Bösen überwältigen, sondern überwältige das Böse, indem du Gutes tust* (Röm 12,20-21 MSG).

13. November

Gutherzig sein

Wusstest du, dass die Armen die großzügigsten Menschen auf diesem Planeten sind? Sie geben prozentual mehr trotz ihrer Not, als wohlhabende Menschen aus ihren Stiftungen geben.

Das hat viel damit zu tun, dass sie es selbst erlebt haben. Sie wissen, wie es ist, hungrig zu sein und nicht zu wissen, woher ihre nächste Mahlzeit kommt, obwohl sie alles getan haben, was sie tun konnten.

In der Bibel werden wir immer wieder daran erinnert, den Armen zu helfen, da sie Jesus oft näher sind als diejenigen, die von ihrem Besitz abgelenkt sind und sich denjenigen überlegen fühlen, die nicht so viel haben.

Es gibt viele Möglichkeiten, arm zu sein. Ein Teil davon sind die Finanzen, aber es ist auch möglich, arm an Gesundheit, Geist, emotionaler Zuwendung und geistlicher Tiefe zu sein.

Halte dein Herz für die Armen offen und finde Wege, ihnen mit dem, was du im Überfluss hast, das Leben zu erleichtern. So bleibt dein Herz weich, deine Sicht klar und dein Geist mit dem Werk des Vaters in der Welt beschäftigt.

Die Gutherzigen verstehen, wie es ist, arm zu sein; die Hartherzigen haben nicht die geringste Ahnung (Spr 29,7 MSG).

14. November

Berufe dich auf die Liebe Gottes

Nichts ist schmerzhafter als eine enge Beziehung, die in die Brüche geht, vor allem, wenn ein ehemaliger Freund denkt, dass er mehr davon hat, wenn er sich gegen dich wendet, als dass er die Freundschaft schätzt. Liebe ist auf Dauer nicht einfach. Umso mehr freue ich mich über meine mehr als vierzigjährige Beziehung zu Sara! Trotz aller Meinungsverschiedenheiten, Kämpfe und Verletzungen haben wir einen

Weg gefunden, eine dauerhafte Beziehung aufzubauen, die für uns alles bedeutet.

Zu den größten Enttäuschungen auf meinem Weg gehört, dass ich keinen Kontakt mehr zu Menschen habe, mit denen ich über eine längere Zeit gemeinsam im Reich Gottes gearbeitet habe. Konflikte und Meinungsverschiedenheiten beeinträchtigen so viele wunderbare Dinge, die Gott in der Welt tut. Liebe ist leicht, wenn jeder die Dinge auf die gleiche Weise sieht, aber wird sie nicht genau dann auf die Probe gestellt, wenn es nicht so ist?

Wenn es Liebe ist, wird sie den Schmerz ertragen und einen Weg suchen, der für alle gut ist. Die Bibel berichtet von vielen Zeiten im Leben der frühen Gemeinde, in denen Streitigkeiten und heftige Auseinandersetzungen untereinander ausgetragen wurden. Das Ergebnis war nicht immer berauschend, deshalb wundert es mich nicht, wenn es auch heute noch passiert.

> *Es ist nicht der Tyrann aus der Nachbarschaft, der mich verspottet – das könnte ich ertragen. Es ist kein fremder Teufel, der mich beschimpft – das könnte ich ausblenden. Du bist es! Wir sind zusammen aufgewachsen! Du bist es! Mein bester Freund! In den langen Stunden der Freizeit, in denen wir Arm in Arm spazieren gingen, war Gott in unserem Gespräch der Dritte* (Ps 55,12-14 MSG).

15. November

Vergebung und Versöhnung

Das kleinste bisschen Liebe und Gnade kann jede kaputte Beziehung wiederherstellen.

Beide Parteien müssen jedoch bereit sein, dieses Risiko einzugehen. Eine Frau fragte mich einmal, inwieweit wir dafür verantwortlich seien, eine zerbrochene Freundschaft zu reparieren, vor allem, wenn uns jemand verurteilt oder missbraucht habe.

Ich sagte ihr, dass man nicht viel tun kann, solange die andere Seite sich nicht *auch* versöhnen will.

Vergebung ist einseitig. Ich kann jemandem ohne sein Zutun vergeben. Für eine echte Versöhnung braucht es jedoch zwei weiche und willige Herzen. Wenn die andere Person nicht daran interessiert ist, kannst du nur dein Herz bereithalten, um in Liebe auf sie eingehen zu können, wenn sie eine Tür öffnet.

Paulus appelliert an die Philipper, sie sollten sich einigen und einander lieben, wenn seine Liebe etwas in ihrem Leben bewirkt habe. Dazu braucht es nicht viel; sie muss nur in die richtige Richtung gelenkt werden.

Ich habe wenig Verständnis für Leute, die Ehen oder Freundschaften so schnell wegwerfen oder zumindest gegen irgendeinen kurzfristen Vorteil aufgeben. Wirklich offene und ehrliche Freundschaften gehören zu den größten Schätzen, die wir in dieser Welt haben.

> *Wenn euch die Nachfolge Christi etwas gebracht hat, wenn seine Liebe etwas in eurem Leben verändert hat, wenn es euch etwas bedeutet, in einer Gemeinschaft des Geistes zu leben, wenn ihr ein Herz habt, wenn ihr euch kümmert – dann tut mir einen Gefallen: Seid euch einig, liebt einander, seid echte Freunde* (Phil 2,1-3 MSG).

16. November

Sich auf das Gesetz berufen

Recht, Politik, Kapitalismus und Religion versuchen alle, das Gesetz so zu verändern, dass es ihnen einen Vorteil über andere verschafft.

Es sei denn, wir nutzen das Gesetz, um uns vor missbräuchlichen Menschen zu schützen, ist es einfach nur feige, sich auf das Gesetz zu berufen. Während wir einen Anwalt unsere egoistische Seite vertreten lassen, können wir immer noch so tun, als seien wir lieb und nett – schließlich folgen wir ja nur dem Rat eines Anwalts.

In meiner Arbeit bei BridgeBuilders, einem Mediationsdienst für Konflikte in Bezug auf die Religionsfreiheit im öffentlichen Bildungswesen, habe ich erlebt, dass unser Rechtssystem all das geringschätzt, was Gott wichtig ist – Liebe, Gnade, gegenseitigen Respekt und Beziehungen – und versucht, den Buchstaben des Gesetzes so hinzudrehen, dass der Eigennutz beider Seiten gesteigert wird.

Das Gesetz stützt sich auf ein Umfeld von Misstrauen und Verdacht. Anstatt eine gemeinsame Basis zu suchen, macht es aus jedem entweder einen Gewinner oder einen Verlierer. Aber es opfert die Beziehungen immer auf dem Altar des persönlichen Vorteils.

Es ist ein System für Gegner, nicht ein Umfeld für den Dienst der Versöhnung. Wie gut eine Beziehung ist, erweist sich nicht in guten Zeiten, in denen wir uns einig sind, sondern in Zeiten, in denen wir uns nicht einig sind. Wie werden wir dann miteinander umgehen?

> *Praktisch alles, was in der Welt vor sich geht – deinen eigenen Weg gehen zu wollen, alles für dich selbst zu wollen, wichtig erscheinen zu wollen – hat nichts mit dem Vater zu tun. Es trennt dich nur von ihm. Die Welt und all ihr Wollen, Wollen, Wollen vergeht – aber wer tut, was Gott will, ist für die Ewigkeit gerüstet* (1 Joh 2,15-17 MSG).

17. November

Friedensstifter

Gibt es in dieser Welt nicht schon genug Spaltungen zwischen Brüdern und Schwestern, auch ohne dass wir dazu beitragen? Sieh dir all die Gemeindespaltungen und Rechtsstreitigkeiten unter Christen an, die Jesu Gebet, dass wir alle eins sein sollen, zum Gespött machen.

Als ich das erste Mal auf diesem Weg einen guten Freund verlor, war der Schmerz so groß, dass ich mir sagte, dass ich das nie wieder zulassen würde. Ich würde alles tun, was in meiner Macht steht – alles aufgeben, was mir möglich ist – um eine Freundschaft zu retten.

Leider konnte ich das nicht alleine tun. Wann immer ich mit anderen zusammenarbeitete, versicherte ich ihnen, wie sehr ich sie liebe, und bat sie, zu mir zu kommen, bevor sie mit irgendwelchen Machtspielen anfangen würden.

Ich habe die Erfahrung gemacht, dass die meisten Menschen nicht zuhören. Zwar braucht es nur zwei weiche Herzen und viel Zeit, um die Schönheit von Gottes Art von Gemeinschaft zu erleben, doch braucht es nur ein beschädigtes Herz und einen Sekundenbruchteil, um sie zu zerstören.

Alles, was wir tun können, ist, zu vergeben und unser Herz zur Versöhnung bereitzuhalten, falls es die Chance dazu bekommt. So sehr es an uns liegt, mit allen Menschen Frieden zu schließen – so formuliert es der Verfasser des Römerbriefs –, ist das alles, was wir tun können. Wir brauchen mehr Friedensstifter in der Welt, nicht solche, die andere ausbeuten wollen.

Selig sind die Friedensstifter, denn sie werden Kinder Gottes genannt werden (Mt 5,9).

18. November

Gnade braucht Zeit

Ich habe vor einiger Zeit den Roman *Les Miserables* von Victor Hugo gelesen, eine der größten Geschichten der Literatur über eine Erlösung. Es war manchmal ein bisschen anstrengend, da der Autor seitenweise von der Geschichte abweicht und die Hintergründe des französischen Strafvollzugs, der Französischen Revolution, des Waterloo-Feldzugs von Napoleon oder sogar von einer Tour durch die Kanalisation unter Paris in der damaligen Zeit erzählt.

Wie bei den meisten Geschichten ist das Buch so viel reichhaltiger, als man es in einem Film oder einem Theaterstück darstellen kann. Nur ein Buch ermöglicht es einem, sich in die Gedanken der Figuren hineinzuversetzen und ihre inneren Kämpfe mitzuerleben. Die ergreifenden Schlussszenen über die Beziehung zwischen Jean Valjean, Marius und Cosette haben mich umgehauen.

Valjean war ein junger Mann, der so hungrig war, dass er Brot stahl und dafür neunzehn Jahre im Gefängnis saß. Er kam frei, nur um erneut einen Bischof zu bestehlen, aber anstatt Gerechtigkeit zu fordern, zeigte der Bischof Gnade durch persönliche Großzügigkeit.

Dieser Akt der liebevollen Aufopferung webt sich über Jahrzehnte hinweg in die Faser von Jeans Wesen ein. Er wird zu einem anderen Menschen und lernt schließlich, andere zu lieben und ihnen gegenüber Gnade walten zu lassen, auch wenn es ihn persönlich viel kostet.

Wir aber werden lieben – lieben und geliebt werden. Erst wurden wir geliebt, jetzt lieben wir. Er hat uns zuerst geliebt (1 Joh 4,19 MSG).

19. November

Liebe trotzdem

Der Weg, auf dem Jean Valjeans in *Les Miserables* lernt zu lieben, ist oft tragisch. Da sein erster Gedanke nicht darin besteht, sich selbst zu schützen, wird er benutzt, missbraucht und gequält, sogar von den Menschen, zu denen er gnädig ist.

Anstatt sich zu verteidigen, liebt er einfach weiter, auch wenn es ihn teuer zu stehen kommt. Er wird missverstanden und verteidigt sich nicht. Er gibt sein eigenes Glück auf, um es für andere zu sichern.

Was ich an dieser Geschichte liebe, ist die Spannung zwischen der Wahrheit, dass diejenigen, die du am meisten liebst, dich zu ihrem eigenen Vorteil missbrauchen können, und der Tatsache, dass du sie trotzdem liebst, um Gnade in die Welt zu bringen und dem Egoismus entgegenzuwirken, der bereits vorhanden ist.

Letztendlich verändert nur die Liebe das Leben und stellt die Art und Weise, wie Menschen in ihrem eigenen Interesse leben, in Frage. Gnade ist es wert, dass man sie erweist, auch wenn die Empfänger der Gnade sie nicht verstehen. Am Ende gewinnen diejenigen, die gnädig sind – natürlich nicht alle, aber genug, damit es trotzdem wundervoll ist.

Das Gebot, das wir von Christus haben, ist klar: Gott zu lieben bedeutet, die Menschen zu lieben. Ihr müsst beides tun (1 Joh 4,21 MSG).

20. November

Nach dem Gesetz oder nach der Liebe leben

Das Gesetz ist ein grausamer Zuchtmeister – es wird oft von denen benutzt, die andere ausbeuten wollen, damit sie sich selbst wichtig fühlen. Das Recht kann leicht von den Wohlhabenden manipuliert und von denen missbraucht werden, die gewissenlos lügen. Das wirkt sich am härtesten auf die am stärksten Ausgegrenzten der Gesellschaft aus, und das Recht wird oft missbraucht, um sie zu entmenschlichen.

Die Liebe ist jedoch das Gegenstück zum Gesetz! Die Liebe ist mächtiger. Sie kann den Weg in die Tiefe des menschlichen Schmerzes finden und Menschen verändern, indem sie sie aus ihrem Elend befreit. Lebe nach dem Gesetz, und du wirst anspruchsvoll und leer; lebe nach der Liebe, und selbst wenn es schmerzhaft ist, werden alle Beteiligten durch ein höheres Ziel verwandelt.

In das Elend unserer Welt hinein spricht Gott seine Liebe in der Sprache der Gnade. Nur diejenigen, die durch diese Realität wirklich verändert werden, werden zu einem Licht in der

Welt und bieten denjenigen Hoffnung, die in der Dunkelheit verloren sind.

Wir haben die Liebe, die Gott zu uns hat, kennengelernt und geglaubt. Gott ist Liebe, und wer in der Liebe bleibt, der bleibt in Gott und Gott in ihm (1 Joh 4,16 MSG).

21. November

Charakter ist nicht kompliziert, Teil 1

Wenn du dich weniger um dich selbst sorgst und freier wirst, dich auf andere einzulassen, wirst du feststellen, dass echter Charakter gar nicht so kompliziert ist.

- Sei du selbst, nicht mehr und nicht weniger. Verstellung ist nicht dein Freund, und Täuschung verdunkelt deine eigene Seele. Außerdem: Wenn du vorgeben musst, jemand zu sein, der du nicht bist, um gemocht zu werden, hast du immer noch keine Freunde.
- Lass dein Ja ein Ja und dein Nein ein Nein sein. Halte dein Wort, auch wenn du bereust, es gegeben zu haben.
- Schätze deine Beziehungen über alles andere. Sei zu allen freundlich und gütig, besonders zu denen, von denen du denkst, dass sie es nicht verdient haben.
- Lebe am Schnittpunkt von Authentizität und Mitgefühl. Du bist nicht verpflichtet, jedem alles zu sagen, was du weißt, aber achte darauf, dass das, was du sagst, ehrlich ist und gleichzeitig deinem Gegenüber Gnade vermittelt.

Freund, mach nicht mit dem Bösen mit. Sei ein Vorbild für das Gute. Der Mensch, der Gutes tut, tut Gottes Werk. Wer Böses tut, weiß nicht das Geringste über ihn (3 Joh 1,11 MSG).

22. November

Charakter ist nicht kompliziert, Teil 2

Ein Leben in Liebe verändert dich von innen heraus, damit du anders in der Welt leben kannst.

- Denke daran, dass dein Charakter daran gemessen wird, wie freundlich du Menschen behandelst, auch wenn du dir absolut sicher bist, dass sie im Unrecht sind, und selbst wenn sie dich verächtlich behandeln.
- Es sei denn, dass dich jemand belästigt oder missbraucht, ist es besser, wenn du ihm zuhörst und versuchst, seinen Schmerz zu verstehen, anstatt ihn zurückzuweisen, um dich zu schützen. Sei nicht vorschnell, eine Beziehung abzubrechen, nur weil sie schwierig wird. Versuche eine Lösung zu finden. Die besten Beziehungen werden durch Schwierigkeiten und Missverständnisse gewonnen.
- Das Leben ist so viel einfacher, wenn du Menschen freundlich behandelst und deine Integrität bewahrst, indem du keine ethischen Abstriche machst und darauf vertraust, dass Gott größer ist als jeder Fehler, den du machen könntest.

Beginne mit deinen Ohren, folge dann mit deiner Zunge und lass den Zorn hintenanstehen. Gottes Gerechtigkeit erwächst nicht aus menschlichem Zorn ... (Jak 1,19 MSG).

23. November

Den beziehungsorientierten Weg praktizieren

Wer beziehungsorientiert lebt, schafft Raum für diejenigen, die Gott in sein Leben bringt.

Er lernt seine Arbeitskollegen und Nachbarn kennen und findet Zeit, seine Freunde zu ermutigen, auch wenn sie sich nicht auf einem ähnlichen Weg befinden. Und wenn er Brüder und Schwestern findet, die seine Leidenschaft und seinen

Hunger nach dem Reich Gottes teilen, nimmt er sich Zeit, diese Beziehungen wachsen zu lassen.

Er ist sich auch der Menschen um sich herum bewusst. Vielleicht kann er nur einen Gruß im Vorbeigehen am Bahnhof oder ein Gespräch in der Supermarktschlange anbieten, aber damit zeigt er, dass die Menschen, die dem Vater wichtig sind, auch für ihn wichtig sind. Er schafft in seinem Leben Platz für andere und beobachtet, was Gott mit den Beziehungen macht, die er ihm schenkt.

Lebe jeden Tag mit offenen Händen und freundlich gegenüber jedem, bei dem es dir möglich ist, ohne irgendwelche Absichten, und beobachte, was Gott tut, wenn du einfach nur versuchst, die Last der Menschen um dich herum leichter zu machen.

Meine Kinder, lasst uns nicht mit Worten lieben noch mit der Zunge, sondern in Tat und Wahrheit! (1 Joh 3,18).

24. November

Perspektive

Ist es dir möglich, die Not auf der Welt ohne Schuldgefühle und Verzweiflung zu betrachten? Wenn nicht, überspringe dies. Aber ich finde es hilfreich eine ganzheitliche Sicht auf die Welt zu behalten, in der ich lebe. Es ist leicht, nur das zu sehen, was uns direkt angeht, und die Proportionen zu übersehen, die uns helfen, in der Welt großzügig zu leben.

Ich weiß nicht, wie aktuell diese Statistiken sein werden, wenn du sie liest, aber ich bin mir sicher, dass die Proportionen zumindest ähnlich sind. Wenn du die Erdbevölkerung auf ein Dorf mit genau 100 Menschen schrumpfen könntest und alle bestehenden menschlichen Verhältnisse gleichblieben, gäbe es dort

- 60 Asiaten
- 12 Europäer

- 15 Personen aus Amerika oder Ozeanien
- 13 Afrikaner
- 20 Personen würden 90% des gesamten Einkommens erhalten
- 25 würden in minderwertigen Unterkünften leben
- 17 könnten nicht lesen
- 13 würden an Unterernährung leiden
- 1 würde innerhalb eines Jahres sterben
- 2 würden innerhalb eines Jahres ein Kind bekommen
- 2 hätten eine Hochschulausbildung

Wir, die wir in den westlichen Industrieländern leben, haben eine sehr verzerrte Sicht auf die Welt und ihre Realität. Ich finde Statistiken wie diese sehr hilfreich, um die Welt so zu sehen, wie Gott sie sieht, und Wege zu finden, etwas Großzügigkeit in die Welt zu bringen.

> *Der HERR tötet und macht lebendig; er führt ins Totenreich und führt herauf! Der HERR macht arm und macht reich; er erniedrigt, aber er erhöht auch. Er erhebt den Geringen aus dem Staub; aus dem Kot erhöht er den Armen, damit er sie sitzen lasse unter den Fürsten und sie den Thron der Herrlichkeit erben lasse* (1 Sam 2,6-8 MSG).

25. November

So würdest du nicht essen

Auch hier wieder: Bitte überspringe Folgendes, wenn du mit Schuldgefühlen reagierst, anstatt dass du zu Großzügigkeit inspiriert wirst.

Vor einigen Jahren waren sogenannte „Hungerbankette“ ein wirkungsvolles Lehrmittel. Ich habe noch nie an einem teilgenommen, aber wenn ich darüber lese, schmerzt mein Herz auf eine gute Art und Weise. Nur eine Handvoll der Teilnehmer wurde satt. Die meisten gingen hungrig nach Hause, und das ist genau das, was die Organisatoren wollten.

Diese Bankette sollen die große Ungleichheit in der Welt rund um den Globus verdeutlichen. Fünfzehn Prozent der Teilnehmer bekamen ein Drei-Gänge-Menü auf einem Tisch, mit Tischdecke, Silberbesteck und allem Drum und Dran. Zwanzig Prozent bekamen eine „Mahlzeit des mittleren Einkommens", bestehend aus ein paar Bohnen, Reis und einem Glas Wasser. Wie ihre wohlhabenderen Kollegen hatten auch sie Stühle, aber keinen Tisch. Die meisten der Teilnehmer, fünfundsechzig Prozent, saßen auf dem Boden und bekamen nur etwas Reis und Wasser. Sie mussten mit den Händen essen.

Auf der Welt gibt es genug Essen für alle, nur menschliche Gier und Korruption verhindern, dass es gleichmäßig verteilt wird. Vielleicht kannst du die kaputten Strukturen, die daran schuld sind, nicht ändern, aber denke daran, dass deine Großzügigkeit Gottes Gegenmittel gegen Ungerechtigkeit ist.

Setz dich für die Menschen ein, die keine Stimme haben, für die Rechte aller, die auf der Strecke bleiben. Sprich dich für Gerechtigkeit aus! Setz dich für die Armen und Mittellosen ein! (Spr 31,9 MSG).

26. November

Wie wir leben sollen

In letzter Zeit wird mein Herz wieder zu den Worten des kleinen Propheten Micha hingezogen. Früher habe ich die Kraft dieser Worte als Forderungen des alten Bundes abgetan, die durch Christus überholt seien. In der zunehmenden Polarisierung unserer Welt fühle ich mich jedoch wieder zu ihrer Einfachheit und Kraft hingezogen.

Wie Micha schreibt, ist er von seiner eigenen Unwürdigkeit vor Gott überwältigt. Er fragt sich, was er Gott geben kann, um sein Versagen wiedergutzumachen, und denkt sogar über ein Kinderopfer nach, um seinen Schmerz zu lindern. „Soll ich die Frucht meines Leibes geben, um die Sünde meiner Seele zu sühnen?"

Dann antwortet Gott mit dem, was er sich am meisten wünscht: Recht zu tun, Liebe zu üben und demütig zu sein. Früher dachte ich, der Teil „mit deinem Gott" würde nur auf „demütig" zutreffen. Jetzt sehe ich, dass er zu allen dreien gehört. Kämpfe für Gerechtigkeit, weil Gott es tut. Liebe diejenigen, die es am meisten brauchen, weil Gott es tut. Und lebe demütig in der Welt, weil Gott es tut.

Wenn die Liebe uns genug verwandelt, werden wir mit Gott in Gerechtigkeit, Liebe und Demut leben. Das wird dir überall auf der Welt gute Dienste leisten.

Es ist dir gesagt, o Mensch, was gut ist und was der HERR von dir fordert: Was anders als Recht tun, Liebe üben und demütig wandeln mit deinem Gott? (Micha 6,8).

27. November

Die Wohlstandslüge Nr. 1

„Hast du irgendwelche Probleme damit, das Geld, das du hast, in einer Welt mit so viel Not zu genießen?"

Ich war von einem Freund zu einem Finanzanlage-Seminar eingeladen worden, und es waren einige reiche Leute im Raum. Als ich mich umsah, war ich überrascht, so viele Gesichter zu sehen, die von der Frage verwirrt schienen. Offensichtlich hatten sie keine Probleme damit. Ich schon. Jeden Tag.

Auf die Frage des Redners, warum nicht, antworteten die meisten, sie hätten für das, was sie haben, hart gearbeitet und nie darüber nachgedacht, dass sie ein unverhältnismäßig großes Stück vom Kuchen der Welt genießen würden. Die unausgesprochene Schlussfolgerung ist natürlich, dass arme Menschen nicht so hart arbeiten und deshalb nur das bekommen, was sie verdient haben.

Das ist nur eine der Lügen, die sich wohlhabende Menschen einreden, damit sie die Bedürftigen in ihrer Umgebung ignorieren können. Wir werden uns morgen einige andere Lügen ansehen – Lügen, die du nur glauben kannst, wenn du die Menschen nicht kennst, die sehr wenig haben, ohne dass es viele Möglichkeiten gibt, ihnen zu helfen, das zu überwinden. Und damit meine ich nicht, dass du etwas über sie gehört hast, sondern dass du sie tatsächlich persönlich kennst.

Diese Beziehungen haben mich dazu gebracht, viele meiner lebenslangen Einstellungen zu überdenken. Sie haben mir geholfen, mich mit den Lügen auseinanderzusetzen, die wohlhabende Menschen benutzen, um ihren eigenen Komfort zu rechtfertigen und ihre Großzügigkeit für Menschen in Not zu unterdrücken.

> *Wer sein Ohr verstopft vor dem Schreien des Armen, der wird auch keine Antwort erhalten, wenn er ruft* (Spr 21,13).

28. November

Mehr Wohlstandslügen

Gestern haben wir uns die erste angesehen. Schauen wir uns nun einige andere Lügen an, mit denen die Wohlhabenden ihre Herzen vor Menschen in Not verschließen.

- Lüge Nr. 2: Jeder Mensch ist gleich viel wert.
  Bei Gott, ja! Hoffentlich auch vor dir, aber wir haben noch einen langen Weg vor uns, damit das Realität wird.
- Lüge Nr. 3: Jeder hat die gleichen Chancen, sich zu bewerben und erfolgreich zu sein.
  Glaubst du wirklich, dass es keinen Unterschied macht, ob du in einem sozialen Brennpunkt oder dem Speckgürtel einer Großstadt geboren wurdest?
- Lüge Nr. 4: Ich habe es irgendwie verdient, in einem entwickelten Land mit einem komfortablen Lebensstil zu leben.

Diejenigen, die schon ein Stück weit oben auf der Wohlstandsleiter geboren werden, können die Herausforderungen derjenigen nicht verstehen, die nicht einmal die Leiter finden können, geschweige denn Zugang zu den untersten Sprossen haben.

- Lüge Nr. 5: Verzweifelte Menschen haben die Wahl.
Viele fleißige Menschen sind einfach nur Opfer von Verbrechen, Krieg, Hungersnöten, Naturkatastrophen, Krankheiten oder psychischer Zerrüttung, sodass sie unglaublich wenige Wahlmöglichkeiten haben.

Bitte lass nicht zu, dass dies bei dir zu Schuldgefühlen führt. Sprich mit Jesus über diese Dinge, während du dich auf einige Tatsachen einlässt, die dir vielleicht eine Zeit lang unangenehm sind, während er Erbarmen in deinem Herzen wirkt.

> *Wer den Schwachen unterdrückt, der lästert seinen Schöpfer, wer ihn aber ehren will, der erbarmt sich über den Armen* (Spr 14,31).

29. November

Sich für Mitgefühl öffnen

Der Grund, warum so viele wohlhabende Menschen gegenüber der Not der Armen gefühllos bleiben, ist, dass sie niemanden persönlich kennen. Nähe ändert alles. Solange wir die ganze Welt nicht als unsere Nachbarschaft betrachten und Waisenkindern, die auf der Straße aufwachsen, Kindern, die für Sex gehandelt werden, oder Familien, die von Krieg oder Dürre heimgesucht werden, keine Gesichter und Persönlichkeiten zuordnen können, bleiben diese Situationen abstrakt und fordern nicht unsere Liebe und unser Mitgefühl.

Lerne einige von ihnen kennen, und dein Herz wird sich verändern. Jesus erzählte die Geschichte vom barmherzigen Samariter, damit wir verstehen, dass wir alle Teil einer größeren Familie sind und nicht mehr nur an uns selbst denken dürfen.

Das ist der Punkt, an dem die Wohlstandslügen sterben und das menschliche Mitgefühl erstaunlich praktisch werden kann. Wenn du Menschen triffst, denen es schlecht geht, hilf ihnen mit dem, was du hast. Wenn du niemanden kennst, arbeite ehrenamtlich in einer Suppenküche oder einem Hilfswerk mit.

Gib ihnen nicht einfach nur Geld, sondern freunde dich mit ihnen an, dann du wirst dich nicht länger hinter diesen Lügen verstecken müssen. Du wirst gemeinsam mit ihnen nach Lösungen suchen, die ihnen helfen, ihr eigenes Leben zu verbessern, anstatt von anderen abhängig zu bleiben. Du wirst eine Stimme für eine barmherzigere Gesellschaft sein.

Denn er wird den Armen retten, wenn er um Hilfe schreit, und den Elenden, der keinen Helfer hat (Ps 72,12).

30. November

Das Geschenk der Ehrlichkeit

„Denkst du nicht, dass das die manipulativste Predigt war, die du je gehalten hast?"

Ich hätte nicht schockierter sein können. Dave liebte alles, was ich schrieb oder lehrte. Ich persönlich fand, dass die Predigt vom Tag zuvor eine meiner besten gewesen war. Ich hatte mich auf unser Mittagessen gefreut, weil ich wusste, wie ermutigend Dave sein würde.

„Du machst Witze, oder?", sagte ich und tat es mit einem Lachen ab. Sein Gesicht verriet mir, dass es nicht so war. Ich erzählte ihm, für wie wirkungsvoll ich die Predigt hielt und welches positive Feedback mir andere gegeben hatten.

„Ich kann mich irren", sagte er und zuckte mit den Schultern. „Aber für mich war es, als würdest du die Leute mit Schuldgefühlen manipulieren, damit sie tun, was du willst. Ich habe gelernt, dass ich immer dann, wenn mein Erfolg von der Reaktion anderer abhängt, diese manipulieren werde."

Sein letzter Satz ließ mich schlucken. Er klang gefährlich, und ich wusste, dass er sehr viele Dinge in mir aufdecken würde, wenn er wahr wäre. Nachdem ich ein paar Tage im Gebet über seine Worte nachgedacht hatte, verstand ich es endlich.

Ich rief Dave an, um ihm das mitzuteilen und fügte scherzhaft hinzu: „Das war wahrscheinlich nicht die manipulativste Predigt, die ich je gehalten habe. Mir fallen einige andere ein, die viel schlimmer waren."

Seine Ehrlichkeit an jenem Tag hat mich verändert, und seine Worte über das Manipulieren von Menschen tun es immer noch.

Der Gerechte schlage mich, das ist Gnade; und er züchtige mich, das ist Öl für mein Haupt (Ps 141,5).

1. Dezember

Eine ehrliches und trotzdem erbauliches Gespräch

Wenn ich auf die gestrige Geschichte zurückblicke, finde ich es toll, dass Dave so viel von mir hielt, dass er ehrlich war, ohne zu wissen, wie ich darauf reagieren würde. Wir hatten eine Freundschaft, die es mir ermöglichte, gut damit umzugehen.

Er kam als mein Freund und nicht als mein Richter. Schon lange vor diesem einen Mal, als er mir half, etwas zu erkennen, was ich übersehen hatte, war er eine große Ermutigung in meinem Leben gewesen. Als er sah, dass ich mit seiner Sicht der Dinge kämpfte, nahm er den Druck von mir und sagte, er könne sich möglicherweise auch irren.

Seine Freundlichkeit öffnete eine breitere Tür in meinem Herzen. Ich musste ihm nicht zustimmen, um unsere Freundschaft fortzusetzen. Von seinem Standpunkt aus war er bereit, darauf zu vertrauen, dass Gott es klar machen würde, falls er im Recht war.

Das ist echte Ermahnung: unsere Bereitschaft, uneigennützig, sanft und ehrlich mit Menschen umzugehen, die dabei sind, Entscheidungen zu treffen, die ihnen schaden könnten.

Eine ernsthafte Zurechtweisung wird am Ende viel mehr geschätzt als anbiedernde Schmeicheleien (Spr 28,23 MSG).

2. Dezember

Selbstlose Liebe

Denke an die beste Erfahrung, die du je mit einer Freundschaft gemacht hast, in der du erlebt hast, dass Liebe, Dinge zu teilen, Anerkennung, Fürsorge und tiefgründige, sowohl erhellende als auch humorvolle Gespräche auf Gegenseitigkeit beruhen. Jetzt multipliziere das mit einer Million.

Du bist immer noch tausende Kilometer von der absoluten Liebe entfernt, die der Vater, der Sohn und der Geist seit Ewigkeiten teilen. Stell dir eine völlig selbstlose Beziehung vor, in der jeder der Beteiligten gibt und dient, ohne an sich selbst zu denken.

Heute ist diese Art von Liebe für uns schwer zu begreifen, denn was die meisten Menschen unter Liebe verstehen, ist meist nichts anderes als eine Beziehung zum gegenseitigen Nutzen. Die Menschen sagen, dass sie sich lieben, wenn jeder von ihnen dem anderen einen gewissen Nutzen bringt. Aber sobald einer der beiden nicht mehr von der Beziehung profitiert, zieht er sich in der Regel zurück, um andere, befriedigendere Beziehungen einzugehen.

Eine solche selbstbezogene Liebe ist in Wirklichkeit gar keine Liebe. Wenn wir uns Gott auf diese Weise nähern, werden wir oft enttäuscht sein, wenn er nicht das tut, was wir von ihm erwarten.

Jesus hat uns in eine tiefe Beziehung zum Vater, zum Geist und zu sich selbst eingeladen. Dort lernen wir, was wahre Liebe ist. Er wusste, dass wir eine tiefe Freude nur entdecken können, wenn wir das Streben nach unseren eigenen Interessen aufgeben, weil wir wissen, dass er uns alles geben wird, was wir wirklich brauchen.

Aber das widerspricht allem, was wir bisher gekannt haben.

Größere Liebe hat niemand als die, dass einer sein Leben lässt für seine Freunde (Joh 15,13).

3. Dezember

Andere ihren Weg gehen lassen

Wenn du immer sicherer in Gottes Liebe wirst und entdeckst, wie geduldig er mit deinen Fehlern und falschen Sichtweisen umgeht, wird das jede andere Beziehung in deinem Leben neu definieren.

Anstatt von anderen zu verlangen, sich dem anzupassen, was du für das Beste hältst, wirst du sie ihren eigenen Weg gehen lassen. Du wirst in der Lage sein, ihnen zur Seite zu stehen, auch wenn sie selbstsüchtig sind oder Dinge glauben, von denen du weißt, dass sie falsch sind.

Wenn du sie nicht länger manipulierst, damit sie tun, was du für das Beste hältst, kannst du ihnen die gleiche Freiheit gewähren wie Gott dir. Und du kannst für sie da sein, wenn sie in ihren Kämpfen bereit sind, sich helfen zu lassen.

Du wirst dann darauf vertrauen, dass Gott besser als du in der Lage ist, ihnen zu sagen, was richtig ist, und sie aus den dunklen Ecken ihres Lebens herauszuholen. Und du wirst in den Zeiten für sie da sein, wenn Gott ihnen die Augen öffnet und ihnen eine größere Freiheit und Sicherheit in seiner Liebe schenken will.

Heiße Glaubensbrüder und -schwestern, die die Dinge nicht so sehen wie du, mit offenen Armen willkommen. Und fahre sie nicht an, wenn sie etwas tun oder sagen, dem du nicht zustimmst – auch wenn es scheint, dass sie zwar starke Meinungen haben, aber schwach im Glauben sind.

Schließlich haben sie ihre eigene Geschichte, mit der sie sich auseinandersetzen müssen. Sei freundlich zu ihnen (Röm 14,1 MSG).

4. Dezember

Wie siehst du die „Sünder"?

Elend liebt Gesellschaft. Je mehr du glaubst, dass du dich anstrengen musst, um Gottes Anerkennung zu verdienen, desto mehr wirst du auf die Menschen herabsehen, die nicht den gleichen Preis bezahlen und die gleichen Dinge aufgeben wie du.

Es muss den Pharisäern im Hals stecken geblieben sein, als sie sahen, wie Jesus sich an Menschen erfreute, die sie selbst abgelehnt hatten. Es muss sie zutiefst beunruhigt haben, als er Menschen vergab, die es ihrer Meinung nach nicht verdient hatten, oder diejenigen heilte, die nicht so geistlich waren wie sie selbst.

Hör, so gut es geht, auf zu denken, Gott liebe dich, weil du es irgendwie verdient hättest, oder du wirst das Gleiche von anderen verlangen. Wenn du entdeckst, wie sehr du geliebt bist, selbst in deinem Versagen, wirst du Menschen, die durch Sünde lädiert sind, nicht verachten. Stattdessen wird dich berühren, wie sehr sie in ihrer Gebundenheit gefangen sind.

Anstatt sie zu verurteilen, wirst du Mitgefühl für ihren Kampf empfinden. Dann kannst du mit größerer Klarheit erkennen, wie der Vater auf sie eingeht. Dadurch weißt du, wie du sie in ihrer Gebrochenheit am besten lieben kannst.

Manchmal bedeutet das, dass du dich zurückhältst und den Konsequenzen der Sünde ihren Lauf lässt, wie es der Vater mit seinem verlorenen Sohn tat. Manchmal werden sie dich aber auch bitten, ihnen zu helfen, einen Ausweg aus ihrem Schlamassel zu finden.

Jeder, der den Anspruch erhebt, mit Gott vertraut zu sein, sollte die gleiche Art von Leben führen, die Jesus gelebt hat (1 Joh 2,5 MSG).

5. Dezember

Die Liebe öffnet die Tür zur Wahrheit

Einfach nur nett zu den Menschen zu sein, ist nicht das, was echte Liebe ausmacht. In Gott gehören Licht und Liebe zusammen, denn die Liebe öffnet den Weg, damit die Wahrheit ans Licht kommen kann.

In einer echten Freundschaft sagt man nicht nur das, was der andere hören will. Freunde können durch eine sanfte Ehrlichkeit hoffen, dass sich beim anderen eine Tür zu dem öffnet, was sie für richtig halten. Menschliche Liebe will den Menschen auf Kosten der Wahrheit gefallen. Gottes Art der Liebe will, dass die Menschen als Reaktion auf die Wahrheit frei werden. Gott weicht schwierigen Gesprächen nicht aus oder schweigt, nur um des lieben Friedens willen.

Jesus sagte seinen Jüngern, sie würden die Wahrheit erkennen und die Wahrheit würde sie frei machen. Das heißt aber nicht, dass die Wahrheit immer willkommen ist, denn bevor sie uns befreit, bringt sie uns normalerweise durcheinander.

Deshalb muss die Liebe erst einen Platz in ihrem Leben finden, bevor die Menschen entspannt genug sind, um die Wahrheit anzunehmen. Andernfalls wird die Wahrheit ihre Abwehrmechanismen verstärken, anstatt ihnen die Augen zu öffnen.

Wunden, die ein Freund geschlagen hat, sind besser als Küsse von einem Feind (Spr 27,6 NLB).

Löcher in unsere Illusionen stechen

Ich hatte mir gerade die Aufnahme einer Vortragsreihe angehört, die ich an einem Wochenende in Pennsylvania gehalten hatte. Das Wochenende war besonders gut gelaufen und es war eine Gnade zu spüren gewesen, die meine Fähigkeiten überstieg.

Auf dem Flug nach Hause, rechnete ich bereits im Kopf aus, wie viel Geld wir für *Lifestream*[2] einnehmen würden, wenn wir sie vervielfältigen und verkaufen würden. Dann schlich sich ein seltsamer Gedanke in meinen Kopf: *Ich möchte, dass du sie verschenkst.* Sofort ging meine Abwehrhaltung hoch.

Das ist bestimmt nur mein Versuch, großzügig zu sein, sagte ich mir in den nächsten Tagen. Der Gedanke beunruhigte mich immer noch und ich teilte ihn einigen Freunden mit. „Hört sich das nach Gott an?“, fragte ich.

„Das klingt sicherlich nicht nach Wayne“, antwortete einer von ihnen. Als wir alle lachten, wusste ich, dass er Recht hatte. Seit diesem Tag steht diese Vortragsreihe als kostenloser Download auf meiner Website und wurde hunderttausende Male aufgerufen.

Jesus ist gut darin, Löcher in unsere Illusionen zu stechen; so bringt er uns das Leben. Oft lehnen wir das sofort ab, weil wir unsere Illusionen mögen. Sie bieten uns Trost und Sicherheit. Wenn er ein Loch in sie sticht, holen wir oft unser geistiges Klebeband hervor, um das Loch zu flicken, damit wir nicht darüber nachdenken müssen.

Das meinte er damit, dass er das Böse hinter den Täuschungen der Welt entlarven wollte. In unseren Lügen lauert das Böse. Wenn wir durch das Loch schauen, das er in sie sticht, beginnt die Freiheit.

---

[2] Waynes Dienst (www.lifestream.org).

Die Welt kann euch nicht hassen, mich aber hasst sie; denn ich bezeuge von ihr, dass ihre Täuschungen böse sind (Joh 7,7).

7. Dezember

Wenn Gott nicht unsere Quelle ist

In den zwanzig Jahren, in denen ich als Pastor tätig war, habe ich immer wieder erlebt, wie sehr die Menschen von der Gemeinde erwarten, dass sie ihre Bedürfnisse erfüllt. Oft wurden Leute verletzt, weil etwas gesagt oder nicht gesagt wurde oder weil etwas getan oder nicht getan wurde. Die Leute zogen sich mit verletzten Gefühlen zurück oder arbeiteten noch härter daran, andere auszubeuten, um das zu bekommen, was ihnen ihrer Meinung nach zustand.

Wenn unsere Beziehungen zu anderen bedürfnisorientiert sind, werden sie irgendwann unsere Erwartungen nicht erfüllen und zu Enttäuschung und Trennung führen. Setzen wir stattdessen unsere Hoffnungen auf Gottes Fähigkeit, unsere Bedürfnisse zu stillen, müssen wir unsere Freunde nicht manipulieren, dies zu tun.

Auch wenn seine Zuwendung oft durch andere Mitglieder seiner Familie kommt, ist es am besten, wenn wir nicht versuchen zu bestimmen, wann oder durch wen sie kommen sollte.

Anstatt verletzt zu sein, wenn jemand nicht so reagiert, wie wir es uns wünschen, sind wir dann dankbar dafür, wie auch immer Gott uns seine Gaben zukommen lässt.

Es gibt verschiedene Gaben, doch ein und derselbe Geist teilt sie zu (1 Kor 12,4 GNB).

Ein sicherer Ort

„Ich glaube, ich war noch nie in meinem Leben in einem Raum mit so vielen verletzten Menschen“, sagte ich, erschüttert von den Geschichten, die ich gerade über die verzweifelten Situationen der Leute gehört hatte.

Mein bester Freund im Raum schaute sich mit einem wissenden Lächeln um. Andere lächelten zurück. Irgendetwas war im Gange, von dem ich nichts wusste. „Sollen wir es ihm sagen?“, fragte er die anderen.

Alle Anwesenden gehörten früher zu einer Gemeinde, in der ich als Pastor tätig gewesen war. Das war, noch bevor ich einen schmerzhaften Verrat und einige unglaublich schwierige Jahren erlebte. „Du warst es wahrscheinlich schon, nur wusstest du es nicht“, fuhr mein Freund fort.

„Wayne, vor Jahren wollten die Leute mit dir nicht über solche Dinge sprechen. Denn meistens hast du eine lapidare Antwort gegeben, ein kurzes Gebet gesprochen und dann weitergemacht. Nach allem, was in deinem Leben passiert ist, bist du inzwischen zu einem viel sichereren Ort für verletzte Menschen geworden.“

Es war mir peinlich, das zu hören, aber ich wusste, dass er recht hatte. Am nächsten Morgen sagte ich zu Gott, wenn all der Schmerz, den ich durchgemacht hatte, nur den Sinn gehabt habe, dass ich solche Momente mit anderen Menschen erleben durfte, habe es sich schon gelohnt. Und ich meinte es ernst.

Genau das hat Jesus getan. Er hat es sich nicht leicht gemacht, indem er den Problemen der Menschen aus dem Weg ging, sondern er ist direkt auf sie zugegangen und hat ihnen geholfen.

„Die Schmähungen derer, die dich schmähen, sind auf mich gefallen“ (Röm 15,3-4).

Freundschaften wertschätzen

„Wir haben keine Freunde."

Ich war überrascht, dass er und seine Frau sich so einsam fühlten. Wir wohnten früher in ihrer Nähe und hatten häufig ihre Freundschaft genossen. Als wir weggezogen waren, hatten sie jedoch keine Zeit mehr in andere investiert. Sie hatten viele Bekannte, aber keine tiefen Freundschaften. Als ich ihn fragte, wie viel Zeit er in den letzten Jahren in Freundschaften investiert habe, gab er zu, dass es nur wenig war.

Seine Ausreden sind die gleichen wie bei den meisten Menschen: Die Arbeit und die Fahrt dahin sowie seine Verpflichtungen zu Hause kosten so viel Zeit und Energie, dass er vor dem Fernseher zusammensackt, bevor er ins Bett geht. Sie hatten es selbst zugelassen, dass sie beziehungsmäßig verarmten.

Kannst du dich noch an all die Anrufe von arbeitssüchtigen Aktienhändlern, die im World Trade Center eingeschlossen waren, erinnern? Ihre letzten Gedanken und Worte richteten sich unter herzzerreißenden Qualen an ihre Ehepartner, Kinder und Eltern, um ihnen ihre Liebe zu versichern. Niemand stirbt mit dem Wunsch, er hätte gerne mehr gearbeitet oder mehr Fußballspiele angesehen.

Abgesehen von Gottes Gegenwart kommen wir in dieser Welt letztlich dem ewigen Schatz am nächsten, wenn wir Beziehungen zu anderen Menschen haben. Nimm dir Zeit dafür, egal wie Gott dich führt.

Wenn du nicht den Samen der Freundschaft pflanzt, wirst du nicht da sein, wenn du am meisten gebraucht wirst.

... und lasst uns aufeinander achtgeben, damit wir uns gegenseitig anspornen zur Liebe und zu guten Werken (Hebr 10,24).

10. Dezember

Freundschaft ist das Fundament

Wir dienen einem beziehungsorientierten Gott: Ich bin überzeugt, dass Jesus fast alles, was er tut, durch Beziehungen tut – nicht durch Programme, Modelle oder Projekte.

Viele Fremde sprechen mich an, ob ich sie als Mentor begleiten oder an einem Projekt mitarbeiten könne. Meine Antwort ist fast immer dieselbe: „Wenn Gott hier etwas im Sinn hat, wird er uns eine Beziehung schenken. Ihre Anfrage könnte die Tür dazu sein, aber ohne eine wachsende Freundschaft, die auf Liebe basiert, glaube ich nicht, dass wir fruchtbar zusammenarbeiten können."

Natürlich können solche Anfragen Ausgangspunkt für eine neue Freundschaft sein. Ich bin immer offen dafür, denn ein großzügiges Herz macht Platz für neue Menschen, die Gott einem schenken, und für ein neues Abenteuer, das er beginnen könnte.

Diese Vorgehensweise hat sich auch als hilfreicher Weg erwiesen, wie ich erkennen kann, wann der Vater mich in ein Projekt einlädt bzw. wann nicht. Vater, Sohn und Geist sind eine Gemeinschaft. Sie arbeiten bei allem, was sie tun, zusammen, und dort, wo Gott wirkt, entsteht Gemeinschaft unter Menschen, die dies genauso spannend finden wie das Projekt.

Der aber, welcher pflanzt, und der, welcher begießt, sind eins; jeder aber wird seinen eigenen Lohn empfangen entsprechend seiner eigenen Arbeit (1 Kor 3,8-9).

11. Dezember

Annäherung und Kompatibilität

Freundschaften entstehen nicht in einem Vakuum. Ich kenne viele Menschen, die Gott bitten, ihnen Freunde zu schenken, und ihm dann die Schuld geben, wenn es nicht klappt.

Wir vergessen, dass unsere heutigen besten Freunde früher einmal Fremde für uns waren. Was ist passiert, dass sie zu Freunden geworden sind? Normalerweise sind es zwei Dinge: Nähe und Kompatibilität. Wir verbringen genug Zeit mit ihnen, um zu erkennen, ob es eine Verbindung in unseren Herzen gibt. Dabei geht es nicht immer um das Geschlecht, das Alter oder andere Interessen. Freundschaften wachsen am besten aus dem Glauben, der Leidenschaft und gemeinsamen Zielen.

Sara und ich setzen uns jede Woche zusammen und sprechen über die Menschen in unserem Leben. Wen hat Gott uns aufs Herz gelegt, mit dem wir diese Woche Zeit verbringen sollten? Wir denken an Menschen um uns herum, sei es bei der Arbeit, in der Nachbarschaft, bei den Aktivitäten unserer Kinder oder sogar an solche, die wir zufällig getroffen haben.

Wenn es bei uns Klick macht und sie ebenfalls interessiert sind, gehen wir der Sache nach. Einige unserer erstaunlichsten Freundschaften sind daraus entstanden, dass wir Menschen auf ein Getränk oder zum Abendessen zu uns nach Hause eingeladen haben.

... übt willig Gastfreundschaft! (Röm 12,13).

12. Dezember

Ein weites Netz auswerfen

„Irgendetwas muss mit uns nicht stimmen", gab das junge Paar gegenüber meiner Frau offen zu, während wir beim Abendessen saßen.

Auf unsere Frage, wieso sie das sagten, antworteten sie: „Niemand will mit uns befreundet sein." Sie hatten sich bemüht, einige Leute kennenzulernen, stellten aber fest, dass die anderen weniger an einer neuen Freundschaft interessiert waren als sie. Sie waren deshalb entmutigt und dachten, etwas müsse mit ihnen nicht stimmen. Nachdem wir einige Zeit mit ihnen verbracht hatten, wussten wir, dass das nicht stimmte.

Ich sagte ihnen, dass von zwanzig oder dreißig Beziehungen, die Sara und ich eingingen, vielleicht zwei oder drei über einen längeren Zeitraum zu Freunden würden. Sie waren schockiert. „Wie gehst du mit so einer Zurückweisung um?“, fragten sie.

Ich sehe das nicht als Zurückweisung. Die Menschen sind beschäftigt, und leider haben nur wenige den Mut, neue Beziehungen einzugehen. Das entmutigt mich nicht. Ich bin bereit, ein weites Netz auszuwerfen und zu sehen, was dabei herauskommt. Glaube mir, die zwei oder drei, die zu Freunden werden, sind es wert, Zeit mit den anderen fünfundzwanzig zu verbringen, die es nicht geworden sind.

Wiederum gleicht das Reich der Himmel einem verborgenen Schatz im Acker, den ein Mensch fand und verbarg. Und vor Freude darüber geht er hin und verkauft alles, was er hat, und kauft jenen Acker (Mt 13,44).

13. Dezember

Es ist das Leben, nicht das Geschenk

Mitten im Schulalltag dachte meine Enkelin daran, mir eine Karte zu basteln. Sie und ihre Mutter brachten sie mir später am Tag vorbei. Die Zeichnung darauf und die Worte „Opa, gute Besserung“ berührten mich tief. Natürlich würde ich wieder gesund werden! Aimee will es so!

Diese Karte kann man in keinem Laden kaufen, und selbst Hallmark hat noch keine Karte gedruckt, die schöner wäre oder eine Botschaft enthält, die mich mehr berühren würde. Es ist nicht die Qualität des Geschenks, die den Schenkenden ausmacht, sondern die Qualität des Schenkenden, die dem Geschenk Schönheit und Bedeutung verleiht.

Deshalb war Aimees Karte ein Schatz für mich. Sie ist das beste Geschenk, das sie mir in dieser Phase ihres Lebens machen konnte. Ich bin mir sicher, dass Karten, die sie mir mit fünfzehn oder vierundzwanzig schenken wird, ganz anders aussehen werden. Auch sie werden auf ihre Weise etwas Besonderes sein, aber nicht, weil die künstlerische Gestaltung besser, die Kanten sauberer geschnitten oder die Schrift kreativer wäre.

Viele Reiche gaben hohe Beträge. Dann aber kam eine arme Witwe und warf zwei der kleinsten Münzen in den Opferkasten. Jesus rief seine Jünger zu sich und sagte: „Ich versichere euch: Diese arme Witwe hat mehr gegeben als alle anderen. Die Reichen haben nur etwas von ihrem Überfluss abgegeben, aber diese Frau ist arm und gab alles, was sie hatte – sogar das, was sie dringend zum Leben gebraucht hätte“ (Mk 12,43-44 HFA).

14. Dezember

Tiefere Gemeinschaft

Als mein Christsein eher statisch war – bestehend aus geistlichen Disziplinen und dem Versuch, gut zu sein – blieb meine Gemeinschaft mit anderen oberflächlich. Ich erinnere mich noch an viele Abende, an denen ich frustriert nach Hause kam, weil ich einen ganzen Abend mit anderen Christen verbracht hatte, aber irgendwie nicht in der Lage war, ein Gespräch zu führen, das sich nicht nur um das Wetter, den Sport, die Familie oder aktuelle Filme drehte.

Ich wollte geistliche Gemeinschaft, aber jedes Mal, wenn ich versuchte, etwas über Gott oder die Bibel zu sagen, wurde das Gespräch steif und peinlich. Seitdem sich meine Beziehung zu Gott in ein echtes Abenteuer verwandelt hat, mit Kämpfen und Erkenntnissen, hat sie mich in immer tiefere Beziehungen und immer größer werdende Räume der Freiheit geführt.

Wenn du dich auf diesem Weg befindest, wirst du ganz natürlich in fast jedem Gespräch darüber sprechen, ohne dass du es einarbeiten musst oder andere Menschen sich in die

Ecke gedrängt fühlen. Wenn du offen und ehrlich über deinen eigenen Weg sprichst, tun das andere oft auch.

Wenn du mit jemandem in Kontakt kommst, der ebenfalls über seinen Weg erzählen möchte, wirst du feststellen, dass Gemeinschaft so natürlich ist wie das Atmen.

... was wir gesehen und gehört haben, das verkündigen wir euch, damit auch ihr Gemeinschaft mit uns habt; und unsere Gemeinschaft ist mit dem Vater und mit seinem Sohn Jesus Christus (1 Joh 1,3).

15. Dezember

Das Leben im Tempo von Beziehungen

In Damascus in Virginia, einem wunderschönen Dorf, treffen sich sieben Wanderwege der Blue Ridge Mountains. Als ich einmal ein paar Tage dort verbrachte, sagte mein Gastgeber John Coleman, er habe bei seiner Arbeit in einem Einkehrzentrum für Pastoren entdeckt, dass „das Leben sich mit der Geschwindigkeit von Beziehungen bewegt".

Er meinte natürlich das echte Leben. Die meisten Menschen leben in einem frenetischen Tempo, um Träume zu verfolgen, etwas zu erreichen, zu überleben oder Risiken einzugehen. Dabei verpassen sie so viel Schönes. Am Ende beschädigen sie ihre Beziehungen, anstatt sie zu genießen, und sind am Ende allein.

Beziehungen brauchen Zeit. Das bedeutet, dass man sich auf die Menschen um einen herum einlässt, sich die Zeit nimmt, ihre Geschichte zu verstehen und umgekehrt. Daraus erwächst gegenseitiges Interesse und ihr findet einen Weg, wie ihr euch aneinander erfreuen könnt und miteinander lacht und weint.

Jesus hat so gelebt, und darum hat er nicht das erreicht, was manche glauben, er hätte es erreichen sollen; dafür hatte er einen sehr großen Einfluss auf andere. Lerne dieses Geheimnis von ihm und werde langsamer, um Platz für andere zu schaffen.

Wenn ich mit der Geschwindigkeit von Beziehungen lebe, ist mein Leben auch unter schwierigen Umständen von Freude und Erfüllung geprägt. Beziehungen machen uns reich.

Wenn ich in Sprachen der Menschen und der Engel redete, aber keine Liebe hätte, so wäre ich ein tönendes Erz oder eine klingende Schelle Und wenn ich Weissagung hätte und alle Geheimnisse wüsste und alle Erkenntnis, und wenn ich allen Glauben besäße, sodass ich Berge versetzte, aber keine Liebe hätte, so wäre ich nichts. Und wenn ich alle meine Habe austeilte und meinen Leib hingäbe, damit ich verbrannt würde, aber keine Liebe hätte, so nützte es mir nichts! (1 Kor 13,1-3).

Teil 5: Für den Weg, der vor uns liegt

16. Dezember

Die tiefere Freiheit

Die vertraute Stimme am Telefon weckte Erinnerungen an unsere herzliche Freundschaft, obwohl wir seit fast zwei Jahren nicht mehr miteinander gesprochen hatten. Wir fingen an, die Neuigkeiten auszutauschen, und er fragte: „Was hat Gott in dir getan?"

Die Worte kamen mir über die Lippen, bevor ich sie überhaupt im Kopf hatte: „Gott hat sich jeder Erwartung, die ich für mein Leben hatte, aufs Äußerste widersetzt." Ich war so überrascht von meiner eigenen Antwort und wie leicht sie mir über die Lippen kam, dass ich erst einmal innehalten und darüber nachdenken musste.

Nach ein paar Sekunden fragte seine zaghafte Stimme: „Und ist das etwas Gutes?"

In den Jahren davor hatte ich einen schmerzhaften Verrat durch einen engen Freund erlebt, was mein Leben und meinen Glauben grundlegend verändert hatte. Anstatt Gottes Liebe als etwas zu betrachten, das ich mir verdienen musste, hatte ich gelernt, mich auf die Tatsache einzulassen, dass ich bereits geliebt war, selbst in meinen Kämpfen.

„Das ist das Beste!", antwortete ich mit einem herzhaften Lachen. In jeder Hinsicht war das, was der Vater in mir vollbracht hatte, viel besser als alles, was ich zuvor für mich zu erreichen versucht hatte. In diesem Moment wurde mir klar, dass all die Dinge, von denen ich einmal gedacht hatte, dass ich sie wollte, nicht mehr wichtig waren. Irgendwie hatte er mich in eine tiefere Freiheit gebracht – ein Vertrauen in Gottes Fähigkeit, mir zu geben, was er wollte.

Wir wissen aber, dass denen, die Gott lieben, alle Dinge zum Besten dienen, denen, die nach seinem Ratschluss berufen sind (Röm 8,28 LUT).

17. Dezember

Verstehen, wie Gott wirkt

Die meiste Zeit meines Lebens habe ich versucht, Gottes Arbeit zu tun, anstatt meine. Ehrlich gesagt, war ich darin nicht besonders gut. Ich habe das folgende Gebet, das Paulus für die Kolosser gebetet hat, liebgewonnen und es mir zu eigen gemacht:

Wir haben nicht aufgehört, für euch zu beten und Gott zu bitten, dass er euch Weisheit schenkt und ihr im Einklang mit seinem Willen seid, damit ihr die Wege, wie Gott wirkt, gründlich versteht ... Wenn ihr mehr und mehr lernt, wie Gott wirkt, werdet ihr auch lernen, wie ihr eure Arbeit tun könnt (Kol 1,9-11 MSG).

Ich wünschte, jemand hätte mich das gelehrt, als ich jünger war, dann hätte ich nicht so viel Mühe verschwendet.

- Als ich Pastor war, dachte ich, es sei meine Aufgabe, die Gemeinde zu bauen, obwohl Jesus gesagt hat, dass er das tue (vgl. Mt 16).
- Als ich Christus verkündigte, dachte ich, ich müsse die Menschen überführen, obwohl Jesus sagte, dass der Geist das tun würde (vgl. Joh 16).
- Ich dachte, der Leib Christi müsse an der Einheit arbeiten, aber Jesus hatte seinen Vater darum gebeten, das zu tun (vgl. Joh 17).
- Ich bemühte mich sehr, um Gott mehr zu gefallen, anstatt meine menschlichen Bemühungen zu beenden und zu lernen, seiner Kraft zu vertrauen (vgl. Joh 15; Phil 2).

Zu lernen, wie Gott arbeitet, verändert alles! Dann können wir uns einfach auf das konzentrieren, um was er uns bittet, und das ist viel fruchtbarer!

Wenn ihr mehr und mehr lernt, wie Gott wirkt, werdet ihr auch lernen, wie ihr eure Arbeit tun könnt (Kol 1,11 MSG).

18. Dezember

Frage, was du auf dem Herzen hast

Vor ein paar Jahren lehrte ich achthundert kenianische Pastoren in einem von Hornissen verseuchten Gebäude über die Liebe Gottes. Nachdem ich ein wenig von meiner eigenen Geschichte erzählt und die Grundlagen für „geliebt leben" gelegt hatte, fragte ich sie, welche Fragen zu Gottes Liebe sie hätten, auf die wir in den nächsten Tagen eingehen könnten.

Sofort wurde die Atmosphäre ängstlich und totenstill. Es fühlte sich an, als wären sie bedroht worden, und alle achthundert starrten mich mit einem panischen Gesichtsausdruck an. Irgendetwas war schiefgelaufen, aber ich hatte keine Ahnung, was. Ich forderte sie auf, eine Pause zu machen, damit ich den Veranstalter fragen konnte, was gerade passiert war.

„Sie glauben dir nicht", sagte er. Dann erzählte er mir, der letzte amerikanische Redner, der gekommen war, habe gefragt, ob jemand Fragen habe. Jemand hatte eine, aber das kostete ihn etwas. „Wie kannst du es wagen, eine Frage zu stellen!", antwortete der Redner. „Ich habe dir alles erklärt, was du wissen musst, und wenn du es nicht verstehst, liegt das daran, dass du ein rebellisches Herz hast."

Das war also das Problem. Nach der Pause versicherte ich ihnen, ich wolle wirklich, dass sie Fragen stellten, damit wir in ihrem Tempo lernen könnten, und nicht, dass sie mir bei einem Vortrag zuhörten. Ich versprach, nicht wütend oder abwehrend zu werden, sondern einen sicheren Ort zu schaffen, an dem wir gemeinsam Gottes Liebe erkunden können.

Zunächst zögernd begannen sie zu reden, aber schließlich führten uns ihre hungrigen Fragen zu wunderbaren Erkenntnissen und Entdeckungen.

Wenn wir nicht fragen können, was wir fragen wollen, oder nicht offen mit den Gedanken und Fragen ringen dürfen, die uns plagen, wie sollen wir dann jemals die Realität des Lebens und der Liebe kennenlernen, die Gott für uns bereithält?

Einmal hatte sich Jesus zurückgezogen, um zu beten. Danach sprach ihn einer seiner Jünger an: „Herr, sag uns doch, wie wir beten sollen. Auch Johannes hat dies seine Jünger gelehrt" (Lk 11,1 HFA).

19. Dezember

Eine Frage nach der anderen

In Neuseeland lernte ich einen Mann kennen, der nur durch das Stellen von Fragen zu einem Jünger geworden war.

Als er vor vielen Jahren aus dem Gefängnis entlassen worden war, irrte er am folgenden Morgen um drei Uhr durch den Regen auf der Suche nach einem trockenen Platz zum Schlafen. Ein Mann kam auf ihn zu und lud ihn für die Nacht zu sich nach Hause ein.

Die Großzügigkeit des Mannes führte ihn zu Christus. Als er wollte, dass der Mann sein Mentor sein würde, antwortete der einfach: „Wir können uns jeden Tag ein paar Minuten hinsetzen und ich werde versuchen, alle Fragen zu beantworten, die du über Gott hast." Das war alles. Er erteilte ihm keine Lektionen, sondern überließ es seinem neu gewonnenen Freund, den Kurs zu bestimmen.

Dieser Mann wuchs in einem tiefen und aufrichtigen Glauben, der zu jahrzehntelangem Wachstum führte. Das ist der beste Weg, jemandem etwas beizubringen: im Kontext seiner eigenen Fragen und seiner eigenen Erfahrungen.

Beobachte, wie sehr Jesus das in den Evangelien tut – er antwortet nicht nur auf die Fragen seiner Jünger, sondern stellt auch selbst welche, um ihr Denken für die Weisheit und Realität Gottes zu öffnen.

Als Jesus aufblickte, sah er die vielen Menschen, die zu ihm kamen. Darauf wandte er sich an Philippus: „Wo können wir für alle diese Leute Brot kaufen?" (Joh 6,5 HFA).

20. Dezember

Die Freiheit zu fragen

Kürzlich aß ich mit einem Paar in den Sechzigern zu Mittag, das vor einigen Jahren eine zweijährige Bibelschule in Florida besucht hatte. Am ersten Tag des Kurses war ihnen gesagt worden, Fragen seien während des Studiums nicht erlaubt. Ich war fassungslos. Wie kann es sein, dass eine Schule, vor allem eine, die auf dem Leben Jesu basiert, den Menschen nicht erlaubt, Fragen zu stellen, um zu verstehen, was sie wissen müssen.

So tragisch das für Menschen in den Fünfzigern und Sechzigern ist, so widerlich ist es vor allem für Schülerinnen und Schüler in ihren Teenager- und Zwanzigerjahren, die anstreben, andere lehren zu wollen.

Jesus antwortete offen und herzlich auf die Fragen, die ihm gestellt wurden. Natürlich stellten einige die Fragen aus Bosheit oder um ihn in eine Falle zu locken, aber Jesus war trotzdem geduldig mit ihnen. Er würdigte sie für ihre Fragen nicht herab. Und obwohl er ihnen nicht immer die gewünschte Antwort gab, stieß seine Antwort in der Regel eine Tür zu einer größeren Welt auf, wenn sie offen dafür waren, sie zu sehen.

Wenn du keine Fragen stellen und nicht mit dem ringen kannst, was dir jemand über Gott beibringen will, dann befindest du dich nicht in einem Umfeld, in dem sich das Reich Gottes entfaltet. Wenn jemand wütend wird, weil du ihn hinterfragst oder ihm zu widersprechen wagst, dann sind das keine Leiter, die dir helfen können, Gottes Wirklichkeit zu entdecken.

Und wenn du Angst hast, Gott eine Frage zu stellen, die dir auf dem Herzen liegt, musst du erst noch entdecken, wie liebevoll und gut er ist und wie sehr er dir helfen will, zu verstehen, wie du in ihm leben kannst.

Da traten die Jünger herzu und sprachen zu ihm: Warum redest du in Gleichnissen mit ihnen? Er aber antwortete und sprach zu ihnen: Weil es euch gegeben ist, die Geheimnisse des Reiches der Himmel zu verstehen; jenen aber ist es nicht gegeben (Mt 13,10-11).

21. Dezember

Fragen, die uns für seine Weisheit öffnen

Es gibt einen Unterschied zwischen Fragen an Gott und dem Infragestellen von Gottes Weisheit. Es gibt einen Weg, Fragen in Demut zu stellen, der dein Herz öffnet, um auf neue Weise zu sehen, was er dir zeigen will, und es gibt einen Weg, ihn trotzig herauszufordern, der dich blind macht für das, was er dir zeigen will.

Ich habe schon beide Wege eingeschlagen.

Er kann auf unseren Trotz mit einer Liebe eingehen, die unseren Schmerz versteht, aber solange dieser nicht einer demütigen Hingabe weicht, werden wir seine sanften Antworten nicht hören. Lass deinen Zorn so schnell wie möglich an ihm aus, und dann lass dein Herz in seiner Liebe ruhen. Wie machst du das? Fang an, jeder Schlussfolgerung über ihn zu misstrauen, die dich nicht zur Liebe führt.

Der Feind will, dass du an Gottes Liebe zweifelst, und wird die Beweise für diese Lüge auftürmen. Ich habe oft zu Gott gesagt: „Ich weiß nicht, wie du mich in dieser Situation liebst, aber ich weiß, dass du es tust. Zeige mir bitte, wie."

Das ist ein weiteres Gebet, das er erhört – vielleicht nicht in vierundzwanzig Stunden, aber in den nächsten Wochen. Gottes Liebe ist größer als unser Verstehen. Lass nicht zu, dass der Feind diese Tatsache benutzt, um dein Vertrauen in ihn zu untergraben. Alles, was Gott tut, ist von Liebe motiviert.

Gott ist Liebe, und wer in der Liebe bleibt, der bleibt in Gott und Gott in ihm (1 Joh 4,16).

22. Dezember

Es gibt einen Grund, warum sie Früchte genannt werden

Du kennst die Liste: Liebe, Freude, Frieden, Geduld, Freundlichkeit, Güte, Treue, Sanftmut und Selbstbeherrschung.

Wir nennen sie die Früchte des Geistes, aber können wir sie nicht leicht in ein neutestamentliches Gesetz verwandeln? Wie oft hast du schon gehört, dass wir uns liebevoller, friedlicher oder freundlicher verhalten sollen?

Das sind Früchte, keine Befehle. Dies ist keine Liste, wie wir uns verhalten sollen, sondern das Angebot, einer anderen Seinsweise. Jesus ist nicht für eine Generation von Schauspielern gekommen, die diese Tugenden vortäuschen können, obwohl sie nicht in ihrem Herzen sind.

Der einzige Weg, um wirklich liebevoll, friedlich, geduldig und dergleichen zu sein, besteht darin, dem Heiligen Geist zu erlauben, dies im Laufe der Zeit als echte Auswirkung seines Wirkens in dir hervorzubringen, und nicht als Handlungen, die du dir in der Hitze des Gefechts selbst auferlegst.

Es ist unmöglich, dass du dich ein Leben lang in seiner Liebe entspannst, ohne dabei liebevoller, freudiger, friedlicher, geduldiger, freundlicher, gütiger, treuer, sanfter und selbstbeherrschter zu werden.

Die Frucht des Geistes ist Liebe, Freude, Friede, Langmut, Freundlichkeit, Güte, Treue, Sanftmut, Selbstbeherrschung. Gegen solche Dinge gibt es kein Gesetz (Gal 5,22-23).

23. Dezember

Andere Liste, gleiches Kapitel

Bevor Paulus die Früchte des Geistes aufzählt, benennt er auch die Taten des Fleisches. Die meisten Menschen überspringen diese Liste, weil sie befürchten, dass sie einen ungesunden Fokus auf unser Versagen legen könnte. Ich tue das nicht, aber ich lasse mich auch nicht zu sehr von Scham bestimmen.

Das ist die Freude, wenn du in Jesus ein Leben ohne Verdammnis führst. Du kannst dir die problematischen Stellen in deiner alten Natur ansehen, ohne sie als deine Identität anzunehmen. Stattdessen kannst du dir eine Liste wie diese durchlesen, um zu sehen, was Jesus immer noch von innen heraus dabei ist zu tun, um dich zu befreien.

... Ehebruch, Unzucht, Unreinheit, Zügellosigkeit; Götzendienst, Zauberei, Feindschaft, Streit, Eifersucht, Zorn, Selbstsucht, Zwietracht, Parteiungen Neid, Mord, Trunkenheit, Gelage und dergleichen.

Wenn ich mir diese Liste jetzt ansehe, erkenne ich, wo meine alte Natur immer noch ihr hässliches Haupt erhebt. Da aber nichts davon meine wahre Identität in Christus ist, kann ich beten: „Jesus, was ist es, das ich über dich nicht weiß, das diese Reaktion aus meinem Herzen verdrängen würde?"

Wenn du das tust, werden dich deine weniger guten Momente nicht verdammen, sondern dich einfach daran erinnern, dich noch tiefer in seine Fürsorge zu begeben. Ich mag dagegen machtlos sein, aber seine Liebe ist es nicht.

Die solches tun, werden das Reich Gottes nicht erben (Gal 5,21b LUT).

Jesus zum Anfassen

Während einer Reise an die Ostküste im Jahr 2016 wurde ich gebeten, mich mit einem Paar zu treffen, dessen zwanzigjährige Tochter kürzlich bei einem Autounfall ums Leben gekommen war. Ein Freund eines Freundes fragte mich, ob ich kommen könne, und so traf ich mich eines Tages mit ihnen zum Mittagessen. Ich weiß nie, was ich Menschen sagen soll, die einen solchen Verlust erleben, und als ich von dort wieder nach Hause ging, fragte ich mich, wie hilfreich ich wohl gewesen war.

Vier Jahre später erhielt ich diese E-Mail:

> Du erinnerst dich vielleicht nicht mehr an mich, aber ich werde dich nie vergessen. Wir waren durch einen Freund eines Freundes miteinander in Kontakt gekommen und lernten dich an einem regnerischen Tag in einem Restaurant kennen. Unsere Tochter war etwa sechs Monate zuvor bei einem fürchterlichen Autounfall ums Leben gekommen und ich klammerte mich mit allem, was ich hatte, an Jesus, meine einzige Hoffnung. Ich kann mich nicht erinnern, was du an jenem Tag gesagt hast, aber du hast uns das Gefühl gegeben, geliebt zu sein. Besonders wichtig für mich war, dass du meinem Mann gezeigt hast, dass Männer wirklich über Gefühle und Gottes Liebe sprechen können.
>
> Einen Monat nach unserem Treffen schlug eine Frau in meinem Hauskreis vor, wir sollten dein Buch „Geliebt!“ studieren. Ich fand dein Buch super und habe mehrere Exemplare gekauft, um sie an andere weiterzugeben. Gott ist so real, so gut und kümmert sich so gut um uns, dass er mich buchstäblich umgehauen hat! Ohne ihn wäre ich nie die Person, die ich heute bin. Ich bin ihm unendlich dankbar. Gelegentlich werde ich gebeten, vor anderen trauernden Eltern zu sprechen. Das ist zwar eine Herausforderung, aber ich bin gerne dazu bereit, denn ich möchte, dass sie wissen, dass Gott ihr Weg durch das Tal ist.

Es ist mir ein bisschen peinlich, dass ich nicht schon früher geschrieben habe. Ich habe nie die richtigen Worte gefunden. Heute kam ich zu dem Schluss, dass ich wohl nie die richtigen Worte finden werde. Danke, dass du ein „anfassbarer Jesus" bist. Du bist ein Teil unserer noch nicht völlig verarbeiteten, aber schönen Geschichte. Gott webt aus dem Ganzen einen wunderschönen Teppich, und ich bin dankbar für ihn und seine Liebe sowie deine Fäden darin.

Geliebt zu leben, wird es auch dir ermöglichen, ein „anfassbarer Jesus" zu sein, selbst wenn du dir überhaupt nicht dessen bewusst bist.

Meine Kinder, um die ich noch einmal Geburtswehen leide, bis Christus in euch Gestalt gewinnt (Gal 4,19).

25. Dezember

Jeder Morgen ist ein Geschenk

Wenn ich an einem neuen Tag aufwache, ist das wie ein Weihnachtsgeschenk von einem guten Freund. Welche Genüsse werden mich erwarten, wenn ich es auspacke? Der heutige Tag gibt mir neue Gelegenheiten, zu erleben, was Gott tut, was er mich vielleicht erkennen lassen will und welche Versorgung er mir zukommen lassen wird.

Wie Jeremia sagte, ist seine Barmherzigkeit wirklich jeden Morgen neu.

Vergebung ermöglicht es uns, jeden Tag neu zu beginnen, trotz all unserer unguten Entscheidungen und ihren Folgen, die jetzt in einen neuen Plan eingebettet sind, der dich immer noch zu seiner Herrlichkeit hinziehen wird.

Das ist es, was ich an diesem Weg liebe – die Hoffnung auf seine Liebe und die Erwartung, dass sie auf eine bestimmte Weise kommt. Wie wird er sich wohl konkret zeigen – nicht nur in den Zeiten, in denen ich von Freude überrascht werde, sondern auch in den Zeiten, in denen er inmitten meiner Schmerzen und Prüfungen auftaucht?

Wird es in einer Zeit des Gebets, einem Gespräch mit einem Freund oder einem Gedanken aus heiterem Himmel kommen? Oder betont er etwas, das er mir zeigen will, durch eine berührende Zeile in einem Buch, einen Liedtext oder eine Szene aus einem Film?

Das Beste an seinem Geschenk eines neuen Tages ist, dass du den ganzen Tag damit verbringst, es auszupacken und dass es morgen ein neues geben wird.

Reinige uns, Gott, damit wir den Tag neu beginnen können! Bewahre mich vor dummen Sünden und davor, zu denken, ich könnte deine Arbeit übernehmen … (Ps 19,11-14 MSG).

26. Dezember

Besser erlebt als erklärt

Die meisten Dinge im Leben lassen sich besser erleben als erklären: ein mit Wildblumen gesäumter Bergpfad, die Basilika *Sagrada Familia* in Barcelona, die Küste von Galiläa oder sogar Schokoladeneis. Erklärungen werden ihnen einfach nicht gerecht.

Das Gleiche gilt für eine Beziehung zu Gott. Sie kann buchstäblich zu Tode erklärt werden. Wir zitieren Bibelstellen, lernen prägnante Lebensweisheiten auswendig und lesen Bücher, die versuchen, sie zu erklären. Wir haben versucht, sie verstandesmäßig zu erfassen und haben dabei die Freude verpasst, zu erkunden, wie Gott sich zu erkennen gibt und wie sich seine Pläne um uns herum entfalten.

Viele, die wortgewandt über Gott reden, haben keine Ahnung, wie sie in schwierigen Zeiten Gottes Gnade und Zuneigung erfahren können. Sie haben sich noch nie Gedanken darüber gemacht, wie sich sein Reich in ihrer Welt auswirkt.

Nimm dir vor, Gott heute in dein Leben mit hineinzunehmen. Sprich mit ihm über die Umstände, in denen du dich befindest, und die Dinge, über die du dich wunderst. Achte darauf, ob Gott dir kleine Dinge zukommen lässt, die dir helfen zu erkennen, was er in dir und um dich herum tut.

Der Sohn kann nichts von sich selbst aus tun, sondern nur, was er den Vater tun sieht; denn was dieser tut, das tut gleicherweise auch der Sohn (Joh 5,19).

27. Dezember

Versuche nicht, alles zu ergründen

Ich kenne so viele Menschen, die an der Schwelle zur Wahrheit stehen und versuchen, alles in ihrem Kopf auf die Reihe zu bringen. Das ist, wie wenn man eine Weltkarte haben wollte, nur um in den nächsten Supermarkt zu gehen.

„Ich kann das nicht begreifen“, ist eine gute Ausrede, um das Stückchen Wahrheit zu ignorieren, das wir schon sehen, weil wir nicht wissen, wie es zu allem anderen passt. Veränderung kommt jedoch in kleinen Schritten. Es ist, als würde man einem Pfad durch den Wald folgen; sie kommt einen Schritt nach dem anderen.

Das sehen wir an Jesus. Er hatte keinen übergeordneten Plan, der ihn antrieb. Deshalb konnte er einen Nachmittag mit einer Frau an einem Brunnen verbringen und einen anderen auf einem Hügel in Galiläa, um zu einer Menschenmenge zu sprechen. Soweit wir wissen, hat er nie eine einzige Versammlung organisiert, mit Ausnahme des Passahfestes in einem Obersaal.

Er schien jeden Tag aufzuwachen und seinen Weg durch die aktuellen Umstände zu finden, wobei er einfach das tat, was er den Vater tun sah. Er machte den Leuten das Reich Gottes zugänglich und ermutigte seine Jünger, das Gleiche zu tun. Er erklärte ihnen nicht alles, sondern lud sie zu Erfahrungen ein, die ihre Sicht auf die Welt und ihren Umgang mit ihr veränderten.

Er bot ihnen eine andere Art zu leben an – in der Liebe eines Vaters, in einer Kraft, die größer ist als ihre eigenen Anstrengungen, und in dem Erleben, dass es ihnen immer leichter fiel, seiner Liebe zu vertrauen. Er möchte, dass du das auch mit ihm erkundest.

Ihr erforscht die Schriften, weil ihr meint, in ihnen das ewige Leben zu haben; und sie sind es, die von mir Zeugnis geben. Und doch wollt ihr nicht zu mir kommen, um das Leben zu empfangen (Joh 5,39-40).

28. Dezember

So nah wie heute

Was wäre, wenn der Ausbildungsplan für deine wachsende Beziehung zu Jesus nicht irgendwo in einem Buch oder einer Vortragsreihe zu finden ist – nicht einmal in der Bibel?

Was, wenn sein Ausbildungsplan darin besteht, herauszufinden, wie du mit schwierigen Situationen umgehen kannst: mit der Person, über die du dich gestern geärgert hast, mit der Angst, dem, was dir bevorsteht, nicht gewachsen zu sein, oder mit der Frage, warum Gott nicht das tut, was er deiner Meinung nach tun müsste, wenn er dich wirklich liebte? Suche nach Gelegenheiten, die Menschen um dich herum so zu lieben, wie der Vater es möchte. Was zeigt er dir über sich, das ans Licht bringt, woher deine Ängste kommen oder was dich von dem Leben ablenkt, das du leben möchtest?

Auf diese Weise erkundest du das Reich Gottes. Nimm Jesus mit in dein ganzes Leben hinein und denke mit ihm über die wichtigen Dinge nach, die in deinem Herzen vorgehen. Wenn du über etwas sprichst und von Gefühlen überwältigt wirst, halte inne und lass dir von ihm zeigen, was gerade vor sich geht. Auch enge Freunde können dir helfen, diese Dinge zu verstehen.

Auf diese Art findet das beste Wachstum statt. Anstatt zu versuchen, irgendeine Bibelstelle mit Gewalt auf dein Leben anzuwenden, schau dir an, wie dein Leben dich zu der Wahrheit (Jesus) hinter der Bibel führt.

Also bleibt dem Volk Gottes noch eine Sabbatruhe vorbehalten; denn wer in seine Ruhe eingegangen ist, der ruht auch selbst von seinen Werken, gleichwie Gott von den seinen (Hebr 4,9-10).

29. Dezember

Das nie endende Gespräch

Ich bin zu dem Schluss gekommen, dass man am besten lernt, wie man im Reich des Vaters lebt, wenn man es einen Tag nach dem anderen erkundet.

Sprich mit ihm, nicht als ein Gebetsritual, das belohnt werden muss, sondern als ein nie endendes Gespräch mit jemandem, der dich zutiefst liebt und dir den besten Weg zeigen will, wie du alles, was vor dir liegt, bewältigen kannst. An dieser Stelle wird die Bibel unglaublich wertvoll, wenn du Gottes Offenbarung in dir mit dem abgleichst, was er bereits von sich selbst offenbart hat. Dann folge ihm so gut du kannst; lerne durch Versuch und Irrtum, was seine Gedanken sind und was deine eigenen Ziele.

Erforsche ihn und ermutige andere, das Gleiche zu tun.

Anstatt nach Erklärungen zu suchen, die du ihnen geben kannst, solltest du ihnen zeigen, wie sie dieses Reich mit Hilfe des Heiligen Geistes erkunden können.

Wie offenbart er sich dir heute? Worum bittet er dich, wenn überhaupt? Bitte ihn, es dir zu zeigen. Nimm dir regelmäßig Zeit, um dich vom Lärm und der Hektik des Lebens zu entfernen und dein Herz zur Ruhe zu bringen, damit seine Gedanken in dein Herz eindringen können.

Ihr habt Jesus Christus als euren Herrn angenommen; nun lebt auch in der Gemeinschaft mit ihm. Wie ein Baum in der Erde, so sollt ihr in Christus fest verwurzelt bleiben, und nur er soll das Fundament eures Lebens sein. Haltet fest an dem Glauben, den man euch lehrte. Für das, was Gott euch geschenkt hat, könnt ihr ihm gar nicht genug danken (Kol 2,6-7 HFA).

30. Dezember

Ruhe in der Ungewissheit

Während ich dieses Buch beende, erleben wir das turbulenteste Jahr meines Lebens mit einer Pandemie, die die Welt verwüstet, mit Rassenunruhen, die gelöst werden müssen, und mit einer politischen Polarisierung, die die Zukunft meines Landes bedroht. Vieles davon erinnert mich an die Prophezeiungen des Johannes in der Offenbarung.

Sind das also die Geburtswehen der Endzeit? Ich habe keine Ahnung! Es hat so viele Möchtegern-Propheten gegeben, die sich zu meinen Lebzeiten geirrt haben, als sie versuchten, Ereignisse vorherzusagen. Trotzdem geht mir bei dem Gedanken das Herz auf. Ja, es würde bedeuten, dass eine harte Zeit auf uns zukommt; aber ist es nicht das, wonach sich unsere Herzen gesehnt haben – die Vollendung dieses Zeitalters in einem Reich, das Gottes tiefste Wünsche für die Schöpfung erfüllt?

Ich weiß, dass viele Menschen Angst haben oder die Ungewissheit zumindest beunruhigend finden. Ich gehöre nicht zu ihnen. Vor langer Zeit begann Jesus mir zu zeigen, wie wenig Kontrolle ich über mein eigenes Leben habe, geschweige denn über die Ereignisse um mich herum. Ganz langsam begann er, mir eine immer tiefer gehende Sicherheit in seiner Liebe und ein Vertrauen in seinen Plan für die Welt zu schenken, das mich in der Ungewissheit immer mehr zur Ruhe kommen lässt.

Dein ganzes Leben liegt in seinen Händen – jeder Atemzug –, und er kann jeden Umstand in seinen Plan mit der Welt einbinden. Er hat dir genug Gnade für jeden Tag versprochen und uns gesagt, wir sollten zur Ermutigung auf die Vögel schauen, weil sie in der Obhut des Vaters angstfrei leben.

Dein Leben besteht nicht aus den täglichen Bewegungen an der Börse oder der Politik der Menschheit. Deine Freude kann darin bestehen, an diesem Tag aufzuwachen, auf seine Impulse zu hören und seinen Fußstapfen zu folgen. Wie auch immer er sich entscheidet, dies alles zu tun, Angst ist nicht dein Freund. Sie wird dich nur verwirren und dazu bringen, auf eine Weise zu reagieren, die für dich und andere zerstörerisch ist.

Wenn du deine Gewissheit in Gott selbst findest, kann dich nichts mehr erschüttern.

> *Sieh deine Leiden als eine Entwöhnung von der alten sündigen Gewohnheit, immer zu erwarten, dass du deinen eigenen Willen bekommst. Dann kannst du deine Tage frei leben und nach dem streben, was Gott will, anstatt dich von deinen eigenen Wünschen tyrannisieren zu lassen* (1 Petr 4,1-2 MSG).

31. Dezember

Das letzte Wort

Egal, wer im Weinberg meines (irdischen) Vaters Trauben pflückte, Rosinen erntete oder Reben beschnitt, mein Vater war immer der Letzte, der durch die Reihen ging und sich vergewisserte, dass alles so war, wie es sein sollte. Er hatte immer das letzte Wort in seinem Weinberg.

Jesus hat laut Petrus das letzte Wort in der Schöpfung.

Das heißt aber nicht, dass er es schon jetzt über alles gehabt hat. Ich bin von Menschen, die ihre Verletztheit an mir ausgelassen haben, betrogen, gemieden, beschuldigt, ausgegrenzt und ungerecht beleidigt worden. (Übrigens habe ich das auch mit anderen gemacht. Wenn ich mir dessen bewusst war, habe ich versucht, mich bei den Betroffenen zu entschuldigen, aber ich bin mir sicher, dass es noch Dinge gibt, die ich noch nicht erkannt habe.)

Im Moment scheint es so, als hätten die Falschen das letzte Wort, aber das liegt nur daran, dass wir uns mitten in einem Kapitel befinden und nicht am Ende der Geschichte. Jedes Mal, wenn ich über die ungelösten Umstände oder schwierigen Beziehungen in meinem Leben nachdenke, erinnere ich mich daran, dass Jesus hier noch vorbeikommen wird, um die Dinge in Ordnung zu bringen. Das zaubert mir immer ein Lächeln auf die Lippen und ein Aufatmen ins Herz.

Schließlich haben nicht unsere Umstände das letzte Wort, sondern Jesus. Und es gibt keinen Besseren, was die Kämpfe in meinem eigenen Leben und für die ganze Schöpfung angeht.

> *Jesus hat das letzte Wort über alles und jeden, von den Engeln bis zu den Armeen. Er steht direkt neben Gott, und was er sagt, gilt* (1 Petr 3,22 MSG).

Über den Autor

Wayne Jacobsen war zwanzig Jahre lang als Pastor tätig und schrieb nebenbei Artikel für die Zeitschrift *Leadership Journal*. Heute ist er weltweit unterwegs mit dem Anliegen, anderen zu helfen, ihr Leben in Jesus Christus zu vertiefen. Als Autor schrieb er verschiedene Bücher zu den Themen Vertrautheit mit Gott und beziehungsorientiertes Gemeindeleben. Er ist verheiratet mit Sara, hat zwei Kinder und lebt in der Nähe von Los Angeles.

Waynes andere Bücher, die in Deutsch erschienen sind:

- *Geliebt! – Tag für Tag in der Zuneigung des himmlischen Vaters leben*
- *Der Schrei der Wildgänse – Aufbrechen zu einem freien Leben in Christus jenseits von Religion und Tradition* (mit Dave Coleman)
- *Zu Seiner Zeit – Gottes Wege zu einem fruchtbaren Leben*
- *Authentische Beziehungen – Die verlorene Kunst des Miteinanders* (mit Clay Jacobsen)
- *Die Gemeinschaft der Neuen Schöpfung*
- *Die Hütte* (zusammen mit Paul Young und Brad Cummings)

Du kannst Wayne in den folgenden sozialen Medien finden:

- Facebook: https://www.facebook.com/wayneljacobsen/
- Twitter: @LifestreamWayne
- Instagram: @wayneatlifestream
- Wayne gibt außerdem unter ***TheGodJourney*.com** einen Podcast heraus.
- Seine Haupt-Webseite ist ***Lifestream.org***

Weitere Produkte von GloryWorld-Medien

„Himmlische Bücher für die Erde"

Wayne Jacobsen, Geliebt!

Tag für Tag in der Zuneigung des himmlischen Vaters leben
240 S., Paperback

Jeden Tag ein Leben zu führen, in dem wir völlig sicher sind, dass wir bedingungslos von Gott geliebt sind – ist das wirklich möglich, und wie sieht das konkret aus?

Wayne Jacobsen bringt uns Schritt für Schritt nahe, wie tief die Liebe Gottes zu uns tatsächlich ist. Wir entdecken dabei, dass wir nicht zu Sklaven, sondern zu Söhnen und Töchtern berufen sind. Die liebevolle Zuneigung unseres Vaters im Himmel gilt uns in allen Umständen. Wir erfahren eine lebendige Beziehung zu ihm, die uns von der Qual der Scham befreit und uns so verändert, dass wir als seine Kinder leben können.

Wayne Jacobsen / Dave Coleman

Der Schrei der Wildgänse

Aufbrechen zu einem freien Leben in Christus jenseits von Religion und Tradition; 220 Seiten, Paperback

Wie können wir heute als Einzelne und in Gemeinschaft in der Freiheit leben, zu der uns Christus befreit hat? Wie können wir religiöse Zwänge entlarven, die uns diese Freiheit immer wieder rauben wollen?

Die Autoren beantworten diese Fragen mitten aus dem Leben. Sie zeigen auf, wie wir heute ganz praktisch mit Jesus leben und eine Freude und eine Freiheit erleben können, von der wir bisher bestenfalls träumen konnten.

Wayne Jacobsen & Clay Jacobsen

Authentische Beziehungen

Die verlorene Kunst des Miteinanders; 160 Seiten, Pb.

Die Liebe der ersten Christen untereinander war sprichwörtlich. Ihr Miteinander und ihre Ausstrahlung waren ihr größtes Zeugnis.

Heute sind echte und tiefe Beziehungen rar geworden. Wir haben die Kunst, solche Beziehungen aufzubauen, verlernt oder sind nicht gewillt, die entsprechenden Kosten auf uns zu nehmen. Die Folge ist, dass unser Zeugnis nach außen schwach ist und dass viele in den Gemeinden unter Einsamkeit und oberflächlichen Beziehungen leiden.

Die Autoren erläutern, welches Modell für liebevolle, ermutigende und authentische Beziehungen wir im Neuen Testament finden, und zeigen anhand praktischer Beispiele, wie wir zu solchen Beziehungen kommen und sie pflegen können.

Wayne Jacobsen, Zu Seiner Zeit

Gottes Wege zu einem fruchtbaren Leben, 240 S., Pb.

So, wie in einem Weinberg jede Jahreszeit wichtig ist, betont Gott auch in unserem Leben von Zeit zu Zeit unterschiedliche Dinge, um uns fruchtbarer zu machen oder unser Aufgabengebiet zu verändern.

In diesem wertvollen Buch bringt W. Jacobsen seine Erfahrung als Sohn eines Winzers, seine profunde Bibelkenntnis und seine lebenslange Beziehung zu Jesus ein, um diese Prozesse zu erläutern. Wir erkennen: Fruchtbarkeit ist Teil eines Zyklus, zu dem Verheißung und Hoffnung, Ausdauer und Kampf, aber auch Ruhe und Erholung gehören.

Wayne Jacobsen

Die Gemeinschaft der Neuen Schöpfung

Wie wir sie finden und warum es noch so viel mehr gibt

272 S.; Paperback

Seit über 50 Jahren beschäftigt den Autor die Frage nach der authentischen neutestamentlichen Gemeinde. Er hat sie schließlich an den ungewöhnlichsten Orten entdeckt und möchte uns dabei helfen, diese unglaubliche, von Jesus geformte Braut zu finden.

Dazu betrachtet er die Gemeinde aus Gottes Sicht. Sie beginnt im Herzen Einzelner und fügt sich dann zu einer weltweiten Gemeinschaft von Menschen zusammen, die untereinander Gottes Herrlichkeit zum Ausdruck bringen.

Cornelia Weinmann, Jesus ruft seine Braut

Gottes Herzschlag für Deutschland im Hohelied entdecken

344 S., Paperback.

Wofür schlägt Gottes Herz, was ist die Berufung der Braut Christi in Deutschland und was könnte uns hindern, diese Berufung anzunehmen?

Dieses Buch entfaltet die atemberaubende Liebesgeschichte zwischen Gott und uns Menschen, wie sie im Hohelied angedeutet wird. Wir sind eingeladen, Jesu Braut zu sein! Insbesondere werden wir dabei auch den Herzschlag Gottes für Deutschland entdecken.

Sind wir von den Traumata der Vergangenheit befreit, können wir im Takt seiner Liebe in neugewonnener Leichtigkeit in eine neue Zukunft gehen. Der Ruf geht nämlich schon durch die Welt: „Seht, der Bräutigam kommt! Geht hinaus, ihm entgegen!" (Mt. 25,6).

Frank Krause, Initiation

Der andere Weg; 240 S., Pb.

Wir setzen heute gemäß unserer Kultur ganz auf Wissen. Kaum mehr wird nach Begriffen wie Identität und der dafür notwendigen INITIATION gefragt. Deshalb gibt es heute viele Menschen, die nie in die Geheimnisse des Ewigen und Göttlichen oder ihre Bestimmung eingetreten sind. Sie wissen nur etwas darüber, sind es jedoch nicht geworden.

Dieses Buch über den anderen Weg geht den himmlischen und irdischen Geheimnissen nach sowie der Frage, wie wir damit in Berührung kommen und was uns dazu befähigt, all das, wovon etwa Paulus spricht, selbst zu erleben und somit zu Zeugen des echten Evangeliums zu werden, das in seinem Anfang so überaus wirkungsvoll war.

Phil Mason, Die Ergründung des Herzens

Eine Einführung in die Herzensrevolution; 240 S., Pb.

Band 1 der Reihe „Übernatürliche Transformation"

Willkommen zur Herzensrevolution! Phil Mason bringt uns mit diesem Buch wieder mit dem Herzen Gottes – und somit auch unserem eigenen Herzen – in Verbindung. Begegnen wir der verschwenderischen Liebe des Vaters, erweckt sie in unserem Herzen eine neue Begeisterung und Leidenschaft.

Jesu Modell der Herzensverwandlung stützt sich nicht auf irdische Weisheit und Methoden. Er möchte, dass wir durch eine Begegnung mit der Herrlichkeit und Macht Gottes verwandelt werden.

Phil Mason, Das Wunder der Neuen Schöpfung

Die Grundlage der Herzensrevolution

Band 2 der Reihe „Übernatürliche Transformation"

264 S., Paperback

Was genau passiert bei der Wiedergeburt eines Christen? Welche Segnungen gehen damit einher? Wie kommen wir dahin, vom Geist bestimmt zu werden? Und wie geschieht es, dass wir ganz heil werden und immer mehr Christus widerspiegeln?

Phil Mason legt die umfassende Grundlage dafür, dass jeder Christ die Tatsachen und Prozesse versteht, die uns zu siegreichen Christus-Nachfolgern machen. Das ist Voraussetzung für die Revolution, die Gott in seiner Gemeinde gerade in Gang bringt.

Matthias Hoffmann

Gemeinschaft der Erwartungsvollen

Exodus und Metamorphose der Gemeinde Jesu in unseren Tagen; 176 Seiten, Paperback

Die Gemeinde Jesu befindet sich derzeit in einer Phase der Verwandlung. Weltweit verlassen Tausende ihre bisherigen kirchlichen Strukturen. Sie wollen nicht weg von Jesus, sondern suchen nach authentischer geistlicher Gemeinschaft. Der Autor nennt das die „Gemeinschaft der Erwartungsvollen".

Das Buch ist eine Einladung, dem nachzuspüren, was der Geist Gottes den Gemeinden heute dazu sagen will. Und der Autor ist sich gewiss, dass jeder, der sich Gott mit offenem Herzen und hungrigem Geist nähert, eine Antwort des Himmels bekommen wird.

Matthias Hoffmann, Gehimmelt leben

Den Himmel in unseren Alltag holen; 216 S., Paperback

Gehimmelt leben ist ein neuer Zugang zu einem alltagstauglichen Lebensstil der Intimität und Kraft aus der unmittelbaren Gegenwart Gottes, dort, wo sich Himmel und Erde berühren.

Das Buch strahlt eine tiefe, vertraute Freundschaft mit Abba-Vater aus. Es lädt ein, Altbekanntes aus einer anderen Perspektive zu betrachten und eigene beglückende Himmels-Erfahrungen zu sammeln.

Ein Buch für Tiefgänger, Fragensteller und Weiterdenker, das darauf wartet, im Alltag von jedem Leser persönlich weitergeschrieben zu werden.

Henk Bruggeman

Das Herz des Vaters entdecken

Unsere Identität als Söhne und Töchter Gottes empfangen

200 S.; Paperback

Gott sehnt sich mehr denn je danach, seinen Kindern sein Vaterherz zu offenbaren. Er möchte, dass wir ihn nicht nur mit dem Kopf, sondern vor allem mit dem Herzen kennenlernen. Statt einer Distanziertheit soll eine innige Vertrautheit unsere Beziehung zu ihm prägen.

Darüber hinaus möchte er uns aber eine neue Identität schenken: die Identität der Sohnschaft. Wir entdecken mehr und mehr, wie wir als echte Söhne und Töchter Gottes leben können.